평화가 먼저다

이 도서의 국립중앙도서관 출판시도서목록(CIP)은 서지정보유통지원시스템 홈페이지(http://seoji.nl.go.kr)와 국가자료공동목록시스템(http://www.nl.go.kr/kolisnet)에서 이용하실 수 있습니다. (CIP제어번호 : CIP2013020505)

정전협정 60주년, 끝나지 않은 한국전쟁

평화가 먼저다

조재길 지음

한울

추천사

핵문제에 대한 올바른 시각

1983년 미국을 방문했을 때 이 책의 저자를 처음으로 만났다. LA에 거주하는 친지로부터 ≪코리안스트릿저널≫의 방문을 권유받았을 때 주간신문이라는 선입견 때문에 별로 마음이 내키지 않았다. 그러나 신문기사들을 읽어보고는 해외에 살고 있는 우리 동포들이 조국의 민주화와 통일을 위해 노력하는 참 모습을 발견하고 정말로 반가웠다.

당시 국내 상황은 참으로 암울하기 짝이 없었으며, 특히 언론은 정부의 통제 아래 제 구실을 못하던 시절이었다. 이처럼 어두웠던 시기에 해외에 거주하는 우리 동포들은 한국의 민주화에 크게 기여했다. 특히 해외라는 특수한 여건으로 인해 남과 북으로 갈라진 조국을 객관적으로 바라보며, 분단을 극복하고 민족의 통일을 이루기 위해 노력해온 해외 동포들의 역할은 정말 높이 평가해야 할 것이다.

그때 ≪코리안스트릿저널≫의 기사 중에 특히 기억에 남는 것은 주한미군의 전술핵무기 배치에 반대하고 한반도에서의 비핵화를 주장하는 내용이었다. 나도 핵문제에 관심을 갖고 YMCA에서 강연을 한 적이 있었으나, 당시 국내 언론이 전혀 다룰 수 없는 금기 사항이었던 핵문제를 최초로 다룬 한국계 신문이 아니었나 생각된다.

조재길 씨는 이러한 민주화와 통일에 관한 기사로 인해 1980년대 한국 정부로부터 심한 탄압을 받아왔으며, ≪한겨레신문≫의 창간과 더불어 로스앤젤레스 지사를 설립하려고 노력했으나 여러 가지 사정으로 뜻을 이루지 못했다.

1990년대 들어 조재길 씨는 북한을 몇 차례 방문하고 어느 쪽에도 편향하지 않고 순수한 민족적 입장에서 남·북한을 공정하게 취재, 보도하려고 노력했다. 이번에 핵문제와 통일에 관한 글들을 모아 출판을 하게 된 것도 1970년대부터 한국의 민주화와 통일을 위해 활동해온 이러한 노력의 일환이라 할 수 있다.

특히 지루하게 줄다리기하고 있는 북-미 회담을 지켜보면서 제한된 정보로 갑갑해하는 한국인들에게 이 책은 매우 유용한 정보를 제공해주고 있으며, 민족적 관점에서 통일을 바라보는 시각을 갖게 해줄 것이다. 이러한 취지에서 이 책은 읽을 만한 가치가 있는 내용이라고 생각되어 독자 여러분들께 감히 일독을 권하는 바이다.

1994. 5
송건호(언론인)

* 이 글은 한계레신문 초대 사장을 역임하신 고 송건호 선생님께서 병상에 계시면서 졸저 『한반도 핵문제와 통일』(삼민사, 1994)의 추천사로 남기신 글이다. 저자는 1983년 송 선생님과의 인연과 격려에 힘입어 30년 동안 한반도 핵문제에 관심을 가지고 나름대로 노력해왔다. 송 선생님이 생존해 계신다면 기꺼이 수락해주셨을 것이라 생각하고 여기에 다시 싣는다(조재길).

머리말

한반도 평화를 위한 기도

저는 일제 말기 1943년 일본 규슈에서 태어나고 한국에서 자라 대학 졸업 후 군복무를 마치고 1974년 미국으로 이주해 39년 동안 로스앤젤레스에서 살고 있는 한국계 미국 시민입니다. 1980년 5월 광주민주화운동을 계기로 1980년대 반독재 민주화 투쟁, 1990년대 민족화해와 통일을 위해 젊음을 바쳤습니다. 2000년대에는 미국 주류사회에서 정치활동을 시작해 두 번 낙방의 시련을 딛고 세 번째 선거에서 2007년 세리토스 시의원에 당선되었습니다. 2010년 세리토스 시장을 역임하고 2011년 시의원에 재선되어 봉사하고 있습니다.

1980년대 한국의 엄혹한 언론 상황 아래 해외에서 민주화운동을 대변했던 ≪코리안스트릿저널≫을 10년간 발행하면서 자연스럽게 한반도 정세에 관심을 갖게 되었습니다. 당시 한반도 핵문제 전문가인 호주 출신 피터 헤이스 교수의 저서를 통해 1,000여 기의 전술핵무기가 한반도에 배치되어 전면전이 발생하면 필연적으로 핵전쟁으로 비화되어 전쟁의 승패를 떠나 남과 북 모두에게 회복하기 어려운 재앙이 된다는 사실을 알고 큰 충격을 받았습니다. 1983년 미국 방문 중 저의 신문사를 찾아오

셨던 전 동아일보 편집국장 송건호 선생님이 "≪코리안스트릿저널≫이 한반도 핵문제를 보도한 유일한 한국계 신문"이라고 격려해주신 말씀이 가슴에 맺혀 지난 30년 동안 한반도 핵문제에 매달렸습니다.

그동안 한반도 정세에 관해 4권의 책을 썼습니다. 그중 1차 북핵위기를 평화적으로 해결해야 한다는 생각을 담아 출판한 『한반도 핵문제와 통일』(삼민사, 1994)의 서평이 ≪창작과 비평≫ 1994년 겨울호에 실리기도 했습니다. 그리고 2006년 「조선반도핵문제연구」로 중국 옌볜대학에서 박사학위를 받고 같은 해에 학위논문을 쉽게 풀어 쓴 『북핵위기와 한반도 평화의 길』(한울아카데미, 2006)을 발행했습니다. 매번 다시는 핵문제에 관한 글을 쓰지 않기를 간절히 기도했지만 오늘 다시 급박하게 돌아가는 한반도 정세를 가지고 이 글을 쓰려니 마음이 착잡하기 그지없습니다.

2012년 저는 여러 사정으로 그동안 준비했던 캘리포니아 주 하원의원 출마를 접고 정치 활동 안식년을 갖는다는 생각으로 12월 보스턴마라톤 대회 출전 자격을 얻기까지 9번 마라톤대회에 출전하면서 줄곧 달리기에 전념했습니다. 아침마다 달리며 민주화운동, 민족화해와 통일운동, 미 주류사회에서 정치력 신장운동 등 10년 단위로 굴곡이 많았던 지난날을 되돌아봤습니다. 제가 원해서라기보다는 시대의 요구에 따라 열심히 달려온 삶이었습니다. 이제 70대에 접어드는 제게 2010년대에 주어진 시대적 소명이 과연 무엇인가 1년간 치열하게 고민했습니다.

2013년은 한국전쟁 정전협정 60주년이 되는 해입니다. 한반도에 전쟁 상태가 더 이상 지속되는 것을 방관할 수 없다는 절박한 심정으로 1월 1일 오바마 대통령에게 재선을 축하하며, 2기 임기 중에 한반도 평화를 위해 노력해줄 것을 청원하는 편지를 보냈습니다. 그리고 1월 17일부터 일주일간 오바마 대통령 취임식과 전미주시장회의 참석차 워싱턴을 방문하는 기회를 이용해 여러 명의 연방 상·하원의원과 보좌관들을 만나 한반도 평화를 위해 협력해줄 것을 부탁했습니다. 2월 25일 박근혜 대통령의 취임에 맞춰 남·북한 지도자에게 한국전쟁을 끝내고 한반도에 평화를 가져오기 위한 대화를 촉구하는 서한을 보냈습니다.

2013년 3월 16부터 10일간 한국 방문 중 몇 차례 한반도 정세에 관한 토론회에 참석하며 정치인, 시민운동가, 예비역 장성, 학생 등 다양한 계층의 여러분과 대화하는 기회를 가졌습니다. 많은 한국인들이 한반도의 불안한 정세의 원인을 오직 북한 핵개발에서 찾으려는 편향된 사고의 틀에 갇혀 있는 데 놀라지 않을 수 없었습니다. 제가 한반도 핵문제 연구로 박사학위를 받았다고 해서 핵에 관해 특별한 정보를 갖고 있는 것은 아닙니다. 다만 핵문제는 우리 민족의 운명이 걸린 중대한 문제로 다양한 논의가 필요하다고 생각할 따름입니다. 그리고 남보다 오래 한반도 핵문제에 대해 고민해온 저 나름대로의 시각을 공유할 필요성을 절실하게 느꼈습니다.

박근혜 대통령께서 2012년 대선기간 중에 "핵을 머리에 이고 살 수는 없다"고 하셨습니다. 그러나 지금 우리는 인류 전체를 파멸로 이끌 수 있는 '핵을 머리에 이고 사는 세상'에 살고 있습니다. 한반도에 있는 20여 기 핵발전소는 뇌관만 없는 거대한 핵폭탄입니다. 미사일 한 방 떨어지면 엄청난 방사능과 낙진으로 우리 민족이 파멸할 수 있는 핵재앙을 불러올 수 있습니다. 쓰나미가 덮친 일본 후쿠시마 핵발전소가 초래한 처참한 모습을 우리는 똑똑히 봤습니다. 2013년 3월 한반도 위기 상황에서 머리 위로는 B-52, B-2, F-22 등 미국의 최신예 핵탄두장착용 전략폭격기들이 날고, 바다로는 니미츠 핵항공모함과 핵잠수함들이 한반도를 제집 드나들듯 자유자재로 드나들었습니다. 또 1차 북핵위기 당시 미국이 제한 폭격을 심각하게 고려했던 북한의 영변 핵단지는 서울에서 불과 270km 거리에 있습니다.[1] 북한 핵문제는 바로 '핵을 머리에 이고 사는 세상'에서 '핵을 가진 북한'과 어떻게 더불어 살아갈 것인가를 고민하는 문제입니다.

한반도의 '핵과의 질긴 악연'을 바로 알고 북한 핵문제를 여러 각도에서 볼 필요가 있습니다. 저는 북한 핵문제를 해결하기 위해서는 '끝나지 않은 한국전쟁'을 끝내는 근본적인 해결방안이 필요하다고 생각합니다. "두 개의 독립국가가 유엔에 가입한 '한반도의 현 상황(as is condition)을 인정'하고 한국, 미국, 일본 등 미수교국들이 북한과 관계정상화를 함으로써 60년간 '끝나지 않은 한국전쟁'을 끝내고 교류협력과 단계적인 군축 및 비핵화 과정을 거쳐 동북아 경제·안보협력체제로 나아가자"는 것입니다. 총부리를 내려놓고 교류협력으로 신뢰를 쌓아가며 북한 핵문제, 주한미군의 역할과 미국이 한국에 제공하는 핵우산, 북방한계선을 둘러싼 서해상의 분쟁 등을 단계적으로 해결하는 것이 가장 현실적인 방안이라고 생각합니다. 그렇다고 저의 생각이 반드시 옳다고 주장하지 않습니다. 한반도 평화를 위한 저의 제안이 유일한 방안이라고도 생각하지 않습니다.

제가 오바마 대통령에게 한반도 평화를 위해 노력해줄 것을 당부하는 편지를 보내자 "북-미 평화협정 체결, 조재길 시의원 팔 걷었다"는 제목으로 신문에 보도되고 많은 분들이 전화를 주셨습니다. 그중에 한인사회는 물론 미 주류사회에도 잘 알려진 한 기업인의 말씀은 정말 감동적이

---

1) 핵 전문가인 존 라지(John Large) 박사에 의하면 미국이 영변 핵시설을 폭격할 경우 소형 핵탄두(400kt 위력의 B61-11) 1기 투하만으로도 방사능 낙진이 한국 국토의 3분의 1과 일본의 일부에 떨어져 43만~55만 명의 사상자가 발생할 것이라고 주장했다. 라지 박사는 반핵·환경보호단체인 자연자원보호연합(NRDC)의 핵 컨설턴트인 한스 크리스텐슨(Hans Kristensen)이 미국 정보공개법(FOIA)에 따라 입수한 정부 기밀문서를 인용해 "미군은 폭탄 투하 시 바람 방향이 러시아나 중국이 아닌 한국 쪽으로 부는 시점을 택할 것"이라고 주장했다. ≪디지틀조선≫, 2005. 6. 7.

었습니다. 독실한 기독교인으로 해외 선교에 열심인 것으로만 알려진 이 기업인은 1990년대 중국에서 탈북자들을 만나 그들을 돕던 어느 날 "어떻게 하면 이들에게 새로운 삶의 길을 열어줄 수 있을까" 심각하게 고민하게 되었습니다. 문득 배를 한 척 사서 중국에서 떠도는 탈북자들을 모아 미국 플로리다 해안으로 상륙시키면 난민으로 미국에 정착할 수 있을 것이란 생각이 떠올랐습니다. 그러나 "다음에 오는 탈북자들은 어떻게 할 것인가"라는 고민으로 며칠 밤을 고민한 끝에 그분은 '근본'을 찾아 2000년대 초반에 북한에 들어가 지금까지 북한 고아 돕기에 헌신하고 계십니다. 국가도 하지 못하는 엄청난 일을 하는 바로 '착한 사마리아 사람'이라 할 수 있습니다. 이분은 저에게 "북한이 인민들의 생활 향상을 위해 노력할 수 있도록 북미 평화협정으로 한국전쟁을 끝내는 것이 바로 '근본'을 해결하는 길"이라고 말씀하셨습니다.

2013년 3월 한국 방문 중 서울동아국제마라톤대회에 참가하고 곧바로 4월 평양국제마라톤대회에 참가하기 위해 북한을 방문할 예정이었습니다. 박근혜 대통령과 김정은 제1위원장에게 청원한 한반도 평화를 기원하며 '백두에서 한라까지' 한반도 종주가 당장 어려우면 우선 '평양에서 서울까지'만이라고 달리고 싶다는 저의 바람을 북한 당국과 협의하고 싶었습니다. 그러나 북한 핵실험과 미사일 발사, 한미합동 키리졸브·독수리훈련으로 한반도 위기가 최악으로 치닫는 상황을 바라보며 우선 한반도의 '핵과의 질긴 악연'과 민족의 파멸을 초래할 수 있는 핵재앙을 이해하는 데 조금이나마 도움이 되었으면 하는 마음에 다시 이 글을 쓰기 시작했습니다.

이 책은 연구논문이 아니라 북한 핵문제를 해결하고 한반도 평화체제를 구축하는 데에 대한 저 나름대로의 시각을 정리한 것입니다. 한반도가 처한 엄혹한 상황과 저의 생각을 뒷받침할 수 있는 자료를 보태다보니 각주의 분량이 많아졌습니다. 처음부터 각주를 일일이 대조해서 읽기가 부담스러우면 먼저 각주를 건너뛰고 본문 위주로 일독하실 것을 권합니다. 그리고 다시 한 번 각주를 참고하며 한반도와 민족의 미래에 대해 깊이 생각하는 시간을 가지시기 바랍니다. 모쪼록 많은 독자들이 읽고 함께 고민함으로써 60년간 계속되어온 '끝나지 않은 한국전쟁'을 끝내고 한반도 평화체제를 구축하는 데 조금이나마 도움이 되었으면 합니다. 비록 저와 생각이 다르더라도 60년 동안 '끝나지 않은 한국전쟁'을 끝내기 위해 이제는 생각을 좀 바꿔보자는 저의 간절한 바람을 헤아려 '한반도 평화를 위한 기도'라 생각하고 끝까지 읽어주실 것을 부탁드립니다.

이 글은 저 혼자만의 생각이 아니라 1980년대 ≪코리안스트릿저널≫의 고정 필진으로 인연을 맺은 이래 지난 30년간 저와 함께 조국의 현실에 대해 의견을 나누어온 이활웅, 은호기 님과 여러 차례 토론회에 참석해 의견을 제시하고 잘못된 부분을 지적해주신 김봉건, 김홍식, 민병용, 오인동, 윤길상, 이원영, 조경미, 허철 님을 비롯한 여러분의 도움으로 가능했기에 감사드립니다. 그리고 부족하기 그지없는 원고를 다듬어 빛을 볼 수 있도록 배려해주신 김종수 사장님, 이교혜 편집장님, 김현대 님, 윤순현 님, 원경은 님, 김정현 님을 비롯한 도서출판 한울 가족 여러분께도 사의를 표합니다. 끝으로 평생을 조국의 민주화와 통일, 미주 한인정치력 신장을 위해 어려운 길을 걸어오는 동안 묵묵히 옆에서 지켜주고 힘들 때마다 일으켜 세워준 아내 루시아에게 정말 고마운 마음입니다.

한국전쟁 정정협정 60주년을 맞으며, 2013년 10월
조재길 박사
미국 켈리포니아 주 세리토스 시의원

차례

| 추천사   핵문제에 대한 올바른 시각
             고 송건호 한겨레신문 사장의 '한반도 핵문제와 통일' 추천사   5

| 머리말   한반도 평화를 위한 기도   7

| 제1장 핵전쟁의 재앙에서 민족의 파멸을 막자
   1. 한반도 위기의 근원을 찾아서   15
   2. 한반도의 '핵과의 질긴 악연': 분단의 씨앗이 된 핵개발   25
   3. 한국전쟁과 핵공포, 핵전쟁의 재앙 앞에 선 한민족   29

| 제2장 북한의 핵과 미사일 해결방안 있는가
   1. 왜 북한 핵과 미사일만 문제인가   41
   2. 1차, 2차 북핵위기의 실체적 이해   52
   3. 북한의 핵과 미사일의 전략적·전술적 가치   69

| 제3장 냉전체제의 해소와 미국의 대북적대정책의 변화
   1. 동북아시아에서의 미국의 전략적 이해: 주한미군 철수와 평화협정   77
   2. 냉전체제의 해소와 미국의 대북적대정책의 변화   82
   3. 미국의 대북화해정책과 주한미군의 재배치 및 전시작전지휘권 이관   95

| 제4장 북한은 악의 축인가
　1. 북한은 악의 축인가, 더불어 살아야 할 형제인가　103
　2. 북한 체제는 붕괴할 것인가, 개혁·개방은 가능한가　109
　3. 북한은 언제 핵을 포기할까　123
　4. 북한은 금지선상의 핵곡예보다 정치적 협상력 강화해야　135

| 제5장 한국은 냉전체제 의식구조 탈피해야
　1. 한국 정부 핵문제 해결에 주도적 역할 가능한가　143
　2. 한국군 편제개편과 국방주권 회복　152
　3. 핵주권론: 한국도 핵무장해야 하나　159
　4. 냉전의식 탈피하고 동북아시아를 넘어 세계로, 우주로　167

| 제6장 동북아 비핵지대와 경제·안보협력체제
　1. 21세기 동북아 정세 변화와 한반도 핵문제　175
　2. 한반도를 둘러싼 소리 없는 창과 방패 싸움　185
　3. 동북아 비핵지대와 핵무기 없는 세계　191
　4. 21세기 골드러시 동북아시아: 세계경제의 새로운 활로　198

| 제7장 세계평화를 위한 한반도 평화의 길
　1. 평화가 먼저다 '끝나지 않은 한국전쟁' 끝내자　207
　2. 한국전쟁 종전협상과 한반도 평화체제 구축 방안　212
　3. 남북정상회담으로 순환논리의 고리를 끊자　220

| 맺는말　한반도 평화냐, 핵전쟁이냐 결단해야　230

　참고 문헌　235
　연표　246
　부록　255

제1장
핵전쟁의 재앙에서 민족의 파멸을 막자

1. 한반도 위기의 근원을 찾아서

20세기 인류를 핵전쟁의 공포에 떨게 했던 냉전체제하에서 한반도는 양대 진영의 전초기지로 동족상잔의 비극적인 아픔을 맛봤습니다. 냉전 해체와 더불어 세계적인 화해와 협력의 기운으로 새로운 국제질서가 모색되고 정보, 통신 분야의 혁신과 놀라운 경제성장으로 인류는 평화와 번영에 대한 기대를 안고 21세기를 맞았습니다. 그러나 한반도는 아직도 검은 핵구름이 휘몰아쳐 민족의 파멸을 초래할 핵전쟁의 재앙과 마주하고 있습니다.

북한이 3차 핵실험을 실시한 2013년 2월 12일부터 존 케리(John Kerry) 미 국무장관이 방한해 북한에 대화를 제의한 4월 12일까지 한반도에서는 북한과 미국이 마주 보며 핵전쟁을 향해 치달은 최악의 위기상황이 연출되었습니다. 한국전쟁 정전협정 이후 지난 60년간 크고 작은 위기가 있었지만, 이번에는 미국이 최신예 전략핵무기들을 총동원해 사상 최대 규모로 전쟁 상황을 실감이 나게 연출했습니다. 한국의 언론들은 일제히 북한의 '무모한 도발행위'를 규탄하며, 모든 책임을 북한에 떠넘기고 김정은 제1위원장을 '예측 불허하는 전쟁광'으로 매도했습니다. 그리고 '강력한 메시지'를 북한에 전달해 전쟁을 억제한 미국의 활약상을 대대적으로 보도했습니다.

북한과 미국이 벌인 사상 최대 치킨게임(Chicken Game)을 한국 언론보도 중심으로 상황별로 정리해보겠습니다. 북한이 3차 핵실험을 하자 미국은 핵 공격이 가능한 전략폭격기 B-52를 한반도 상공에 출격시켰습니다. 북한은 이에 대해 "다시 B-52가 등장하면 군사적 조치를 취하겠다"고 엄포를 놨습니다. 북한이 가진 SA-2, SA-3, SA-5 등 지대공미사일로 B-52를 맞춰 떨어뜨리겠다는 경고였습니다. 그러자 미국은 스텔스 성능을 가진 전략폭격기 B-2를 투입했습니다. 이에 북한은 전략 로켓 군단에 1호 전투태세를 발동해 괌과 하와이 공군기지를 타격하겠다며 맞섰습니다. 그리고 김정은 제1위원장이 작전지휘하는 뒤로 미국 본토를 공격하는 작전지도가 배치된 사진을 공개했습니다. 미국은 다시 북한의 중거리 미사일인 무수단을 요격할 수 있는 이지스 구축함을 서태평양에 배치했습니다. 북한은 이에 맞서 무수단 미사일뿐 아니라 스커드와 노동 등 단거리 미사일을 동시다발적으로 쏠 태세를 갖췄습니다. 이것도 다 요격해보라는 것이었습니다. 그러자 미국이 "모든 미사일을 다 요격할 필요는 없다"고 물러나고, 대륙간탄도미사일 미니트맨-3의 시험 발사를 연기했습니다. 북한도 미사일 발사를 자제한 채 상황을 지켜보며 4월 15일 태양절 행사를 치르고 한미합동군사훈련이 끝나자 1호 전투태세를 해제한 것으로 알려졌습니다.

한국 언론이 이런 위기상황을 북한의 핵실험에서 비롯된 것으로 보도하고 있지만 실상은 2013년 3월 키리졸브·독수리(Key Resolve·Foal Eagles) 훈련에 대한 북한의 반발에서 비롯된 일종의 연례행사였습니다. 키리졸브훈련은 북한의 3차 핵실험에 대응해서 미국이 북한에 '강력한 메시지'를 보내기 위해 갑자기 실시한 것이 아닙니다. 1975년 베트남전쟁의 종전 이후 미군의 전투력 향상을 위해 1976년 시작된 팀스피릿(Team Spirit) 훈련이 북미대화를 위해 1992~1993년 중단되었다가 1994년 한미 연합 전시증원연습으로 다시 살아나 2008년 키리졸브로 명칭을 바꿔 계속해 온 세계적으로 유례가 없는 대규모 전쟁연습입니다. '유사시 북한 공격 시나리오'에 따라 긴급 상황 발생 시 한반도 밖에서 증원되는 미군이 대체로 동해안에 상륙해 점차 북상하다 비무장지대 남쪽에서 훈련을 마치는 대규모 정례 군사작전입니다. 일반적으로 주한미군 1만 2,000명, 해외주둔 미군 1만 4,000명, 한국군 20만 명 등이 참가하는 이 훈련의 공격적인 성격으로 인해 북한이 '북침연습'으로 규정해 가장 민감하게 반응하고 있습니다. 2013년에는 특히 북한의 핵실험과 이에 대한 유엔의 대북한 제제결의안 통과로 위기감이 부풀려져 사상 최악의 위기상황을 연출했을 따름입니다.

여기서 우리가 주목할 것은 한국 언론이 '무모한 도발행위'로 규정한 북한의 모든 행동은 3차 핵실험을 제외하고는 실제 행동으로 옮겨진 것이 아니라 시위에 그친 단순한 '말폭탄'에 불과했다는 점입니다. 반면에 미국은 '강력한 메시지'를 보내기 위해 키리졸브·독수리훈련에 전략폭격기 B-52, 니미츠급 핵항공모함 조지 워싱턴호, 핵추진 잠수함 샤이엔, 스텔스 전략폭격기 B-2 , 미국의 최신예 전략폭격기 F-22 랩터 등 최신 전략무기들을 동원했습니다. 과연 단순한 '말폭탄'과 최신 전략무기들을 총동원한 무력시위 중에서 어느 편이 도발적이며 한반도와 한민족에게 더 심각한 위험인지 생각해볼 문제입니다.

미국은 정전협정 이후 한반도에서 키리졸브훈련(3월), 을지프리덤가디언(Ulchi-Freedom Guardian)훈련1)(8월), 독수리훈련2)(10월) 등 각종 군사훈련을 연례적으로 실시하기 위해 막대한 예산을 투입하고 있습니다. 특히 2013년 3월 전쟁연습에 처음으로 참가한 대당 2조 6,000억 원 상당한 B-2 스텔스 전략폭격기 2대가 미국 본토에서 출격해 한반도까지 날아와 폭탄투하훈련을 마치고 돌아가는 데에만 62억 원이란 엄청난 비용이 소요된다고 보도되었습니다. 그렇다면 세계 최대 규모의 이번 훈련에 어쩌면 북한군 전체 1년 훈련비용의 몇십 배에 해당하는 1,000억 원대의 예산을 지출했을 것입니다.3) 그럼 미국은 왜 해마다 북한에 '강력한 대북

---

1) 을지프리덤가디언훈련은 1954년 시작된 '을지 포커스 렌즈(Ulchi Focus Lens)'가 2008년 명칭을 변경, 한국군 '을지훈련'과 합동으로 매년 8월에서 9월 초에 실시된다. 미군 합동참모본부가 '작전계획(OPLAN) 5027'에 따라 실시하는 전쟁연습 중 전 세계에서 가장 규모가 큰 사령부 지휘소의 컴퓨터 모의훈련이다. 2011년부터 전시작전권 이관을 대비해 한국 육군과 해군 참모총장에게 작전지휘권을 부여하는 방식으로 실시되고 있다.
2) 독수리훈련은 주한미군이 1970년대 후반부터 해마다 실시해오는 야전기동훈련이다. 대체로 10월 말부터 한 달 동안 한반도에서 적대행위가 개시되기 이전 긴장이 높아지는 상황에 대처하는 비전투 대피훈련이다. 전시증원훈련(reception, staging, onward movement and integration: RSOI), 상륙작전훈련, 침투방어훈련, 종심타격훈련이 실시된다. 2002년부터 연합전시증원연습·키리졸브훈련과 통합되어 봄에 실시한다.
3) 한미합동군사훈련에 소요되는 예산에 대한 자료는 미군의 동원과 장비 수송 등 미군 훈련경비는 미국 측이 부담하고 한국군 훈련경비는 한국 측이 부담한다는 사항 이외에 별로 알려진 것이 없다. 참고할 만한 자료로 북미대화를 위해 1992~1993년 중단되었던 팀스피릿훈련을 1994년 재개하면서 예정된 군사훈련이 한국 측의 요구로 두 달 전 취소되는 경우 285만 달러, 한 달 전에 취소되면 556만 달러의 배상을 미국이 요구했다는 정도다. ≪동아일보≫, 2012. 2. 6. 이로 미루어 미군 2만 명 이상과 한국군 10만 명이 참가하는 키리졸브훈련의 경비는 1,000억 원대에 이를 것으로 추산된다.

메시지'를 보내는 데 이처럼 막대한 경비를 지출하고 있을까요. 과연 미국은 지금도 북한이 호시탐탐 남침할 기회를 엿본다고 생각해 북한의 오판을 막아 한국의 안전을 보장하기 위해 이처럼 엄청난 예산을 지출하고 있을까요.

북한은 2013년 한미합동 키리졸브훈련 첫날 하루에만 항공기를 700여 회나 띄워 약 20억 원을 쓴 것으로 보도되었습니다. 그렇다면 북한이 키리졸브훈련에 대응해 1호 전투태세 발동 등을 위해 얼마나 큰 비용을 지출했을까요. 어쩌면 한 달간 준전시태세 아래 북한도 100억 원대의 비용을 지출했을 수도 있으며 이것이 북한의 계속된 경제적 어려움과 결코 무관하다고 할 수 없을 것입니다.

이번 지상 최대의 쇼를 보는 청중은 누구였을까요. 일차적으로는 상대국인 북한, 두 번째는 중국이었을 것입니다. 그리고 마지막으로 미국 자신이었을 수도 있습니다. 위기의 전 기간을 통해 한국인들은 물론 북한 인민들도 전혀 동요하지 않고 무관심한[4] 반면에 오히려 미국 언론과 워싱턴 정가가 민감한 반응을 보인 이유는 무엇일까요. 특히 2013년에는 미국이 예산자동삭감조치(Sequester)의 발동으로 국방부 예산을 재조정해 가는 과정에 있었습니다. 미 국방부가 국방예산 재조정을 놓고 한반도에서 위기를 증폭할 필요가 있지는 않았는지, 이 기간에 미국 내에서도 대화파와 강경파 사이에 갈등이 벌어진 것은 아닌지, 4월 박근혜 대통령의 첫 번째 미국 방문과 한미정상회담을 앞두고 그동안 미국 정부가 한국 정부에 요구해온 한·미·일 통합미사일방어체제(Missile defense: MD) 참여

---

4) 북한은 군부대를 제외한 전국이 평온한 가운데 인민들은 고 김일성 주석의 생일인 4월 15일 태양절 행사를 준비하느라 춤과 무용연습에 열중했다고 ≪민족통신≫ 등 해외 언론이 보도했다.

를 압박할 필요성이 제기된 것은 아니었는지 의문입니다.5) 3월 초순에는 한반도 정세를 미 국방부 등 강경파가 주도적으로 이끌어간 측면이 있고, 후반으로 접어들면서 미 국무부 등 대화파가 논의를 주도하는 양상을 보여주었습니다.

2013년 3월 북한이 위협의 수위를 높여가는 가운데 한국 국방부가 추가경정예산을 통해 무기 도입비를 1,000억 원 이상 올리는 방안을 추진한다는 보도와 패트리엇미사일 PAC-3의 한계를 보완하기 위해 한발에 150억 원에 달하는 고도요격미사일 SM-3의 도입을 검토한다는 기사가 잇따랐습니다.6) 미국이 막대한 예산을 들여 북한의 '무모한 도발행위'에 '강력한 메시지'를 전달해주는 대가로 언제까지 한반도를 주한미군기지와 대규모 미군실전훈련장으로 무제한 무상으로 제공하고 한국이 최신 재래식무기의 계속적인 구매와 주한미군 주둔 비용 분담금을 지출하는 것이 마땅한지 생각해볼 필요가 있습니다.

북한은 "한미합동군사훈련 키리졸브가 실시되는 2013년 3월 11일부터 정전협정을 전면 백지화하겠다"고 선언했습니다. '정전협정 백지화'란

---

5) 한·미·일 3국 방문을 마친 마틴 뎀프시(Martin Dempsey) 미 합참의장은 "지금이야말로 한·미·일 3국의 협력적인 미사일방어체제를 만들어갈 적기"라면서 "3국의 고위 군 간부들이 정치 지도자들에게 방공망과 미사일방어망을 통합하도록 조언하는 방안을 제안했다"고 밝혔다. 이에 따라 미국이 일본에 이어 한국에 SM-3 미사일을 배치하는 방안을 추진하는 것 아니냐는 관측을 낳고 있다. 유용원, ≪디지틀조선≫, 2013. 5. 1.

6) SM-3 미사일은 하층(下層) 방어 미사일(최대 요격 고도 10~15km) 패트리엇 PAC-3에 비해 훨씬 높은 150km 고도에서 적 탄도미사일을 요격할 수 있다. 그러나 SM-3는 가격이 1발당 150억 원으로 PAC-3 미사일의 7배에 달하고 북한 미사일의 비행 거리가 짧고 비행 고도가 낮아 미사일 요격 자체의 실효성이 의문시되어 한반도 특성에 맞지 않는다는 주장이 제기된다. 유용원, ≪디지틀조선≫, 2013. 5. 1.

바로 한반도가 정전상태가 아니라 전면적인 전쟁상태에 돌입한다는 뜻입니다. 그렇다면 오늘의 한반도는 과연 정전상태일까요, 전쟁상태일까요.

1953년 발효한 정전협정의 주요 골자는 '전투행위의 종료', '비무장지대의 설치', '3개월 이내 외국군대의 철수와 평화협정을 위한 정치회담 개최', '외부로부터의 병력과 무기의 반입 금지', '중립국 감시위원단 설치' 등입니다. 그런데 지난 60년간 제1연평해전(1999), 제2연평해전(2002), 대청해전(2009), 연평도 포격(2010), 천안함 침몰(2010)을 비롯해 한반도에서 수없이 많은 크고 작은 전투행위가 계속되고 있습니다. 비무장지대 설치는 양측이 북방한계선에 대한 이견으로 충돌이 계속되고,[7] 정치회담은 두 달도 채 못돼 중단되었습니다.[8] 핵무기 1,000여 기를 비롯해 각

---

[7] 1953년 7월 27일 체결된 정전협정 당시 육상 군사분계선(Military Demarcation Line: MDL)은 합의되었으나 해상경계선에 관해서는 연안수역의 범위에 관한 이견(유엔군 3해리, 북한 인민군 12해리) 때문에 합의하지 못해 '연해의 섬 및 해변에 관한 통제권은 1950년 6월 25일 이전을 기준으로 하되, 서해5도(백령, 대청, 소청, 연평, 우도)는 UN군 사령관 관할 아래 둔다'는 단서 규정만 두었다. 그후 마크 웨인 클라크(Mark Wayne Clark) UN군 총사령관은 1953년 8월 30일 동해상에서는 군사분계선 연장선에, 서해상에서는 서해5도와 북한 황해도 사이에 북방한계선(Northern Limit Line: NLL)을 설정해 대한민국 해군에게만 통보했다. 그리고 조선민주주의인민공화국에는 공식 통보하지 않은 채 막강한 해군 군사력을 배경으로 현실적인 지배를 계속해왔다. 이에 대해 북한은 1973년 12월 제326, 327차 군사정전위원회에서 황해도와 경기도의 도계의 연장선 이북의 수역에 대한 영유권을 주장하고 서해5도에 항행하는 남측 선박은 자신들의 사전 허가를 받아야 한다고 북방한계선에 대한 이의를 제기한 후 계속 북방한계선의 무효를 주장해 분쟁이 계속되고 있다.

[8] 정전협정 제4조 60항 '정전협정 효력 발생 후 3개월 이내에 정치회담을 소집해 외국군대의 철수와 한반도 문제의 평화적 해결 문제를 협의할 것을 건의한다'에 따라 1953년 10월 26일부터 판문점에서 예비회담을 가졌으나 상호 의견 대립으로 중단되었다. 우여곡절 끝에 1954년 4월 26일부터 스위스 제네바에서 정치회담이 시작되었으나 역시 양측이 이견을 좁히지 못해 6월 15일 결렬되고 한반도에서 지난 60년간

종 최신 무기를 한반도에 들여와 양측의 군사력은 한국전 당시의 수백 배로 강화되었습니다.

정전협정 위반을 감시해야 할 중립국감시위원단도 감시 활동을 중단하고 오래전에 판문점을 떠났습니다.9) 체코슬로바키아는 나라 자체가 없어지고 스웨덴과 스위스 대표단은 용산 유엔군사령부 안에 있는 사무실을 지키고 있으며 폴란드는 아예 사무실을 자국으로 옮겼습니다. 중립국감시위원단을 대신해 유엔군과 북한군이 판문점대표부를 설치했으나 이나마 활동을 중단한 지 오래되었습니다. 이처럼 양측 모두 정전협정을 준수하지 않고 감시위원회의 기능이 마비되어 정전협정이 사문화된 것은 이미 옛날 일입니다. 단지 전면적인 전투행위로 인해 초래될 감당할 수 없는 파멸이 두려워 양측이 전투행위를 자제하고 있을 뿐입니다.10)

'끝나지 않은 한국전쟁'이 계속되고 있다.

9) 북한은 미국에 평화체제 수립을 요구하며 1994년 4월 군사정전위원회 북한 대표단을 판문점에서 철수시키고 5월 인민군 판문점대표부를 개설했다. 12월에는 군사정전위원회 중국 대표단도 철수했다. 1995년 2월 중립국감독위원회의 폴란드 대표단을 철수시키면서 9월 판문점 중립국감독위원회 사무실을 폐쇄했다. 군사정전위원회와 중립국감독위원회의 기능 정지를 '정전체제의 마비상태'로 규정, 한반도의 새로운 평화체제의 수립과 그 실천적 조치로 평화협정 체결을 지속적으로 주장했다. 그리고 1996년 4월 판문점대표부 대변인 담화를 통해 "정전협정 제1조 이행의무를 포기한다"고 비무장지대(DMZ)를 인정하지 않겠다고 선언했다. 2003년 이후 한미합동군사훈련을 이유로 정전협정 무력화에 나서 2009년 한국 정부가 PSI 참여를 선언하자 판문점대표부는 "더 이상 정전협정의 구속을 받지 않겠다"고 발표했다.

10) 1953년 7월 27일 정전협정 체결 이후 1994년 5월 정전협정 위반 사례의 상호 통보를 중단하기 전까지 유엔사 측이 집계한 북측의 위반 건수는 41만 4,000건, 북측이 집계한 유엔사측 위반 건수는 81만 3,000건에 이른다. 정전협정에 따르면 DMZ는 군사분계선을 기준으로 남북이 각각 2km의 폭을 유지해야 하나 양측 모두 북방한계선, 남방한계선을 남하 또는 북상시켜 병력과 화력을 이동, 배치해 비무장지대는 사

한반도에서는 이처럼 지난 60년 동안 정전상태가 아니라 사실상 전쟁상태가 계속되고 있으며, 단지 전투행위가 중단된 상태일 뿐입니다. 그리고 비무장지대 남과 북에 대치한 막강한 군사력이 언제 대규모 전투를 다시 시작할지는 아무도 모릅니다. 그런데도 많은 사람들이 별로 심각하게 생각하지 않고 있습니다. 한반도를 폐허로 만들 수 있는 1,000여 기의 전술핵무기가 배치되었어도 지난 반세기 동안 한반도는 반전·반핵의 무풍지대였습니다. 북한이 핵실험을 하고 대륙간탄도미사일과 같은 성능의 인공위성을 발사해도 아무도 생필품 사재기를 하지 않고 증권시세도 떨어지지 않는 이런 현상은 외국에서 보기에는 참으로 불가사의한 일입니다.

혼히들 한국전쟁을 '잊혀진 전쟁(forgotten war)'이라고 합니다. 그러나 한반도의 전쟁 상황은 매일매일 한국인들의 일상생활과 함께 하는 '잊을 수 없는, 절대로 잊어서는 안 되는 전쟁'인데도 아무도 관심을 갖지 않아 마치 '잊혀진 전쟁'처럼 보일 뿐입니다. 남과 북, 한반도의 모든 문제는 바로 한반도가 아직도 전쟁상태라는 데서 비롯되고 있습니다. 그럼에도 지금 한반도는 전쟁불감증, 핵불감증이라는 치명적인 중병에 걸려 있습니다. 이 치명적인 불감증에서 깨어나 '끝나지 않은 한국전쟁(un-ended Korean War)'을 끝내는 것이 오늘 우리에게 주어진 가장 시급한 과제입니다.

가장 중요한 것은 한반도에서 조그마한 지역분쟁이 자칫 전면전쟁으로 확대되면 남과 북, 어느 쪽이 승리하느냐를 떠나서 한민족 모두 핵전쟁으로 파멸을 맞게 된다는 점입니다.[11] 제2의 한국전쟁은 반드시 핵전

실상 무장지대가 되었다. 경재희, ≪주간중앙≫, 2013. 6. 22.
11) 1994년 제1차 핵위기 당시 빌 클린턴(Bill Clinton) 대통령이 미국이 전쟁에서 승리할 수 있는지 물었을 때 개리 럭(Gary Luck) 주한미군 사령관은 "네, 그렇습니다. 그

쟁이 될 것이며, 그 결과는 제1의 한국전쟁과는 비교할 수 없습니다. 가장 중요한 것은 한순간에 한반도를 초토화시킬 수 있는 미국의 최신에 핵무기탑재용 전략핵무기들의 한반도 출동이 누구의 명령에 따른 것인지, 과연 자주독립 국가인 대한민국 국민의 안위를 책임진 대한민국 대통령은 이번 작전에서 어떠한 역할을 했는가입니다.12) 이처럼 미국이 일방적으로 한민족의 운명을 결정하는 거대한 구조가 계속되는 한 한반

러나 처음 9일 동안에 50만 명의 군인이 희생되는데 이 숫자는 3년간 계속된 한국전쟁 전사자보다도 많다. 수백만 명의 사상자가 발생하고 그 비용은 1,000억 달러에 이를 수 있다"고 대답했다. 이런 제2차 한국전쟁의 악몽과 같은 시나리오는 미국과 한국 정부가 감당하기에는 벅찬 것이다. 따라서 클린턴 정부는 북한과의 대화로 정책을 전환하게 되였다(Sigal, 1998: 10; Wit, Poneman, and Gallucci, 2004: xiv, 181; Perry and Carter, 1999: 218). 현재 미국이 보유하고 있는 핵폭탄 1개의 화력은 보통 1메가톤(Mt)으로 히로시마급 핵폭탄의 80배에 해당한다. 1984년 미국 디트로이트 시를 상대로 가상피해를 예상한 결과에 의하면 1Mt 핵폭탄 하나 투하로 220만 명이 즉사한다고 보고되었다. 이러한 방식을 서울에 적용하면 일차효과로 200만 명이 즉사하고 350만 명이 부상하며 이 중 200만 명은 6개월 이내에 사망할 것으로 예상된다(김태우, 1994: 31~32).

12) 1994년 6월 16일 아침 클린턴 대통령이 고어(Al Gore) 부통령, 페리(James Perry) 국방장관, 샬리캐슈빌리(John Shalikashvili) 합참의장, 제임스 울시(James Woolsey) CIA국장 등과 유엔 안보리의 대북제재를 협의하고 최종 승인한 데 이어 합참의장이 북한 영변 핵시설에 대한 제한 폭격을 위해 주한미군의 증원계획을 설명하는 그 시간에 카터(Jimmy Carter) 전 대통령이 평양에서 전화를 걸어왔다는 메모가 전달되었다. 카터 전 대통령이 북한의 김일성 주석을 만나 북한 핵동결과 경수로 대체에 합의하고 CNN과 인터뷰를 할 것이라는 소식이었다(Sigal, 1998: 155~161). 미국은 영변 핵시설 제한폭격을 위한 긴박한 움직임을 한국 정부에 연락하지 않았다. 당시 정종욱 안보보좌관이 우연히 주한 미국인과의 전화 통화에서 미국인 소개계획을 알게 되어 김영삼 대통령이 백악관에 항의했다고 박관용 당시 비서실장이 증언했다(이삼성, 2003: 8). 그러나 백악관에는 당시 두 정상이 통화했다는 기록이 없다(Wit, Poneman, and Gallucci, 2004: 219).

도의 '핵과의 질긴 악연'을 끊을 수 없을 것입니다.

2. 한반도의 '핵과의 질긴 악연': 분단의 씨앗이 된 핵개발

한반도는 과연 어떻게 분단되었을까요. 한반도 핵문제라면 북한의 핵개발만 연상하는데 제2차 세계대전 말 핵개발 초기에 이미 한반도에서 핵무기를 만들었으며 한반도의 분단이 결코 핵개발과 무관하지 않다는 사실을 아십니까.

제2차 세계대전 말기 소련은 일본과 불가침협정을 맺고 미국을 비롯한 연합군과 함께 대독일 전선에 국력을 집중하고, 대일본 태평양전쟁은 진주만 공격을 받았던 미국이 단독으로 치렀습니다. 1945년 2월 얄타회담에서 대독일전이 끝나고 3개월 이내에 소련은 일본과의 불가침협정을 폐기하고 대일선전포고를 하기로 약속했습니다. 1945년 4월 30일 히틀러 자살, 5월 7일 독일 항복 이후 미국이 일본에 대한 막바지 대공세를 시작하며 소련에게 대일선전포고를 요청했지만 소련은 미국이 히로시마에 원자폭탄을 투하할 때까지 대일선전포고를 하지 않았습니다. 미국이 소련에게 대일선전포고를 요청한 것은 일본군 중 제2차 세계대전 마지막까지 막강한 전력을 유지하고 있던 만주 주둔 관동군이 일본 본토 사수를 위해 남하하는 것을 막기 위해서였습니다.

1945년 8월 6일 히로시마, 9일 나가사키에 원자폭탄 투하로 전세가 일본의 패전으로 기울자 소련은 8월 8일 대일선전포고와 동시에 만주와 조선으로 진격을 시작해 15일 만인 8월 23일 개성까지 남하했습니다. 소련의 대일선전포고로 관동군을 만주에 붙잡아두는 것만 기대했던 미국은 전혀 예상하지 못했던 소련의 신속한 진격에 당황했습니다. 8월 11일 미국 육군본부 작전국의 본스틸(Charles A. Bonesteel) 대령과 미 육군장관 보좌관이었던 러스크(Dean Rusk) 중령은 작전국 벽에 걸려 있던 내셔널지오그래픽사의 벽걸이 지도에 서둘러 38선을 긋고 소련군이 한반도에서 계속 남하하는 것을 중단하도록 소련당국에 요구할 것을 사령부에 건의했습니다. 이로써 소련군은 9월 개성에서 38선 이북으로 철수하고 한반도의 분단이 시작되었습니다.

왜 소련은 선전포고와 동시에 이처럼 신속하게 한반도로 진격했을까요. 만주를 점령하고 베이징으로 진격하지 않고……. 왜 소련은 일주일이면 부산까지 진격할 수 있었는데도 개성에서 일주일이 넘도록 지체하다 38선 이북으로 철수했을까요. 미국이 일본 본토 상륙 때문에 한반도에 신경을 쓸 여유가 없어 소련이 한반도를 통째로 차지할 수 있는 절호의 기회였는데……. 미국은 일본 본토를 4개국이 분할 점령하는 방안 등을 고려했지만 한반도 분단에 대해 구체적인 계획을 갖고 있지 않았습니다. 따라서 소련이 예상외로 신속하게 한반도로 진군하지 않았다면 한반도의 지도는 달라졌을 수도 있었습니다. 소련이 이처럼 재빠르게 한반도로 진격한 이유가 한반도 점령이 아닌 다른 목적이 있었다고 생각되지 않습니까.

제2차 세계대전 말, 전쟁의 승패는 누가 핵무기를 먼저 개발하느냐에 달렸다고 생각하고 미국, 독일, 일본, 소련은 경쟁적으로 핵무기 개발에 총력을 기울였습니다. 그중 미국이 세계 최초로 1945년 3개의 핵무기를 만드는 데 성공해 7월 16일 뉴멕시코 주 앨라모고도(Alamogordo) 인근 사막에서 최초의 플루토늄(Plutonium) 핵폭탄 트리니티(Trinity)의 핵폭발 실험에 성공했습니다. 8월 6일 히로시마에 우라늄(Uranium) 핵폭탄 리틀보이(Little Boy),[13] 9일 나가사키에 플루토늄 핵폭탄 팻맨(Fat Man)[14]을 투하함으로써 일본의 항복을 받아내고 전쟁을 마무리했습니다.

미국의 핵개발계획인 맨해튼계획(J. Robert Oppenheimer 주도)과 거의 같은 시기에 독일(Werner Heisenberg 주도), 구소련(Igor Kurchatov 주도), 일본(Yoshio Nishina 주도)도 핵개발을 추진했습니다. 그중에서 일본의 핵개발계획인 겐자이 바쿠단(genzai bakudan)을 주도한 요시오 니시나(Yoshio Nishina)는 핵물리학의 원조로 노벨 물리학상 수상자인 덴마크 물리학자 보어(Niels Bohr), 그리고 아인슈타인(Albert Einstein) 박사와 가까운 유명한 핵물리학자였습니다. 요시오는 1931년부터 자신의 연구소를 설립해 1936년에 이미 핵변환이나 동위원소 제조에 사용되는 이온 가속기(cyclotron)의 제작에 성공했습니다. 미국이 핵개발에 착수하자 1941년 일본 육군은 다케오 야스다 장군(Lt. General Takeo Yasuda)의 지휘하에 요시오를 중심으로 본격적으로 핵무기 개발에 착수했습니다. 일본 해군은 이와 별도로 1942년 분사쿠 아라카추(Bunsaku Arakatsu) 교수와 일본 최초의 노벨 물리학상(1949년) 수상자인 유카와 히데키(Yukawa Hideki)를 중심으로 핵에너지에 관한 연구를 시작해 전세가 불리해지자 본격적으로 핵무기 개발에 착수했습니다. 일본은 1944년 미국의 일본에 대한 공습이 강화되자 1945년 초 모든 핵 연구시설을 천연우라늄이 풍부한 조선의 코난(Konan, 현 함경남도 흥남)으로 이전해 핵개발을 계속 추진했습니다.

---

13) 1945년 8월 6일 오전 8시 15분, 티버츠(Paul Tibberts) 중령이 조종하는 B-29 에놀라게이(Anola Gay) 폭격기가 '리틀보이(Little Boy)'라는 원통형 우라늄 탄(길이 3m, 지름 70cm, 무게 4톤, 화력 12.5kt)을 떨어트렸다. 몇 분 후 거대한 버섯구름이 솟아오르고 지상의 모든 것은 처참하게 파괴되었다. 이 핵폭탄으로 인해 20만 명이 사망하고 1950년까지 14만 명이 후유증으로 추가로 사망했다(1kt은 TNT폭약 1,000t의 폭파력, 1Mt은 1,000kt 즉, TNT폭약 100만t의 폭파력).
14) 1945년 8월 9일 11시 2분 나가사키에 투하된 통통한 '팻맨(Fat Man)'은 플루토늄 탄(길이 3.2m, 지름 1.5m, 무게 4.5톤, 화력 25kt)이었다.

일본의 핵개발이 어느 수준까지 도달했는지 정확하지 않지만 대부분의 학자들은 미수에 그쳤을 것으로 보고 있습니다. 그러나 애틀랜타 컨스티튜션의 기자 윌콕스(Robert K. Wilcox)가 1985년 출판한 『일본의 비밀전쟁(Japan's Secret War, Brookings Institution Press)』(1985)에 의하면 "일본은 홍남에서 핵폭탄을 제조해 히로시마 원폭 투하 4일 후인 8월 10일 동해상에서 핵실험에 성공했다.15) 실전에 사용하기에는 이미 시간이 늦었으며, 소련군이 진주하면서 핵물리학자들과 모든 시설과 자료들이 소련군의 수중으로 넘어갔다"고 합니다. 이 책은 역시 애틀랜타 컨스티튜션의 저널리스트 기자 데이비드 스넬(David Snell)이 핵개발에 참여했던 일본군 장교 출신 포로를 면담했던 취재를 토대로 한 것입니다.16)

이로써 해방직후 "소련군이 홍남비료공장을 몽땅 뜯어갔다"는 널리 알려진 소문의 진상이 바로 일본 핵시설과 핵물리학자들의 체포였다는 것이 밝혀졌습니다. 결국 핵개발 경쟁이 비극적인 한반도 분단의 씨앗으로 한반도의 '핵과의 질긴 악연'의 시작이었던 셈입니다.

---

15) 1945년 8월 10일 일본의 핵실험 당시 약 1000야드 지름의 버섯구름이 솟아올랐으며 시험용 선박들을 파괴했다고 주장한다. 이 실험에 앞서 미국이 실시한 트리티니 핵실험 당시 버섯구름의 크기가 3배 이상이었던 것으로 미루어 일본이 개발한 핵폭탄의 위력이 크지 않았던 것으로 보인다(Wilcox, 1985: 15).
16) 미국 예일 대학의 저명한 역사학자인 프라이스(Derek de Solla Price) 교수는 『일본의 비밀전쟁』의 서문에서 "일본의 핵계획이 실현되지 않았다고 무시해서는 안 된다. 그 계획은 분명히 거의 완성단계에 이르렀으며, 우리는 핵전쟁을 한다면 어떻게 할 것인가를 생각해야 할 것이다"라고 했다(Wilcox, 1985). 일본은 인류 최초의 원폭피해자임을 강조하지만 그들은 가해자였을 수도 있었다. 그런 의미에서 한반도와 한민족이 진정한 의미에서 핵개발의 피해자라 할 수 있다.

3. 한국전쟁과 핵공포, 핵전쟁의 재앙 앞에 선 한민족

이처럼 핵개발 단계에서부터 '핵과의 질긴 악연'으로 분단된 한반도는 소련의 1949년 8월 29일 카자흐스탄 사막에서 핵실험 성공으로 한국전쟁 기간 중 핵공포에 시달렸으며, 60년이 지난 지금까지 짙은 핵구름이 한반도 상공을 맴돌고 핵전쟁으로 인한 민족 파멸의 위기를 맞고 있습니다.

흥남에서 몽땅 뜯어간 일본의 핵시설과 기술자들이 구소련 핵실험 성공의 토대가 되었으며, 버섯구름 파장이 한국전쟁이란 태풍이 되어 한반도로 되돌아왔습니다. 1949년 봄, 김일성의 전쟁 계획을 반대했던 스탈린은 핵실험 성공 후 1950년 생각을 바꾸어 한국전쟁을 승인했습니다. 이제 소련은 군사적으로 미국과 어깨를 나란히 하는 핵보유국이 되었으며, 미국은 한반도에서 소련을 중심으로 한 공산주의 확장을 막아야 했습니다. 소련의 핵개발 성공은 소련이 한국전쟁을 승인하고 미국이 한반도에 개입하는 양대 진영의 대동북아전략의 변화에 결정적 요인이 되었습니다. 만약 소련이 한반도에서 일본의 핵시설과 핵물리학자들을 확보하지 못해 핵실험에 몇 년이 더 소요되었다면 한국전쟁이 발발하지 않았거나 다른 양상으로 전개되어 해방 후 한국의 역사도 달라졌을 것입니다.

한국전쟁 기간 중 미국은 줄곧 직접 또는 암시적으로 한반도에서 핵무기를 사용하겠다고 위협했습니다.[17] 그리고 실제로 핵무기의 사용을 위

---

17) 미국은 한국전쟁 중 계속 원자탄 사용을 암시해 한반도는 핵공포에 떨었다. 1950년 12월 중국 인민지원군의 개입으로 미군 제10군단과 한국군 제1군단의 흥남철수 당시 10만 명의 피난민을 포함해 20만 명 이상이 남쪽으로 피난한 흥남철수작전은 세계 전쟁 사상 최대 피난민 소개 작전으로 당시 북한 주민들이 얼마나 핵공포에 떨었는가를 입증해주고 있다. 당시 피난민은 지주와 부르주아 계층보다 원자탄에 대한 공포로 고향 산천을 떠나온 일반 피난민이 대부분이었다. 노부모는 조상 선대

한 구체적인 계획과 훈련을 ① 유엔군이 최후의 방어선으로 설정했던 낙동강 전선 사수,[18] ② 중국 인민지원군 투입 저지,[19] ③ 정전협정 직전[20] 등 적어도 3차례 이상 진지하게 검토했습니다. 당시 미국은 한국전쟁이 역사상 최초의 패전으로 기록되는 것을 막고 조기에 휴전을 성립시키기 위해 핵이라도 사용해야 할 정도로 절박했기 때문입니다. 미국이 핵폭탄을 투하하지 않은 직접적인 이유는 미군 측이 입을 피해가 너무 크고 일본이나 유럽에 대한 소련의 보복을 우려했기 때문이었습니다.[21] 한국전

묘소를 지키기 위해 고향에 남고 아들만 등짐 지워 피난길에 올라 1,000만 이산가족이 반세기 넘는 한 맺힌 세월을 보내고 있다.

18) 당시 전략공군 부사령관 토마스 파워(Thomas Power) 장군은 회고록 『생존을 위한 계획(Design for Survival)』(1965)에서 유엔군이 낙동강 전선에서 북한 인민군과 대치하던 1950년 8월 "핵폭탄 투하를 위해 전략공군부대(SAC)를 대기시키라는 명령을 받았다"고 회고했다. 미군 증원부대의 도착과 인천상륙작전의 성공으로 한반도의 38선 이남지역에 대한 핵폭탄 투하는 보류되었다(Middleron, 1965: 157~158).

19) 1950년 11월 트루먼 미국 대통령은 기자회견에서 "핵무기의 사용은 항상 고려되어 왔다"고 언급하고 전략공군사령부에 동북아시아에 핵폭격기를 보낼 준비를 지시했다. 1951년 3월 오키나와에 핵 작전기지가 수립되고 6월에 9개의 핵폭탄이 미국령 괌 기지에 이전 배치되었다. 맥아더 원수는 "중국과의 국경선을 따라 34개의 핵폭탄을 투하해 코발트 방사능 오염지대를 만들자"고 했으나 동맹국 영국, 캐나다와 합동참모본부의 반대로 실행에 옮겨지지 않았다(Norris, Arkin, and Burr, 1999: 26~35).

20) 아이젠하워(Dwight David Eisenhower) 대통령은 1953년 봄 핵탄두를 장착한 미사일을 오키나와 미군기지로 이전 배치하고 한 달간 '긴막대작전(Operation Big Sick)'이란 핵전쟁훈련을 실시했다. 1953년 7월 27일 휴전협정의 조인으로 한반도와 한민족이 핵폭탄의 악몽에서 겨우 벗어날 수 있었다(Hayes, 1991: 5).

21) 미국이 '핵폭탄' 사용 유혹을 억제한 중요한 고려사항은 '한반도와 한민족이 받을 가공할 만한 피해'가 아니라 ① '참전중인 미군이 입을 피해'였다. 1951년 9월 실시된 허드슨 하버(Hudson Harbor) 훈련이란 평양에 모의 핵폭탄을 투하하는 모의핵공격 결과 미군들의 핵전투에 대한 준비가 부족해 핵폭탄의 사용이 부적절하다는

쟁을 통해 핵무기의 위력과 사용가능성이 입증되고 핵강대국 간의 전면전으로 전 인류가 멸망할 수도 있다는 핵무기에 대한 공포심으로 전 세계적인 반핵운동이 본격적으로 시작되었습니다. 그러나 역설적으로 한반도의 '핵과의 질긴 악연'으로 한국인들은 오히려 자각 증세도 없는 심각한 핵불감증을 앓고 있으며, 한반도는 지금껏 반전·반핵운동의 불모지로 지난 60년간 한민족의 파멸을 가져올 검은 핵구름이 맴돌고 있습니다.

1953년 7월 27일 한국전쟁 정전협정 체결 직후인 10월 1일 미국이 한국과 체결한 한미상호방위조약 제4조에 근거해 한국 정부의 간섭을 받지 않고 필요한 병력과 무기를 한반도에 마음대로 반입, 배치, 사용할 수 있게 되었습니다. 미국은 한반도에 새로운 무기를 들여오는 것을 금지한 정전협정 제2조 13항[22)]의 규정을 무시하고 1958년 어네스트존(Honest John) 미사일부대, 핵포병대 펜토믹(Pentomic)사단을 한반도에 주둔시킨 것을 시작으로 1959년 핵탄두를 장착한 마타도르 미사일 비행중대를 배치해 한반도에서 대대적인 핵전쟁훈련을 시작했습니다.[23)] 이후 한반도

결론에 도달했다. ② 1949년 핵실험에 성공한 구소련과의 핵 대결로 제3차 세계대전이 발생할지도 모른다는 전략적인 고려와 ③ 한국전쟁의 후반기에는 핵폭탄으로 파괴할 만한 목표물을 더 이상 찾을 수 없을 정도로 북한이 철저히 파괴되었기 때문에 핵무기가 사용되지는 않았다(Hayes, 1991, 16~17; Hayes et al., 1987: 5; Harrison, 2002: 197).

22) 한국전쟁 정전협정 제2조 13항: 군사정전의 확고성을 보장함으로써 쌍방의 한 급 높은 정치회의를 진행해 평화적 해결을 달성하는 것을 이롭게 하기 위해 적대쌍방 사령관들은 (다) 한국 경외로부터 증원하는 군사인원을 들여오는 것을 정지한다. (라) 한국 경외로부터 증원하는 작전비행기, 장갑차량, 무기 및 탄약을 들여오는 것을 정지한다.

23) 미국이 1958년 1월 28일 어네스트존 미사일부대, 핵포병대 '펜토믹사단'(280mm원자포 보유)을 한반도에 주둔시킨 사실이 1993년 미 국무부가 발간한 외교관계(Foreign

는 자료에 따라 다르지만 최대 1,720여 개의 전술핵무기를 한반도에 배치함으로써 핵무기를 실전배치한 지구상에서 유일한 핵전투현장이란 악연으로 이어졌습니다.24) 이것은 핵무기를 한반도 100㎢ 당 1개, 동해에

Relations) 23호에서 확인되었다. 그리고 1959년에는 주한 미 공군에 핵탄두를 장착한 마타도르(Matador) 미사일 1개 비행중대를 배치해 대대적인 핵전쟁훈련이 시작되었다. 1964년 원자파괴탄(Atomic Demolition Munitions: ADM, 소위 핵지뢰, 핵배낭)이 도입된 데 이어 1960년대에 미국은 지대지미사일 라크로세 잔토, 지대공미사일 나이키-허큘리스(Nike-Hercules) 등을 한반도에 반입했다. 1970년대에 중성자 탄두를 탑재한 MGM-52 랜스(Lance) 미사일을 한국에 배치, 1978년 팀스피릿훈련 당시 모의 발사 훈련을 실시했다(Heyes, 1991: 55~60).

24) 한반도 핵전문가 피터 헤이스(Peter Hayes)에 따르면 미국은 억지라는 깃발 아래 북한과 중국과의 또 다른 전쟁을 승리로 끝내기 위해 핵전쟁을 준비했다. 한반도에 주한미군의 핵무기 배치는 1960년대 일본의 전국적인 항의집회로 지상핵무기를 철수한 일본에 대한 확대억지 내지는 재보장의 의미도 있었다. 일본인들의 반감 때문에 생긴 미국의 고민을 아무런 저항도 없이 한국에 떠넘긴 것이다(Heyes, 1991: xxxv). 일본에서 거센 항의를 받은 것과는 대조적으로 미국의 핵공격 잠수함 플런저(Plunger)호는 아무런 방해도 받지 않고 1969년 부산항에 입항할 수 있었다. 1966년 월남전에 투입된 미군 포병들이 군복을 위장하지도 않은 채 미제 155mm와 8인치 훈련용 무기를 갖고 한국에서 '핵 재교육 훈련'을 받고 다시 베트남으로 공수되었다(Hayes, 1991: xxxv, 50). "미국의 핵무기가 배치된 곳은 괌, 하와이, 알래스카, 한국 그리고 디에고가르시아(Diego Garcia)와 핵무기 탑재 함정과 잠수함이며, 필리핀과 일본 요코스카(Yokosuka)에 핵무기 탑재 함정들이 정기적으로 기항한다. 그리고 한국은 요코스카 항을 일본에 반환해야 할 경우 제주도를 핵무기 주 저장소로 사용할 것을 제안했다"고 공식적으로는 미국이 해외에 핵무기를 배치한 유일한 국가가 한국이라고 주장했다(Hayes et al., 1991: 225). 이처럼 미국의 전술핵무기가 실전에 배치된 것은 인류 역사상 한반도가 유일하다. 비록 휴전상태라고는 하나 전쟁상태가 계속되고 있는 한반도에 배치된 주한미군의 전술핵무기들이야말로 인류 역사상 유일한 '실제 전투에 사용하기 위해 배치'한 핵무기라고 할 수 있다. 그리고 전술핵무기의 사용을 전제로 한 팀스피릿훈련을 계속해온 한반도야말로 세계에서 유일한 미국의 핵전쟁 훈련장이다(리영희, 1992).

〈표 1〉 1958~1991년 주한미군 핵기지 실태

장소	부대명	내역
서울	주한미군사령부	핵사용계획을 포함하는 미국의 세계 군사지휘통제체계망(WWMCCS) 설비와 핵발사 명령을 접수하기 위한 비상조치 전화망 설비
도봉산	도봉산탄약본부	제2보병사단을 위해 전진 배치된 예비 핵무기 비축지
동두천	제2보병사단사령부 제2보병사단, 제2공병대대	핵포 및 핵지뢰 임무 수행 핵지뢰 임무수행
의정부	제37야전포병 제6대대	8인치 포 보유, 핵발사 명령을 접수할 수 있는 비상조치 설비, M-198을 취급하는 2개 포병대 및 M-109핵포를 취급하는 1개 포병대대 주둔, 비상조치 설비와 특수무기 훈련 설비
성남	'탱고'연합작전본부	지하벙커, WWMCCS 설비와 비상조치 전화망
대전	주한미군 무기관리체제사령부 제6병기대대	미 육군 핵무기지원부대의 주력, 그 예하의 78병기중대는 점검과 보수 및 조립 담당, 미 육군 보안 중대는 보안 담당
군산	제8전술전투비행단 제78병기파견단	핵폭탄 탑재가 가능한 F-16기 배치, 핵무기 저장고가 있어 60기의 핵폭탄과 40개의 8인치 대포용 핵탄두 및 30개의 155mm대포용 핵탄두 및 21개의 핵지뢰가 저장된 것으로 추정, 코만도 에스코트의 기지
오산	주한미공군의 제314공군사단 제51전술비행단 공군 장거리운항 지원 설비 C형 및 D형 기지	한미연합사중앙통제시설(트리하우스)과 조기경보 및 방공통제본부, 비상조치설비, 핵무기 폭파실험장소를 기록하는 전략공군사령무 레이더와 코만도 에스코트의 기지 소재. 전술 장거리운항 및 목표물 색출을 위해 상용되는 코만도 라이온체계의 일부. 핵포탄 저장소
매향리	모의 핵투하 훈련장	
포항	공군 장거리운항 지원 설비 C형 및 D형 기지	전술 장거리운항 및 목표물 색출을 위해 상용되는 코만도 라이온체계의 일부
군위	나이트 메이어 사격장	항공기를 사용한 공대지 핵공격훈련장

원주	미군 전술공군사령부의 제452파견대	핵실험탐지기기
춘천	제4미사일 사령부	랜스 미사일, 핵야포 배치
광주	K-57공군기지	지하핵 저장시설
사천	공군기지	미사일기지
진해	해군기지	제7함대 핵잠수함 기항지
부산		항모 미드웨이 기항지
성솔	AN/CGS-39위성중계소	일본 및 하와이의 주요 통신 연계망
장산	공군 장거리운항 지원 설비 C형 및 D형 기지	전술 장거리운항 및 목표물 색출을 위해 상용되는 코만도 라이온체계의 일부
최종산	제1우주비행단 제2파견대	전자광학 심층우주감시 지상시설(GEODSS)의 위성추적기지

* 부시 미 전 대통령의 주한미군 전술핵무기 철수 선언 이전의 주한미군 핵기지 실태를 피터 헤이스 교수의 분석을 중심으로 정리한 것임.
자료: 조재길(1994: 64).

서 서해까지 200m당 1개씩, 위력 면에서 10만 명 이상 사상자를 낸 히로시마급 핵폭탄의 1,750배에 해당하며, 1억 7,000만 명의 생명을 앗아갈 수 있는 정도였습니다.[25)]

---

25) 미국 국방정보센터(Center for Defense Information)는 1976년 핵무기 운반가능 무기체계에 운반 가능한 탄두수를 곱하는 방식으로 한국 내 핵무기 수를 661~686개로 추정했다. 그 위력은 1만 2,298kt으로 히로시마급 핵폭탄의 615배에 해당한다(하영선, 1991: 207). 2005년 10월 한국 국회 통일외교통상위원회 국정감사에서 최성 의원은 미국이 군산 미 공군기지에 1977년까지 중력탄 192개, 지대지미사일 어네스트존 80개 등 최소 92개, 지대공미사일 최소 236개, 핵지뢰 25~50개 등 최소 453개 이상의 핵무기를 배치했었으며 1985년에는 최소 151개를 배치했다는 자료를 공개했다. 북한의 ≪로동신문≫은 1985년 제125회 한국 국회 본회의 회의록 제111호의 기록을 인용해 "미국이 한국 내 미군기지에 배치했던 전술핵무기는 최고 수준으로 약 1,720여 개에 달했다"고 보도했다(최성, 국정감사 자료집 "한반도 핵실태: 1958~

많은 분들이 "설마 다시 전쟁이 발생하겠는가", "미국이 핵무기를 사용하겠는가"라는 말을 합니다. 그러나 미국은 한국전쟁 중 3차례 이외에 정전협정 체결 후에도 푸에블로호 납치사건이나 판문점 도끼사건 당시 핵무기를 탑재한 전폭기의 출격대기(괌 미 공군기지), 그리고 제1차 북핵 위기 당시 영변 핵시설에 대한 제한폭격 계획 등 한반도에서 핵무기 사용을 진지하게 고려하거나 구체적인 작전계획을 여러 차례 수립했습니다.[26] 그리고 한반도에서 실시되는 모든 군사훈련은 미국 태평양군총사령부(Pacific Command: PACOM)의 주관으로 한미연합사령부와 합동으로 '작전계획 5027'에 의해 실시되는 핵전쟁연습이었습니다.

한반도에서 다시 전면전쟁으로 확대되면 미국은 필연적으로 핵무기를 사용할 수밖에 없습니다. 비록 핵무기가 아니더라도 가공할 최신무기들로 인해 현대전은 엄청난 인명의 살상과 피해를 가져오기 때문에 미국은 전쟁을 시작하면 속전속결로 전투행위를 마무리해야 합니다. 전투행위가 3개월에서 6개월을 넘기게 되고 수십만 명의 사상자가 발생하면 미국

1991과 6자회담" ≪중앙일보≫, 2005. 10. 1 재인용; Hayes et al., 1987; Hayes, 1991).
[26] 1993년 5월부터 북한과 미국이 협상을 벌인 16개월 기간은 한국전쟁 이후 한반도에 핵전쟁의 먹구름이 가장 짙게 드리웠던 시기였다. 특히 1994년 봄, 협상이 교착 상태에 빠지고 미국이 영변의 핵시설에 대한 공습을 심각하게 고려하기 시작하자 주한 미국 대사관은 '비전투요원 소개 작전(Noncombatant Evacuation Operation: NEO)'을 점검했다. 위기의 정점(crisis peak)은 1994년 6월 16일이었다. 북한이 원자로에서 연료봉 교체를 시작하자 미국은 강력한 유엔 결의와 군사행동을 위한 마지막 수순에 들어갔다. 다급해진 게리 럭(Garry Luck) 주한미군사령관과 레이니 주한 미국대사는 "군사적 조치는 미국인 수만 명의 안전에 영향을 미칠 수 있으니 자신들과의 사전 협의 없이 결정하지 말아줄 것"을 요청하는 유례가 없는 대사·사령관 합동건의서를 워싱턴에 타전했다(Wit, Poneman, and Gallucci, 2004: 216). 한반도와 한국인의 안전은 이들 건의서의 고려사항이 아니었다.

은 전 세계의 반전 여론으로 역풍을 맞게 됩니다. 세계 5대 군사 강국에 속하고 산악지형을 이용해 모든 군사시설을 지하요새화[27]한 북한과 다시 전쟁을 한다면 미국으로서는 핵무기를 사용하지 않을 수 없습니다.

유럽에서의 미국 핵작전계획은 재래식무기로 적의 침공을 최대한 저지하고 부득이한 경우에만 핵무기를 사용하도록 했습니다. 그러나 한반도에서 미국의 핵전략은 'H + 1', 즉 적의 침공 하루 뒤부터 핵무기를 사용한다는 것입니다.[28] 이처럼 '과도한 핵억지전략(over-deterred)'으로 인해 북한군은 군사력을 최전방에 전진 배치해 핵무기를 사용하면 북한군만 아니라 미군과 한국군이 피해를 입을 수밖에 없도록 하는 '적 끌어안기 작전(hugging-the-enemy)'을 쓰게 되었습니다.[29] 핵무기 사용을 전제로

---

[27] 북한은 1959년 "미국이 남한을 핵무기와 미사일 기지로 전환시킴으로써 휴전협정을 위반하고 있다"고 비난하고 미국의 핵공격에 대비해 전국을 요새화하기 시작했다. 1963년 10월 김일성 주석은 김일성 군사대학 제7기 졸업식에서 "전국을 요새화해야 한다. 우리에게는 원자탄이 없다. 그러나 우리는 원자탄을 가진 놈들과 싸워서 능히 견디어 낼 수 있다. 땅을 파고 들어가면 원자탄은 능히 막아 낼 수 있다"고 언급했다(북한연구소, 1983: 258).

[28] 그러나 북한군의 대규모 침공 시에는 한 시간 이내에도 즉각 핵무기를 사용할 수 있다(Harrison, 2002: 197).

[29] 한국의 국방백서 2004에 의하면 북한은 휴전선 인근에 4개 군단, 그 후방에 1개 전차군단, 2개 기계화군단, 1개 포병군단 등 평양-원산 이남 지역에 지상군의 70%를 배치했다. 북한의 170mm 자주포와 240mm 방사포의 사정거리는 대략 50~60km로 수도권 대부분이 포함된다. ≪한국일보≫, 2005. 11. 북한은 기존 240mm 방사포의 사정거리를 대폭 개선한 300mm 최신방사포(다연장로켓포, 최대 사정거리 200km)를 개발, 실전 배치해 주한미군이 이전할 평택기지는 물론 한국군의 중추부인 충남 계룡대까지 사정거리 안에 들어가게 됐다. 특히 최신형 300mm 방사포는 러시아제 위성 위치정보 시스템인 글로나스(GLONASS) 기술을 적용해 유도 기능을 갖추고 있어 더욱 위협적이다. ≪중앙일보≫, 2012. 2. 22.
북한군의 이런 전진 배치를 남침 야욕을 드러낸 공세전략이라고 비난하고 있으나

한 작전계획들이 여러 차례 실행에 옮겨지지 않았던 것은 한민족에게 행운이었습니다. 그러나 다음에 있을지 모를 핵작전계획도 실행되지 않을 것이라고 그 누가 보장할 수 있습니까.

냉전체제가 무너지고 러시아와의 합의[30])에 따라 1991년 9월 27일 아버지 부시 전 대통령은 해외 미군기지에 배치되었던 전술핵무기의 철수를 선언했습니다. 비록 부시 전 대통령의 전술핵무기 철수선언이 북한을 직접 겨냥한 것은 아니었지만 미국 대통령의 별도 명령에 따라 한국에 배치되었던 주한미군의 전술핵무기가 1991년 12월까지 철수되었습니다.

그럼 2013년 3월 키리졸브·독수리훈련에 미국이 B-52전략 폭격기, 핵추진 잠수함 샤이엔, 스텔스 B-2 전폭기, 미국의 최신예 F-22랩터 등 최신 전략무기들을 동원한 것은 과연 무엇을 의미한다고 생각하십니까. 그것은 바로 아버지 부시 전 대통령의 전술핵무기 철수선언으로 한반도가 미국의 핵위협으로부터 벗어났다고 말할 수 있는 것이 아니라는 의미입니다.

우선 부시 전 대통령이 철수를 선언한 것은 전술핵무기였으며, 전략핵무기에 대한 언급이 아닙니다.[31]) 전술핵무기란 핵지뢰, 핵포탄, 핵폭뢰,

---

주한미군의 핵무기 배치와 핵공격 위협에 맞서 핵공격 시 비무장지대 인근에 배치된 주한미군이 함께 피해를 입을 수 있도록 해 핵공격을 억지하는 방어전략의 일면이 있다(Harrison, 2002: 198).
30) 1991년 7월 방미 중이던 노태우 전 대통령이 북한과의 대화를 위해 한국 내 주한미군 핵무기 배치를 조정할 것을 요구했으나 미국 부시(George H. W. Bush) 전 대통령은 이를 거절했다. 그 후 불과 2개월 만에 러시아와의 합의에 따라 전술핵무기의 철수를 선언했다(Kristensen, 2002).
31) 전략핵무기란 1Mt정도의 핵폭탄이나 핵탄두로 주로 전략폭격기나 대륙간탄도미사일에 의해 적국의 대도시나 산업시설, 전략기지를 무차별적으로 공격하는 무기이다. 전략·전술 핵무기는 20kt-1Mt로 미사일에 장착되는 핵탄두나 전략·전술폭

핵배낭 등 전장에서 적의 병력을 겨냥한 소형 핵무기를 말합니다. 이에 비해 전략핵무기란 탄도미사일이나 토마호크에 장착할 수 있는 핵탄두, B-52 등 전략폭격기에 탑재할 핵폭탄, 잠수함 미사일에 장착할 핵탄두 등 적 후방에 있는 전략거점이나 산업시설, 도시 등을 파괴할 수 있는 가공할 파괴력을 갖은 핵무기들을 말합니다. 비록 미국이 한국에 전략핵무기들을 배치했다 함께 철수했다고 하더라도 일본 오키나와와 미국령 괌도를 비롯한 태평양군총사령부 예하 미군기지와 핵추진 공격용 잠수함에 배치된 전략핵무기로 어느 때나 북한에 대해 핵공격을 할 수 있습니다. 소위 한미상호방위조약에 의거해 미국은 한국에 핵우산(nuclear umbrella)[32]을 제공하고 한반도에서 언제라도 핵무기를 다시 반입, 배치, 사용할 수 있다는 것을 뜻합니다.

중요한 것은 북한이 핵보유국이 됨으로써 이제 한반도에서 핵전쟁을 피할 수 없게 되었다는 점입니다. 핵보유국에 대한 핵무기 사용은 국제법상 정당화됩니다. 따라서 앞으로 미국은 전면전에 앞서 선제핵공격을 비롯해 조금도 주저하지 않고 한반도에서 핵무기를 사용할 수 있게 되었습니다. 인류 전체를 무서운 핵겨울로 몰아넣게 될 핵전쟁은 동북아시아, 그중에서도 핵무기의 개발과 함께 60년이 넘는 오랜 기간 동안 '핵과의 질긴 악연'에서 벗어나지 못하고 있는 한반도에서부터 시작될지도 모릅니다. 이처럼 핵폭탄이 개발된 이래 줄곧 '핵무기 사용이란 유혹'을 떨

격기로 적국의 전략기지를 공격하는 데 사용된다. 이에 비해 전술핵무기란 20kt 이하의 파괴력을 갖고 지상전투에서 사용되는 소형 핵무기를 의미한다. 그러나 히로시마에 투하되었던 리틀보이의 위력이 12.5kt이었던 것을 생각하면 전술핵무기 역시 가공할 파괴력을 지닌 핵무기이다.

32) 핵우산이란 비핵보유국 한국이 핵보유국 미국과 상호방위조약을 맺고 핵보유국의 확대억지정책에 의해 핵보유의 억지효과에 의해 보호받는 것을 말한다.

쳐버리지 못하고 있는 곳이 한반도라는 무서운 사실을 바로 역사가 말해주고 있습니다. 한반도에 짙게 드리운 검은 핵구름을 걷어내지 않고서는 아시아-태평양 시대에 대한 한민족의 장밋빛 기대는 한낱 환상에 불과합니다.

핵개발로 분단된 한반도에서 지난 60년간 '끝나지 않은 한국전쟁'이 북한 핵문제라는 검은 핵구름을 휘몰아 한민족을 파멸의 벼랑 끝으로 내몰고 있습니다. 8,000만 한민족에게 "핵전쟁으로 민족의 파멸을 맞을 것인가, 평화와 번영의 길로 갈 것인가" 묻지 않을 수 없습니다.

제2장
북한의 핵과 미사일 해결방안 있는가

1. 왜 북한 핵과 미사일만 문제인가

한국전쟁을 끝내기 위해서는 북한의 핵과 미사일 문제가 먼저 해결되어야 하는데 "북한이 핵개발을 포기하지 않아 전쟁상태가 계속되고 있다"고 많은 분들이 생각하십니다. 저도 북한의 핵개발을 반대합니다. 핵이 밥을 먹여주는 것 아니지 않습니까. 북한은 핵개발보다 주민들의 생활 향상에 힘쓰는 것이 우선이라고 생각합니다. 그런데 문제는 북한의 핵개발을 막는 묘책이 있느냐, 이미 북한이 보유한 핵무기를 폐기시킬 수 있는 방안이 있느냐 입니다.

2013년 3월 7일 유엔 안전보장이사회가 비군사적 강제조치를 규정한 유엔헌장 41조를 원용한 강도 높은 대북제재안 2094호가 얼마나 효과적일 것이라고 생각하십니까. 이번 제재가 과연 60년간 온갖 규제와 봉쇄를 견뎌온 북한 정권이 망할 정도의 수준이라고 생각하십니까. 사실 북한 핵문제는 '북한이 스스로 핵을 포기하겠다'는 결정을 하지 않으면 별다른 방안이 없습니다. 아무런 대책이 없다면 발상의 전환이 필요하다고 생각하지 않습니까. 우선 왜 북한의 핵과 미사일 발사만 제재대상이 되는지 살펴볼 필요가 있습니다.

우선 북한의 핵개발은 '핵무기 없는 세계'라는 인류의 이상에 배치되고 특히 한반도에 핵전쟁을 몰고 올 위험성이 높다는 점에서 절대로 용인되어서는 안 됩니다. 그러나 미국[1]을 비롯한 러시아,[2] 영국,[3] 프랑스,[4] 중

---

1) 미국은 1945년 7월 16일 최초로 핵실험에 성공, 8월 6, 9일 인류 역사상 최초로 핵무기를 사용했다. 인류의 미래를 위해 핵실험을 금지하자는 세계적인 반핵여론에도 불구하고 1992년까지 1,030회의 핵실험을 실시했다. 5대 핵강국 중 유일하게 전면핵실험금지조약(Comprehensive Test Ban treaty: CTBT)을 아직 비준하지 않았다. 냉전의 절정기에 1만 563개의 핵무기, 2,246개의 미사일을 보유했었으며 전략핵무기감축협정(START I)에도 불구하고 5,949개의 핵탄두와 대륙간탄도미사일(ICBM), 전략폭격기, 핵잠수함을 보유해 지구상 어디에도 날아가 인류를 파멸시킬 수 있는 핵능력을 보유하고 있다(Cirincione, 2002: 175~184). 자료에 의하면 미국은 2006년 1월 약 1만 개의 핵탄두를 보유하고 있다. 그중 5,735개는 실전에 배치되어 있고 4,225개는 예비용으로 보관중이다. 미 에너지부에 의하면 이 중 4,265개를 2012년까지 해체할 예정이다(Bulletin of the Atomic Scientists, 2006. 1. 2, p.68).
2) 구소련은 1949년 8월 핵실험에 성공, 1990년까지 715회의 핵실험을 실시했으며, 한때 2만 개의 핵무기를 보유, 미국과 패권을 다투었으나 냉전의 해체와 더불어 몰락했다. 구소련을 계승한 러시아 역시 전략핵무기감축협정에도 불구하고 5,858개의 핵탄두를 비롯해 대륙간탄도미사일과 핵잠수함을 보유해 핵강대국으로서 저력을 유지하고 있다(Cirincione, 2002: 105~126).
3) 영국은 1951년부터 1992년 사이에 44회의 핵실험을 실시해 834개의 핵탄두를 개발했으며 16개의 트라이던트 II(Trident II) 미사일과 48개의 핵탄두를 장착한 4대의 핵잠수함을 보유하고 있다(Cirincione, 2002: 165~166).
4) 프랑스는 1960년부터 1996년까지 210회의 핵실험을 실시 약 350개의 핵탄두를 개발하고 2001년 한해에만 23억 달러를 들여 사정거리 8,000~1만km의 M-51 대륙간탄도미사일 개발을 비롯해 최신예 항공기와 핵잠수함으로 군사력을 강화했다(Cirincione,

〈표 2〉 세계 각국의 핵무기 보유현황

		미국	러시아	영국	프랑스	중국	이스라엘	인도	파키스탄	남아공화국	북한
핵실험 년도		1945	1949	1952	1960	1964		1974	1998	1979	2006
국방정보센터	전략핵무기*	8,646	6,000	180	350	250	100~200	60	24~48	6(?)	(?)
	비전략핵무기*	2,010	4,000	5		120					(?)
미국자연자원보호위원회**		10,350	16,000	200	350	400	100~200	40~50	40~60		6~8
찰스 퍼거슨***		7,650	8,200	200	348	380	75~200	30~35	24~48	0	1~2 (Max 8)
조지프 시린시온****		10,500	20,000	185	350	410	60~100(?)	10(?)	10(?)		(?)

* 국방정보센터(CDI) 2003. 2. 4.
** 미국자연자원보호위원회(NRDC) 《조선일보》, 2005. 5. 9.
** Charles D. Ferguson, et al., *The Four Faces of Nuclear Terrorism*(CNS 2004).
*** Joseph Cirincione, *Deadly Arsenals: Tracking Weapons of Mass Destruction*(Carnegie Endowment for International Peace, 2002), p.8.
(?) 보유 능력을 확보한 것으로 추정되나 확인되지 않음

국5) 등 핵강대국들은 수십, 수백, 수천 회의 핵실험을 실시하고 지금도 2만 개 이상의 핵무기를 보유하고 있습니다. 그뿐만 아니라 핵확산금지체

2002: 165~166).
5) 핵강국 중 가장 늦게 핵실험에 성공한 중국은 1964년부터 1996년 사이에 45회의 핵실험으로 약 400여 개의 핵탄두를 개발한 것으로 알려지고 있다. 중국 경제의 급성장에 따라 군사비의 증가와 무기체계의 과학화를 추진해 사정거리 1만 3,000km의 대륙간탄도미사일(DF-5) 20기를 실전 배치한 것을 비롯해 핵잠수함, 항공모함과 최신예 항공기로 군의 현대화를 추진하고 있다(Cirincione, 2002: 141~157).

제(NPT) 밖에서 이스라엘, 인도, 파키스탄 등 '사실상 핵보유국(De Facto Nuclear Weapon States)'6)들도 핵실험을 실시하고 핵무기를 보유하고 있습니다.

핵확산금지조약(Nuclear Non-Proliferation Treaty: NPT)7)은 '1967년 6월 1일까지 핵무기를 보유한 미국, 러시아, 영국, 프랑스, 중국 등 5대 핵강국을 제외한 모든 비핵보유국들은 핵폭발장치를 제조하거나 취득하지 못하며, 앞으로 영구히 핵무기를 보유해서는 안 되고 자국 내 모든 핵시설을 국제원자력기구(International Atomic Energy Agency: IAEA)의 사찰에 공개

---

6) 1964년 이후 핵보유를 공개적으로 표명한 국가는 없었다. 그러나 이스라엘이 일찍부터 핵무기를 보유하고 있는 것으로 추정되었으며, 인도(1974년)와 파키스탄(1998년)이 핵실험을 실시하고 2005년 2월 북한이 핵보유를 공식 선언, 2006년 이후 세 차례 핵실험을 실시해 이 4개국이 '사실상 핵보유국'이 되었다. '핵보유국'이란 ① 핵무기를 제조, 실전에 배치했거나, 적어도 ② 무기급 핵물질을 보유하고, 정부의 정책적 결단 이후 빠르게는 수 시간 내에, 길게 잡아도 수일 내에 핵무기를 제조, 실전 배치가 가능한 국가를 의미한다.

7) 핵기술의 발전에 따라 핵보유국이 증가하면서 더 많은 국가가 핵무기를 보유하게 되면 핵전쟁의 가능성이 더 커질 것이라는 우려가 확산되면서 핵군축과 통제에 관한 많은 제안과 노력이 시도되었다. 1964년 중국이 핵실험에 성공하자 서독, 일본 등 제2차 세계대전 패전국들의 핵무장을 우려한 미국, 소련, 영국을 중심으로 더 이상의 핵확산을 막기 위한 협상을 본격적으로 시작해 1968년 7월 1일까지 62개국이 핵확산금지조약에 서명해 1970년에 발효되었다. 1925년 한시조약으로 출발, 1995년 영구조약으로 갱신해 2005년 현재 189개국이 가입했으며, 이스라엘, 인도, 파키스탄, 쿠바만이 미가입국이고 북한은 2003년 1월 탈퇴했다. 그러나 핵확산금지조약은 인류를 수십 번이나 파멸로 몰고 갈 수 있는 핵강대국들의 핵무기에 대해서는 아무런 제한을 가하지 못하는 가장 대표적인 불평등조약으로 '핵무기 없는 세계'라는 인류의 이상과는 거리가 멀다. 현재 핵강국들이 보유한 핵폭탄 240만kt의 전략핵무기의 화력은 히로시마 핵폭탄 20만 개에 해당하며, 제2차 세계대전 당시 사용된 총화력의 800배에 해당한다.

하도록 의무화하는 대가로 핵의 평화적 이용을 국제적으로 보장받는 국가 간의 약속'입니다.[8] 어떤 특정 국가가 이 조약에 가입하거나 탈퇴하는 것은 전적으로 그 국가의 고유권한에 속하는 문제입니다. 북한이 이스라엘, 인도, 파키스탄과 같이 핵확산금지체제 밖에서 핵실험을 하고 핵무기를 보유한다는 자체만으로 비난받아야 할 이유는 없습니다. 마찬가지로 북한이 미사일통제협정(Missile Technology Control Regime: MTCR)(1987)[9]에 가입하지 않아 아무런 제한을 받지 않고 중·장거리미사일을 개발하고 인공위성을 발사한다고 해서 비난받을 일이 전혀 아닙니다.

냉전체제하 미국과 구소련은 절정기에 도합 3만 개가 넘는 핵탄두를 보유해 인류를 수백 번 파멸시킬 수 있을 정도로 무모한 핵경쟁을 벌였

---

8) 핵확산금지체제의 이론적 배경은 핵무기 제조 기술을 습득한 국가는 곧바로 핵무기를 보유한다는 '기술이론(Technical School)'이었다. 즉 핵관련 기술과 경제적 능력을 갖게 되면 자동적으로 핵무장을 하기 때문에 핵기술을 통제하고 봉쇄할 필요가 있다는 것이다. 그러나 핵기술의 확산으로 핵보유가 더 이상 강대국의 상징이 되지 않자 일본, 서독, 캐나다, 스웨덴, 스위스, 한국 등 기술수단의 완비에도 불구하고 핵보유를 포기하는 국가들이 생겼다. 이와 반대로 오히려 핵을 보유하기에는 역량이 부족한 국가들이 핵보유를 시도하는 현상이 나타나자 기술보다는 핵무장의 동기가 우선한다는 '동기이론(Motivational School)'이 제기되었다. 이 밖에도 수평적 핵확산과 수직적 핵확산을 연계하는 '연계이론'과 핵확산의 원인을 일반화시킬 수 없다는 '독자적 발생이론'도 있다(조재길, 2006: 70).

9) 미사일기술통제체제(Missile Technology Control Reime: MTCR)는 1987년 미국, 영국, 캐나다, 독일, 일본, 이탈리아에 의해 탄두중량 500kg, 사거리 300km 이상의 모든 대량살상무기의 무인 운반시스템 기술의 수출을 통제하는 다자간협의체다. 국제조약이나 기구가 아니지만 2013년 현재 34개국이 가입했고 한국은 2001년 3월 33번째 회원국으로 가입했으나 북한은 비회원국이다. 미사일기술통제체제는 미사일 수출통제 지침과 대상 항목을 막나한 부록을 회원국들이 자발적으로 준수하도록 할뿐 위반에 대해 제재나 강제하는 조항은 없다.

습니다. 미국과 러시아는 지금도 도합 1만 개 이상의 핵탄두를 보유해 인류의 생존 자체를 위협하고 있습니다. 그런데도 불구하고 핵강대국들은 물론 핵확산금지체제 밖에서 핵무기를 보유한 이스라엘, 인도, 파키스탄 등 사실상 핵보유국들에 대해서도 별다른 제재를 가하지 않고 유독 북한의 핵개발에 대해서만 1993년 1차 북핵위기 이래 20년 이상 줄기차게 온갖 제재를 가하고 있는 이유는 무엇일까요.

이들과 북한은 다르다고 할 것입니다. 물론 다릅니다. 무엇이 다를까요. 바로 이들 국가는 미국과 전쟁상태에 있지 않다는 점입니다. 미국은 러시아를 제외한 거의 모든 핵보유국의 핵개발에 직·간접적으로 연계되었습니다.[10] 미국은 적대국의 핵개발은 반대하지만 우호국에는 오히려

---

10) 핵확산금지체제에도 불구하고 핵선진국 간의 수출경쟁과 불법 우회거래로 인한 핵확산은 계속되고 제재조치는 핵보유국들의 이해관계에 따라 차별적으로 적용되어왔다. 지난 1955~1956년 중소관계의 악화로 소련이 중국으로부터 핵기술자들을 철수시키고 원료 공급을 중단하자 미국과 프랑스가 중국에 핵기술을 공급해 중국은 10년이란 단기간에 핵무기 개발에 성공했다(조재길, 1994: 50).
이스라엘은 1950년대부터 핵개발을 추진해왔으며 1979년 남아프리카공화국의 핵실험에도 연계되었지만 1970년대 말, 카터 대통령은 이스라엘과 이집트 간의 평화협상에 미칠 영향을 우려해 이를 묵인 또는 사실상 지원했다(김찬규, 2001: 175).
인도는 1950년대에 캐나다로부터 연구용 원자로(Cirus 40-MWt, 중수로)를 도입하고, 미국의 기술지원으로 바바 원자력센터(Bharbha Atomic Research Center)에 플루토늄 추출시설을 건설했다. 1962년 중국과의 국경분쟁 패배와 1964년 중국의 핵실험에 자극을 받아 1974년 5월 18일 핵실험에 성공했다. 핵실험 후 미국은 단지 원자로에 대한 통제를 강화했을 뿐 별다른 제재를 가하지 않았다(정영태, 2003: 47).
파키스탄은 1971년 인도와의 전쟁에서 패배한 후부터 핵개발을 추진, 1998년 공개적인 핵실험에 성공함으로써 비공식적인 핵보유국이 되었다. 그러나 미국은 파키스탄의 핵개발을 알면서도 이란혁명, 인도 및 소련의 영향력을 막기 위해 카터 정부 이래 막대한 군사원조를 했다. 인도와 파키스탄이 공개적인 핵실험을 실시한 1998년에도 미국은 핵무기 제조 및 실험에 사용될 수 있는 1억 5,000만 달러 상당의

핵기술의 확산을 돕는 이중적인 잣대(double standard)를 적용해왔습니다.

북한의 핵과 미사일문제는 바로 북한이 미국과 전쟁상태에 있는 적대국이기 때문에 발생한 것입니다. 냉전의 해체로 공산주의 동맹체제가 무너지고 러시아와 중국의 지원을 기대할 수 없는 국제 정세의 변화가 바로 세계 유일의 패권국인 미국과 군사적 대결을 계속해야 하는 북한으로 하여금 핵과 미사일 개발에 집착하게 만들었습니다.[11] 주요 동맹국이었던 중국과 러시아가 북한을 버리고 한국과 외교관계를 맺는 국제 정세의 변화 속에 생존을 위한 불가피한 선택이었을 것입니다.[12]

물질과 기술을 인도에 수출할 수 있도록 승인했다(Cirincione, 2002: 178).
남아프리카공화국도 미국, 프랑스, 독일, 이스라엘의 지원 아래 핵개발에 착수했다. 미국은 1979년 9월 남아공 동부 연안에서의 핵실험을 위성으로 포착하고도 이를 묵인했다. 남아프리카공화국은 1974년부터 핵무기를 생산해 보유하다 흑인정권 출범을 앞두고 이를 모두 폐기하고 1991년 핵확산금지조약에 가입했다(김찬규, 2001: 175).

[11] 북한이 언제부터 핵개발에 착수했는지 정확히는 알 수 없으나 미국이 한반도에 전술핵무기를 배치한 데 자극받고, 1961년 쿠바 미사일사태 때 소련이 미국에 굴복한 것을 보고 김일성 주석이 미국의 핵공격에 대비한 지하요새 구축과 핵무기 보유를 결심했다는 견해가 지배적이다. 1964년 중국 마오쩌둥 주석에게 전달한 친서에서 김일성 주석은 "북한과 중국이 전쟁을 함께 치른 만큼 핵비밀도 공유해야 한다"고 지원을 요청했다. 이에 대해 중국은 약소국에게 핵무기는 필요치 않다고 거절했다. 북한은 한국이 핵개발을 추진하던 1974년 다시 한 번 중국에 핵개발지원을 요청했으나 거절당하자 국방에서의 자위노선을 채택하고 공격적 방어(offensive defence)전략으로 바뀌게 되었다(Oberdorfer, 2001: 252).

[12] 구소련이 한국과 수교를 추진하자 1990년 3월 북한이 소련에 보낸 비망록에서 "조·소 군사동맹은 유명무실하게 될 것이므로 우리는 지금까지 동맹관계에 의거해온 일부 무기를 자력으로 만들 대책을 강구할 수밖에 없다"고 핵개발 의지를 피력했다. 또 1992년 중국이 한국과 수교했을 때 김정일 위원장은 "믿을 것은 핵폭탄밖에 없다"고 핵개발 의지를 다짐했다. 그리고 1990년대 북한의 경제 사정이 악화되면

핵무기와 미사일이 저렴한 무기체계는 아니더라도 재래식무기의 지속적인 보유와 개선에 비해 몇 개의 핵무기를 보유하는 것이 더 경제적일 수 있습니다.[13] 한국과 미국은 매년 적어도 3차례 이상 대규모 한미합동 군사훈련에만 북한의 전체 군사비와 맞먹을 정도의 예산을 지출하는 상황에 북한으로서는 재래식 군사력 경쟁에서 한국에 장기적으로 뒤질 수밖에 없습니다. 50억 달러[14] 정도의 국방비를 지출하기에도 버거운 북

서 북한은 군의 강력한 위력을 앞세워 경제, 외교, 정치를 발전시키겠다는 '선군정치'를 새로운 통치이념으로 제시했는데 군의 위력에는 강력한 핵개발 의지도 함축한다(장준익, 1999: 9~10).

[13] 단기간에 핵무기 제조만을 목적으로 핵시설을 갖추는 경우는 거의 없으며 장시간의 연구와 핵의 평화적 이용을 병행해 추진하기 때문에 핵개발 비용에 대한 추산은 간단하지 않다. 핵개발에는 1950년대 중국이 10년간 40억 달러, 1980년대 파키스탄이 190억 달러라는 엄청난 경비를 소모한 것과 같이 막대한 국력이 소모된다. 1967년 유엔 사무총장의 핵확산에 관한 보고서는 소규모 단순 핵무기 개발에 40억 달러, 소규모 고도기술 수준의 핵무기 개발에 120억 달러가 10년간 소요된다고 추산했다. 그러나 이상의 계산은 벌써 40년 전의 계산으로 지금으로서는 핵개발에 더 많은 비용이 들어갈 것이다(하영선, 1991: 156~157).

스테판 마이어(Stephen M. Meyer)는 다음과 같은 몇 가지 연구 사례를 제시했다. ① 1960년대 미국 원자력위원회 존 맥콘(John McCone)은 핵무기 제조에 5,000만 달러가 소요된다고 추산, ② 1980년대 6년간 1억 5,000만에서 2억 달러가 소요된다는 연구결과, ③ 1980년대 들어 핵기술의 보급에 따라 어느 정도 핵개발의 기반 시설이 갖추어져 있는 경우에는 핵개발 비용이 2억에서 7,000만 달러 수준으로 줄일 수 있으며 모든 시설이 갖추어진 경우에는 추가로 핵무기를 생산하는 데 2,500만 달러로도 가능하다. 예를 들면 인도의 경우 재처리시설 구축에 3,000만 달러, 핵폭탄 1발 제조에 100만~300만 달러가 소요되었다고 한다(Meyer, 1978: 38~40).

[14] 한국의 급속한 경제성장에 따라 남·북한의 군사비 지출의 격차는 해가 갈수록 벌어지고 있다. 그러나 북한 군사비 총액에 대한 자료가 확실치 않아 단순 비교가 사실상 불가능하다. 북한의 공식발표에 따르면 북한의 2003년도 군사비는 연간 17.7억 달러이나 한국의 국방부는 약 50억 달러를 지출하는 것으로 추산한다[한국 국방

〈표 3〉 핵보유국과 동북아시아 국가 국민총생산 및 국방력 비교

	미국	러시아	영국	프랑스	중국	한국	북한	일본	대만
인구(만 명)*****	31,596	14,340	6,318	6,535	135,382	5,000	2,455	12,659	2,331
국민총생산(GDP) (억 달러)*****	149,913	18,577	24,315	27,730	73,185	11,162	124	58,671	9,035
1인당 국민소득 (달러)*****	49,922	14,247	38,591	41,141	6,075	23,113	1,800	36,266	38,749
국방비									
SIPRI(2012년, 억 달러)**	6,825	907	608	589	1,661	316	50*	592	107
SIPRI(2012년, 국민총생산대비 %)**	4.4	4.4	2.5	2.3	2.0	2.7	25*	1.0	2.3
군축비확산센터(CACNP) (2004년, 억 달러)***	3,991	652*	490	400	560*	164	55*	451	75
Military Balance (2003년, 억 달러)	4,049	652*	427	459	559*	146	55*	428	66
총병력									
현역(만 명)	143	121	21	26	226	69	111	24	29
예비군(만 명)	124	2,000	27	10	80	450	470	4.4	165
핵무기									
전략핵무기****	8,646	6,000	180	350	250				
비전략핵무기****	2,010	4,000	5		120				
전략무기									
대륙간탄도미사일 (ICBM)	550	635			30		(?)		
중거리탄도미사일 (IRBM)					110		(?)		
탄도미사일핵잠수함 (SSBN)	18	13	4	4	1				
잠수함용미사일 (SLBM)	432	540	58	64	12				

부, 『국방백서』(2004)]. 한국의 국방비는 2003년도 146.9억 달러에서 2012년 316.6억 달러로 늘어났다(SIPRI, 2013). 그러나 일부에서는 북한의 실질적인 국방비 지출이 연 150억 달러에 이를 것으로 추산하기도 한다.

전략폭격기 (Long-Range Aircraft)	203	240	?	?	180				
육군									
병력(만 명)	50	36	11.7	14	160	56	95	15	20
탱크(MBT)	7,620	22,800	543	614	7,580	1,000	3,500	700	100
대포(Arty)	5,540	30,045	407	799	14,000	4,540	10,400	620	750
해군									
병력(해병대 포함) (만 명)	55	15	4	4.4	25	6.3	4.6	4.4	4.5
항공모함 (Aircraft Carrier)	12	1	3	1					
순양함(Cruiser)	27	6							
구축함(Destroyer)	49	14	11	12	21	6		45	11
호위용 구축함(Frigate)	30	6	20	20	42	9	3	9	21
잠수함(SSN, SSGN, SSK)	54	37	11	6	67	9	26	16	4
탱크(해병대, MBT)	403								
공군									
병력(만 명)	38	18	4.8	6.4	40	6.5	11	4.6	4.5
전투기	3,513	1,514	?	?	1700	530	830	367	421

* 추정치
** SIPRI(스톡홀름국제평화연구소), Sipri YearBook 2013.
*** 군축 및 비확산연구소(CACNP) February 7, 2005.
**** 국방정보센터(CDI) 2003. 2. 4.
*****인구, 국민총생산액, 1인당 국민소득에 대한 자료는 출처에 따라 상당한 차이가 있다. 따라서 통일적인 검색이 가능한 Wikipedia의 자료로 통일했음.
자료: IISS(국제전략연구소), The Military Balance 2004~2005를 기준으로 필자가 각종 자료종합 작성.

한으로서는 재래식무기 경쟁보다는 핵개발이 더 유리하다고 판단했을 것입니다.15)

---

15) 클린턴 행정부에서 제네바핵합의를 이끌어냈던 로버트 갈루치는 북한이 ① 한국과의 경제적 격차, ② 냉전의 해체에 따른 동맹국들의 상실과 국제사회에서의 위

이런 북한의 사정은 70년대 미국이 중국과의 수교에 앞서 1969년 닉슨독트린을 발표한 데 이어 베트남에서 철수하는 데 자극을 받아 박정희 전 대통령이 자주국방의 일환으로 핵개발을 추진했던 것과 같다고 할 수 있습니다.16) 북한 핵문제는 북한과 미국이 적대적인 관계를 청산하고

상 저하 특히 중국과 한국의 수교에서 받은 충격, ③ 내부적으로 정권의 권위 강화와 체제안정, ④ 국제사회에서 발언권 신장과 외교적 협상력 강화 등 여러 요인 때문에 핵보유를 결심하게 되었다고 분석했다(Wit, Poneman, and Gallucci, 2004: 4~5). 존 네그로폰테(John D. Negroponte) 전 미 국가정보국장 역시 2006년 2월 2일 상원 정보위원회 증언을 통해 "북한은 핵무기를 ① 미국과 한국군을 억지하고, ② 정권안보를 확보할 수 있는 최선의 길, ③ 경제적 이득을 취하기 위한 수단, ④ 나라 위신의 원천으로 보고 있다"고 분석했다. 연합뉴스, 2006. 2. 3.

16) 1970~1973년 청와대의 핵심참모였던 김윤호 전 합참의장은 "박정희 전 대통령이 미국으로부터의 자주국방, 북한에 대한 억지력 확보, 그리고 국내 정치적 목적으로 핵개발을 결심했다"고 한다. 미국은 1970년대 중국과 수교회담에 앞서 1969년 "군사적 분쟁이 발생할 경우 미국은 참전하기보다 후방에서 지원과 간접적인 역할만 담당할 것"이라는 닉슨독트린(Nixon Doctrine)을 발표했다. 박 전 대통령은 미국이 베트남으로부터 철수를 준비하는 것을 지켜보며 어느 날 미국이 한국을 떠날 수 있으며, 그때를 대비해서 한국은 군사력에서 북한에 우위를 확보해야 한다고 생각했다(Harrison, 2002: 245).
한국 정부는 1972년부터 프랑스로부터 사용후 핵연료 재처리시설을 도입하기 위한 교섭을 시작하고 1973년부터 미국과 캐나다에 근무하는 한국인 핵, 화학, 엔지니어링 전문가들의 귀국을 은밀히 추진했다. 그러나 1976년 1월 한국 정부는 구매 계약의 조인 단계에서 계약을 파기했다. 미국이 "만약 핵무기 생산계획을 고집하면 미국은 핵연료 공급을 중단할 뿐 아니라 주한미군의 핵무기를 철수하고 한국에 대한 일체의 안전보장을 백지화하겠다"고 압력을 가했기 때문이다. 박 대통령은 이스라엘의 군사전략과 은밀한 핵억제전략에 감명을 받아 이를 현장에서 배우도록 요원을 파견하기도 했으며 1978년에도 재처리시설의 확보를 위해 프랑스와 재접촉을 시도했다(Harrison, 2002: 153~155).
핵연료 재처리시설의 도입을 추진하다 중단한 외에도 1970년대 초 한국의 박정희 대통령이 독자적으로 핵무기 개발계획을 추진했다. 1993년 국방과학연구소에 대

우호국이 되는 것이 유일한 해법입니다. 전쟁상태를 먼저 해소해야 핵문제가 해결되고 한반도에 평화가 정착될 수 있습니다. 그런 의미에서 박근혜 정부의 성공을 간절히 기원하면서도 선북한 비핵화 후 경제지원을 강조한 북한 핵문제 해결원칙에 대해 심히 우려하지 않을 수 없습니다.

2. 1차, 2차 북핵위기의 실체적 이해

북한은 1986년 영변 핵단지 안에 자체 개발한 5MW 시험용 핵발전소를 건설했습니다.17) 이 원자로가 플루토늄 생산이 용이한 중수로(흑연로,

---

한 국정감사에서 민주당 강창성 의원(전 보안사령관)이 "1978년 9월 박 대통령이 '국방과학연구소가 추진 중인 핵개발이 95% 진전을 보이고 있다'고 얘기했다"는 발언을 해서 주목을 끌었다. 또 선우련 전 청와대 공보비서관이 "1979년 1월 박 대통령으로부터 '1981년 전반기에 핵폭탄이 완성된다는 보고를 국방과학연구소장으로부터 받았다. 그해 국군의 날 행사에서 이를 세계적으로 공개한 후 사퇴 성명을 내고 물러나겠다'는 말을 들었다"고 증언한 바 있다(Oberdorfer, 2001: 71~74).
이런 증언들에 따르면 박정희 대통령은 미국의 압력 때문에 1975년 핵확산금지조약에 가입한 뒤에도 자주국방의 핵심으로 독자적으로 핵무기 생산계획을 비밀리에 계속 추진했던 것으로 보인다. 그러나 핵물질 생산이 거의 완성단계에 들어간 것으로 추정되는 시점에 박정희 대통령이 김재규 당시 중앙정보부장에 의해 살해됨으로써 그 구체적인 내용은 밝혀지지 않고 있다. 박 대통령에 이어 1984년 전두환 정부도 캐나다로부터 플루토늄과 우라늄의 혼합연료를 위한 재처리시설을 들어오려 했으나 역시 미국의 압력으로 중지되었다(Hayes, 1991: 206). 1989년 한국 국방부는 '3X계획(triple X plan)'이란 핵 개발계획을 수립해 대통령에게 보고했으나 노태우 전 대통령은 미국의 압력으로 1991년 대덕연구단지의 핵기술자들을 해산시켰다(Harrison, 2002: 250).
17) 북한은 풍부한 우라늄 원광 매장량을 갖고 있으면서도 원전 건설에 소요되는 막대한 자본과 기술 때문에 상업용 원자력발전소를 갖지 못했다. 1978년부터 전국적인

gas-graphite reactor)[18]라는 이유로 북한이 소량의 플루토늄을 추출했을 것이란 의혹을 받은 것이 1990년대 1차 북핵위기의 시작입니다.

1차 북핵위기 당시 국제원자력기구가 북한에 대해 특별사찰을 요구한 이유는 '중대한 불일치'와 '미신고시설에 대한 사찰의 필요성' 두 가지였습니다.[19] 즉 "북한이 신고한 플루토늄과 국제원자력기구의 계산이 일치하지 않고, 제시한 플루토늄과 그 추출과정에서 나온 액체폐기물을 분석한 결과 동위원소가 달라 '짝이 맞지 않는 장갑'이라는 것이었습니다.

우라늄광 탐사를 실시해 2,600만 톤의 우라늄 원광 매장량(1만 5,000톤 이상의 우라늄)과 가채량 400만 톤을 확인했다. 그리고 비밀해제로 공개된 영국 원자력발전소(Calder Hall 모델)의 설계도에 따라 1986년 1월 자체 기술로 5MW시험용 원자력발전소를 완공했다(이용준, 2004: 93~94). 이 원자로는 연소율이 낮아 플루토늄 239 생산에 적합한 중수로이기 때문에 북한은 핵개발 의혹을 받게 되었다. 이 원자로에 장착하는 1회분 연료봉은 대개 30kg 정도의 플루토늄을 생산할 수 있는데 그것은 다섯 개의 핵탄두를 제조할 수 있는 양이다(Wit, Poneman, and Gallucci, 2004: 3). 5MW 원자로에서 한 번에 꺼낸 사용후 핵연료에서 추출할 수 있는 플루토늄의 양에 대해서는 여러 가지 다른 의견이 있다. 사용후 핵연료의 양이 대체로 50톤으로 플루토늄 함유율이 0.023%인 경우 대략 12kg의 플루토늄을 추출 가능, 이 계산법에 따르면 지금까지 총 약 60kg을 확보했다는 계산이 된다(장준익, 1999: 217). 러시아 과학자 발레리 데니소프(Valery I. Denisov)는 8,000개의 연료봉에서 핵폭탄 한두 개를 생산할 수 있는 플루토늄 생산 가능하다고 평가한다(Denisov, 2000: 26).

18) 원자로는 크게 세 가지로 분류할 수 있다. ① 천연 우라늄을 핵연료로 사용하고 중수 또는 흑연을 감속재로 사용하는 중수로(Heavy-Water Reactor: HWR or Pressurized Water Reactor: PWR 또는 흑연로), ② 천연우라늄에 0.7%밖에 들어 있지 않은 우라늄235를 저농축해 연료로 사용하는 대신 자연수, 즉 경수를 감속재로 사용하는 경수로(Light Water Reactor: LWR)와 ③ 플루토늄을 핵연료로 사용하는 고속증식로(Fast breeder reactor: FBR)가 있다. 이 중 중수로(또는 흑연로)에서 사용한 핵연료는 우라늄235가 1.2~1.5% 들어 있어 이를 재처리해서 플루토늄을 생산하기에 더 용이해 이를 보유하게 되면 국제적으로 핵개발 의혹을 받게 된다.

19) Wit, Poneman, and Gallucci, 2004: 14; Sigal, 1998: 39.

'중대한 불일치'란 '북한이 신고한 플루토늄 90g과 국제원자력기구의 계산방식에 따른 148g 사이에 생기는 플루토늄 58g의 차이'입니다. 이에 대해 북한은 '중대한 불일치'는 "공개된 잡지에 소개된 자료 이외에 다른 나라의 경험과 기술을 섭취할 수 없는 북한 핵활동의 특징을 고려하지 않은 데서 발생했다"고 주장했습니다. 그리고 '짝이 맞지 않는 장갑', 즉 "플루토늄과 폐기물 간의 동위원소의 불일치는 1990년 3월 최초로 플루토늄 추출실험을 하기 이전인 1975년 기초실험을 할 때 생긴 용액을 같은 폐수탱크에 합쳐 놓았기 때문"이라 설명했습니다. "특별사찰을 요구하는 '두 개의 장소'에 대해서는 핵활동과는 아무런 관계가 없는 군사시설로 보여주어야 할 의무가 없다"고 항의하며 "미국이 제시한 위성사진들이 변조되었다"고 주장했습니다.[20]

그런데 미국은 플루토늄 추출량에 관한 북한과 국제원자력기구 사이의 불과 58g이란 계산상의 차이를 놓고 영변 핵시설에 대한 제한폭격을 고려하는 최악의 상황까지 몰고 갔습니다. 이것은 북한에 앞서 1982년 한국이 플루토늄을 추출하고 이를 은폐하려 시도했지만 미국이 묵인한 것과는 너무도 대조적입니다.[21] 사실 소량의 플루토늄을 추출한 것은

---

20) 《월간 자주》(스웨덴) 1993. 3. 5; 조재길, 1994: 38~39.
21) 2004년 9월 《뉴욕타임스》는 "1982년 4~5월에 한국 원자력연구소에서 연구용 원자로 트리가(Triga)에서 나온 사용후 핵연료봉을 이용해 적은 양의 플루토늄을 추출했다. 그 후 원자력연구소는 대덕연구단지로 옮겨 한국 에너지연구소로 바뀌고 트리가 원자로는 1995년에 수명을 다해 가동을 중단하고 해체되었다"고 보도했다. "1998년 김대중 정부에 사실 확인을 요청했으나 추출 실험에 관한 자료를 찾을 수 없다고 보고했으며, 2003년 다시 환경표본조사를 실시하자 노무현 정부는 1982년 추출실험은 1983년 국제원자력기구에 이미 보고했는데 당시 신고서 작성과정에 담당자의 실수로 사용후 핵연료를 새로운 핵연료라고 잘못 기재했으며 추출실험에 관한 자료와 플루토늄은 남아 있지 않다"고 했다(Kang, Jungmin, 2005. 1/2).

별로 대단한 일이 아닙니다. 한국을 비롯한 핵시설을 가진 여러 국가에서 국제원자력기구 감시를 피해 플루토늄을 추출하는 것은 다반사로 있는 일입니다. 더군다나 북한은 국제원자력기구 감시를 피해서 비밀리에 플루토늄을 추출한 것이 아니라 국제원자력기구에 가입하기 이전의 핵활동을 자진 신고한 것으로 별로 문제가 될 사항이 아니었습니다.

북한이 플루토늄 추출이 용이한 중수로를 보유했다는 자체도 전혀 문제가 될 수 없습니다. 한국도 중수로(월성 1~4호기)를 갖고 있으며 구소련의 기술지원을 받은 사회주의권 국가들은 대부분 중수로를 보유하고 있습니다.

그럼에도 불구하고 미국이 국제원자력기구를 앞세워 북한에 특별사찰을 요구한 것은 가장 대표적인 불평등조약인 핵확산금지체제에 이의를 제기하는 잠재적 핵보유국[22]들의 반발을 무마하기 위해 북한을 희생양으로 선택해 시범적으로 강력한 제재를 가하려 했던 것입니다. 한마디로 본때를 보여주려 한 것입니다. 그런데 북한이 국제원자력기구의 제재와 압박에 반발해 핵확산금지체제를 뛰쳐나가자 당황한 미국은 서둘러 북한을 대화의 테이블로 끌어들였습니다. 한시적인 핵확산금지조약의 1995년 영구조약 갱신[23]이 불과 2년 앞으로 다가온 시점이라 미국은 어

---

22) 5대 핵강국이 아니면서 ① 핵물질 생산에 이용될 수 있는 우라늄농축기술이나 사용후 핵연료재처리시설을 독자적으로 가진 일본, 독일, 캐나다, ② 합작형태로 보유하고 있는 네덜란드, 이탈리아, 벨기에와 ③ 상업용 규모는 아니더라도 자체농축시설을 보유했거나 이에 근접한 국가로 이스라엘, 인도, 파키스탄, 아르헨티나, 브라질, 남아프리카공화국, 이라크, 이란, 한국, 북한 등 상당한 수준의 핵능력을 보유한 국가들이 있다. 이 중 '정부가 핵개발에 대한 정책적 결정을 내리면 6~12개월 안에 핵무기를 제조해 실전에 배치할 수 있는 능력을 갖추고 있는 것으로 평가되는 국가'를 '잠재적 핵보유국'이라 한다.

떠한 대가를 지불하고서라도 북한을 핵확산금지체제 안에 잡아둘 필요성이 아주 절박했기 때문입니다. 이에 북한이 영변의 중수로(5MW) 등 핵시설의 건설과 운용을 중단하는 대가로 미국이 경수로 2기(2,000MW)를 제공하기로 한 제네바핵합의[24](Geneva Agreed Framework)에 동의했습니다.[25] 이것이 바로 미국이 영변 핵시설에 대한 제한폭격까지 거론하며

---

23) 핵확산금지조약은 출범 25주년을 맞는 1995년에 포괄적인 재검토로 조약을 연장, 개정 또는 폐기를 결정하도록 규정되어 있었다. 한시적 핵확산금지조약의 영구조약으로의 갱신을 앞두고 잠재적 핵보유국들의 핵확산금지체제의 불평등조항에 대한 조직적인 반발이 예상되었다. 이러한 시점에 핵개발 의혹을 받고 있는 북한이 아무 문제없이 이 조약을 탈퇴한다면 핵보유 욕구가 높은 잠재적 핵보유국들의 집단적인 반발로 핵확산금지조약의 연장이 어렵게 되고 핵확산금지체제는 다시는 회복하지 못할 결정적인 타격을 입을 수밖에 없었다. 그리고 북한 핵개발은 한국과 일본이 핵무기를 보유하지 않겠다는 기존의 방침을 재고하게 할 것이다. 더욱이 1970년대 초보적인 핵무기 개발계획을 가졌던 타이완도 가만 있지 않을 것이며, 타이완이 움직이면 중국도 대응에 나서 핵확산금지체제는 회복하기 힘든 타격을 입게 될 것이기 때문이다(Wit, Poneman, and Gallucci, 2004: 404).

24) 1994년 10월 21일 북한과 미국의 합의를 '기본합의서(Geneva Agreed Framework)'라는 용어로 많이 사용하고 있다. 그러나 기본합의서 이외에 '클린턴 대통령의 경수로 제공 보장서', '북한과 KEDO 간의 경수로 공급협정' 등을 포함해 '제네바핵합의'라는 포괄적인 용어를 사용한다.

25) 1995년 핵확산금지조약의 갱신을 앞두고 시간에 쫓기던 미국이 1994년 10월 서울러 북한과의 협상을 매듭짓고 체결한 '제네바핵합의'를 요약하면 ① 북한은 영변에 있는 중수로 2기와 방사화학실험시설의 건설 및 운용을 중단하며, 미국은 북한에 경수로 2기(2,000MWe)를 2003년 완공을 목표로 제공한다. 그동안의 전력 공백을 충당하기 위해 미국은 북한에 대해 경수로 1기가 완성될 때까지 매년 50만 톤의 중유를 공급한다. 중수로에서 나온 사용후 핵연료봉(약 8,000개)은 밀봉, 보관 처리하며 경수로 완성 후 중수로 시설과 함께 북한 외부로 반출, 폐기한다. ② 북한은 한반도 비핵화원칙을 수락하고 한국과의 한반도 비핵화선언을 준수하며 핵확산금지체제에 잔류한다. ③ 미국은 북한에 대해 핵무기를 포함해 무력을 행사하지 않을

한반도를 전쟁 직전 상황까지 몰고 갔던 1차 북핵위기의 어처구니없는 실체적 전말입니다.[26]

그러나 핵문제를 매개로 대화를 시작해 외교관계 정상화까지 합의했던 미국의 약속은 지켜지지 않았으며 북한은 아직도 핵문제를 둘러싸고 미국과 힘겨운 대결을 계속하고 있습니다.[27] 미국이 1995년 핵확산금지

것을 공식으로 보장하며, 무역제재를 해제하고 대사급 외교관계 수립을 목표로 양국관계를 정상화해나간다(Wit, Poneman, and Gallucci, 2004: 389).

[26] 비핵보유국들과 반핵평화단체들이 끊임없이 문제를 제기하자 한시적 조약 기간이 만료되는 1995년 핵확산금지체제 재검토회의에서 5대 핵보유국은 ① 비핵보유국에 대한 법적 구속력 있는 '소극적 안전보장(Negative Security Assurance: NSA)'과 ② 핵무기 철폐를 위한 핵군축을 위해 지속적으로 노력할 것을 약속했다. 그러나 핵확산금지조약의 무기한 연장 이후 핵강대국들의 이 약속들은 이행되지 않았다. 미국은 특히 핵확산금지조약의 갱신을 앞두고 비핵보유국들의 불만을 억누르기 위해 1992년부터 핵실험유보조치(Test Moratorium)를 취하면서 다른 국가들에도 핵실험 자제를 요청했다. 그러나 막상 1995년 핵확산금지조약의 영구갱신에 성공한 뒤에는 평가회의에서의 약속을 저버리고 전면 핵실험금지조약을 비준하지 않고 오히려 제2차 핵태세검토서에 따라 핵실험 재개의 길을 터놓았다. 그리고 1997년 이래 2004년 5월까지 21번 임계전 핵실험을 실시했다. 이는 사실상 "새로운 기술로 만들기 쉽고, 유지비도 싸고, 보관도 더 안전하고, 실험도 필요 없는 차세대 핵무기"를 개발하기 위한 것으로 미국의 핵무기개발 예산은 계속 증액되고 있다. 이준규, ≪평화네트워크≫, 2004. 1. 9.

[27] 1994년 제네바핵합의에 대해서 대체적으로 북한의 외교적 승리라고 평가한다. 총체적인 국력에서 미국과 상대가 되지 않는 북한이 세계 최강대국 미국을 대화의 장으로 이끌어 5MW의 원자로를 폐기하는 대가로 1,000MW 경수로 2기를 받아낸 것은 성과라 할 수 있다. 특히 미국이 최초로 북한에 핵을 사용하거나 위협하지 않겠다는 '부정형 안전보장(NSA)'을 해준 것을 감안하면 북한의 외교력을 높이 평가할 수 있다. 그러나 약속은 지켜지지 않았으며 북한은 아직도 미국을 상대로 힘겨운 핵대결을 벌이고 있다는 점에서 북한의 외교적 승리라는 평가는 합당하지 않다. 그럼에도 적대관계에 있는 북한과 미국이 핵을 매개로 고위급회담을 시작했으

조약의 갱신이란 소기의 목적을 달성한 데 이어 2000년 11월 미국 대통령선거에서 아들 부시가 대통령에 당선되면서 북한 핵문제는 다시 원점으로 돌아가고 말았습니다. 사실 미국은 제네바핵합의의 이행보다는 1995년 핵확산금지조약의 갱신을 목전에 앞두고 현존하는 위협(immediate threat)을 미래의 위험(contingent danger)으로 대치하고, 2003년 경수로 제공 이전에 북한의 붕괴를 기대했을 수도 있습니다.[28] 경수로가 일반적으로 전력생산을 위한 상업용으로 이용되고 있지만 의도적으로 플루토늄 추출에 이

며, 핵포기와 보상이란 해법을 제시하고 관계정상화에 합의해 양국관계에 새로운 이정표를 제시한 그 의의는 평가할 수 있다(Wit, Poneman, and Gallucci, 2004: 377). 미국은 북한의 핵개발을 막지 못했고, 북한 역시 북·미 관계정상화를 이끌어내지 못해 제네바핵합의는 끝내 실패로 끝났다. 양측 모두 제네바핵합의에 따른 의무사항을 제대로 이행하지 않거나 위반했기 때문에 어느 한편의 책임으로 돌릴 수는 없다. 제네바핵합의는 플루토늄 추출이 용이한 흑연감속로와 핵연료 재처리 등 관련 시설의 동결에 관한 것이다. 따라서 북한이 우라늄 농축 시설을 갖고 있었다고 해서 이를 핵무기 개발로 단정하거나 제네바핵합의를 직접적으로 위배한 것은 아니다. 그러나 제네바핵합의가 한반도비핵화선언의 준수를 규정하고 비핵화 공동선언이 우라늄 농축을 금지하고 있기 때문에 간접적으로 제네바핵합의를 위반한 것으로 볼 수 있다. 또 핵확산금지조약과 경수로 공급 협정 등을 명백히 위반한 것이기도 하다(조재길, 2006: 371).

28) 클린턴 대통령 정부가 합의를 성실히 이행할 확고한 의지를 갖고 있었던 것인지 의문이 제기된다. 북한에 제공하는 경수로 2기가 비록 한국형 경수로라고는 하나 그 주요 부품들은 모두 미국 제품으로 미국의 원자력법에 따른 수출 규제를 받게 되고 미국의 핵안전규제위원회의 수출 허가를 받아야 한다. 따라서 미국 기업들이 핵심부품과 작동기술을 북한에 수출하려면 우선 북한과 미국 양국 정부가 원자력 협력협정을 체결하고 미국 연방의회의 비준을 받아야 한다. 또한 신포 경수로에서 안전사고가 발생하는 경우 피해보상을 미국 정부가 떠맡아야 하는 법적인 문제가 제기되는데 이런 사항들이 전혀 고려되지 않았다(Wit, Poneman, and Gallucci, 2004: 374; Sigal, 2003).

용될 수 있는데도 이에 대한 고려가 전혀 없었습니다.[29] 그리고 영구적인 핵확산금지체제가 안정된 지금 미국은 공격용으로 별 효용성이 없는 북한의 핵과 미사일에 대해 더는 심각하게 걱정할 필요가 없기 때문입니다.

2001년 출범한 아들 부시 대통령의 공화당 행정부는 클린턴 행정부가 북한과 합의했던 제네바핵합의를 비롯한 모든 합의를 뒤집어엎고 대북 접촉을 사실상 전면 중단했습니다. 아들 부시 행정부 출범 이후 거의 1년 반이 경과한 2002년 6월 정책 실무담당자들의 정책 검토를 거쳐 미국은 10월 국무부 제임스 켈리 차관보를 평양에 파견했습니다. 이것이 사실상 아들 부시 행정부와 북한의 첫 대화라 할 수 있습니다. 그러나 켈리 미 국무부 차관보의 평양 방문 후 미국은 갑자기 10월 16일 "북한이 켈리 특사에게 핵 개발계획의 존재를 시인했다"고 주장해 북한 핵문제가 다시 국제사회의 주요 현안으로 부각되고 2차 북핵위기가 시작되었습니다.

핵개발을 시인했다는 미국의 주장을 북한은 전면적으로 부정했습니

---

[29] 미국이 북한에 경수로를 제공할 의사가 처음부터 없었을 것이라고 의심하는 이유는 경수로도 의도적으로 핵무기 제조에 전용한다면 거대한 플루토늄 제조 시설이 될 수 있기 때문이다. 경수로는 전력생산을 위해 핵연료를 완전 연소시키는 경우 플루토늄의 양과 순도(대략 57%) 면에서 핵무기급 플루토늄을 확보하는 것은 쉽지 않다. 피터 헤이스(Peter Hayes)의 비교에 의하면 북한이 건설 중이던 200MW 중수로를 플루토늄 생산 목적으로 가동하면 연간 315kg의 무기급 플루토늄을 확보할 수 있다. 이에 비해 한반도에너지기구가 제공하기로 한 1,000MW 경수로에서는 연간 250kg의 플루토늄이 생성되는데 그중 1% 정도가 무기급이다. 따라서 1,000MW 경수로 2기의 정상가동으로 1년에 5kg의 무기급 플루토늄을 확보할 수 있을 뿐이다. 그러나 경수로에서 생성되는 플루토늄의 순도는 최초에는 거의 100%였다가 점차 양은 증가하고 순도는 낮아져 9개월에 이르렀을 때에 순도 90%의 무기급 플루토늄 상태가 된다. 따라서 1,000MW 경수로 2기를 9개월만 연소시킨 후 재처리하면 무기급 플루토늄 300kg을 생산할 수 있고 이는 핵무기 15~60개를 제조할 수 있는 분량이다(Kihl and Hayes, 1997: 25~52; 이용준, 2004: 157).

다. 켈리 차관보가 '근거자료'를 제시하며 마치 수사관이 취조하는 것같이 위압적으로 몰아붙이자 강석주 외교부 제1부상이 "그래, 우리는 핵계획을 가질 권리가 있으며(We are entitled to have a nuclear program), 그보다 더 강력한 무기도 가지고 있다(We have a weapon more powerful than that)"고 응수했다는 것입니다. 만일 북한이 '핵계획(nuclear program)'을 갖고 있다고 한 위의 두 문장을 합해 북한이 '핵무기 개발계획(nuclear weapon program)'을 시인했다고 주장했다면 이것은 지나친 비약이 아닐 수 없습니다.

평양 방문 기간 중 켈리 차관보가 제시했다는 '근거자료'가 구체적으로 무엇인지 밝혀지지 않았으나 아프가니스탄 전쟁으로 미국과 가까워진 파키스탄이 1990년대 미사일 거래의 대가로 북한에 제공한 우라늄 농축기술이나 원심분리기와 관련 기기들의 거래에 관한 자료를 미국에 제공했을 가능성이 크다고 추정합니다.[30] 그러나 미국은 1994년 김일성 주석의 사망으로 김정일 국방위원장이 정권을 승계한 후 북한이 농축 우라늄을 이용한 핵무기 개발계획을 비밀리에 추진한다고 의심되는 정보를 이미 클린턴 행정부 당시 갖고 있었습니다. 1999년 10월 연방하원 공화당계 의원들로 구성된 '북한 자문단(North Korea Advisory Group)'이 국제관계위원회에 제출한 보고서에서 "북한이 우라늄 농축기술[31]을 개발하고

---

30) 파키스탄이 북한에 어떠한 자료를 제공했는지는 알려지지 않았다. 다만 켈리 차관보의 방북 이후 2003년 4월 독일 당국이 중국 심양 소재 항공사가 구입한 원심분리기 제작에 이용될 수 있는 특수 알미니움관 4만 톤(214개)을 실은 프랑스 선적의 빌 레디버고(Ville de Virgo)호를 조사한 결과 북한으로 수송중인 것으로 밝혀졌다 (Allison, 2004: 78).
31) 우라늄을 농축하는 방법으로 기체원심분리농축, 기체확산농축, 레이저농축, 노즐농축 등이 있다. 이 중 가장 초보적인 기체원심분리농축은 우라늄 235와 238의 질량의 차이를 이용해 우라늄을 기체 상태로 만들어 원심분리기를 이용해 분리, 농

있다"고 이 문제를 처음으로 제기했었습니다.

비록 북한이 이러한 계획을 하고 있었다고 하더라도 제네바핵합의를 파기할 근거가 되지 못합니다. 역시 같은 시기인 2000년 한국이 대덕연구단지 내 원자력연구소에서 고난도의 우라늄농축 실험32)을 실시했음에도 미국은 이 사실을 2006년까지 국제원자력기구에 보고조차 하지 않았습니다.33) 이처럼 아들 부시 행정부가 제네바핵합의를 뒤집어 북한에

축하는 것이다. 비용이 적게 들고 장비와 기술이 복잡하지 않아 지하시설들에 분산 설치할 수 있어 은밀하게 핵무기를 제조하는데 적합하다. 그러나 높이 1~2m, 직경 30cm 정도의 원심분리기 1기의 분리능력이 연간 약 5SWU에 불과해 년 250kWh의 전력을 사용해 매일 7시간씩 가동을 했을 때 1년에 무기급 우라늄 30g을 얻을 수 있다. 따라서 425MWh의 전력을 사용해 원심분리기 1,700기를 일 년간 가동해야 50kg을 농축할 수 있다(한국민권연구소, 2005: 1장; 정욱식, 2003: 208). 북한이 2011년에 우라늄 농축을 위한 장비 2,000개를 가지고 있다는 사실을 공개한 것으로 보아 가장 초보적인 기체원심분리 농축방법을 이용하는 것으로 보인다.

32) ≪뉴욕타임스≫는 2004년 9월 "한국이 우라늄을 농축하기 위해서 동위원소를 분리하는 핵물질 실험을 2000년 1~2월에 실시했다"고 보도했다. 1982년에 수입한 인광석에서 추출한 천연우라늄 150kg을 원자력연구소가 보관해왔는데 2000년에 그 중 3.5kg을 이용해 우라늄 농축실험을 했다. 이 실험은 사용후 핵연료에서 플루토늄을 추출하는 것과는 다른 '원자핵 증발 레이저 동위원소 분리 우라늄 농축실험'이란 첨단기술이다. 원래 핵무기 제조기술을 개발하는 미국의 로렌스 리버모어 국립연구소에서 개발한 것으로 고도의 첨단 기술이 필요하고 경비가 너무 많이 들어 상용화에는 적합하지 않으나 설비와 공정을 은폐하기 쉬워 오히려 비밀리에 핵개발을 추진하기에는 적합한 기술이다. 이란이 우라늄을 약 15%로 농축한 데 비해 한국에서는 77%의 고농축에 성공했으며 이는 핵무기에 사용할 수 있을 정도다 (Kang, Jungmin, 2005. 1/2).

33) 국제원자력기구가 2004년 11월 이사회에 제출한 보고서는 "한국 정부가 국제원자력기구의 사찰을 공식적으로, 반복적으로 방해하고 허위사실을 신고해 핵확산금지조약을 위반했다"는 의혹을 제기하고 "한국 정부는 2001년부터 적어도 2차례 정기 사찰을 거부했으며, 14명의 과학자가 8년간 최소 10번의 실험을 했으나 아직도

경수로 제공을 중단하기 위한 수순으로 켈리 특사를 북한에 파견한 것이 바로 2차 북핵위기의 실체라 할 수 있습니다. 그리고 아들 부시 행정부가 냉전해체 이후 미국의 중요한 전략 목표의 하나인 중국이 미국의 패권에 도전하기 이전에 서태평양 상에서 미사일방어체제를 구축하려는 것과 결코 무관하다고 말할 수 없습니다. 불량국가 '북한 핵개발'은 이후 미국이 일본을 끌어들여 중국을 겨냥한 미사일방어망을 구축하는 데 중국과 외교적 마찰을 피할 수 있는 적절한 명분과 기회를 제공했습니다.

2002년 11월 미국이 중유제공을 중단하자 북한은 이에 맞서 12월 12일 영변 핵시설의 재가동을 시작하고 2003년 1월 10일 핵확산금지조약 탈퇴를 선언했습니다. 이로써 제네바핵합의에 따른 경수로 건설사업도 2003년 8월부터 사실상 중단상태에 들어가 11월 미국이 중유공급의 중단을 공식화한 데 이어 한반도에너지개발기구(Korean Peninsula Energy Development Organization: KEDO)도 이사회를 열어 경수로사업의 중단을 결의하는 수순을 밟았습니다.34) 북한과 미국은 2003년 4월 중국의

실험에 참여했던 과학자들에 대한 정보를 제공하지 않고 있다"고 했다. ≪뉴욕타임스≫, 2004. 9. 9; 김종찬, 2005: 67, 85; 연합통신, 2004. 9. 3; ≪워싱턴포스트≫, 2004. 9. 12.

34) 1997년 8월 시작된 경수로 건설은 8년 3개월 만에 사실상 폐기되고 북한 핵문제도 제네바핵합의 이전으로 돌아갔다. 2006년 1월 공사 중단 이후에 현장에 남아 있던 경수로사업지원기획단 소속 공사 현장 인력 57명이 철수함으로써 약 2억 달러로 예상하는 청산절차와 북한과의 손실배상문제 등 정치적 문제가 남게 되었다. 1998년 KEDO집행이사회는 46억 달러에 달하는 경수로 재원을 한국 70%, 일본 22%, 미국이 나머지 8%와 중유제공 비용을 분담하기로 했다. (후에 유럽연합이 미국이 부담하기로 한 8%의 경수로 비용 분담) 경수로사업의 폐기로 한전이 부지조성, 경수로 제작을 위해 계약한 현대, 대우, 두산, 웨스팅하우스, 미쓰비시 등 60여 개 업체와 맺은 114건의 하청업체의 손실보상 등 청산 과제가 남아 있다. 그뿐만 아니라

주선으로 베이징에서 3자회담을 가졌으나 별다른 성과를 거두지 못하자, 8월에 다시 한국, 일본, 러시아가 참가한 6자회담을 시작했습니다. 아들 부시 행정부가 6자회담을 시작한 것은 북한과 대화로 핵문제를 해결하기 위해서라기보다는 2001년 11월 아프가니스탄 침공과 2003년 3월 시작한 이라크 전쟁에 집중하기 위해서였습니다. 아마도 아프가니스탄과 이라크에서의 작전이 속전속결로 완료되었다면 국제사회에서 힘의 외교로 일방적으로 밀어붙였던 아들 부시 행정부가 북한에 대한 전면적인 공격을 감행했을지도 모릅니다.

이처럼 6자회담 역시 별 진전이 없자 북한은 2005년 2기 부시 행정부 출범과 함께 2월 10일 외교부 성명을 통해 '핵무기 보유'를 공식 선언하고 3차례 핵실험을 단행해 이제 '사실상 핵보유국'이 되었습니다.[35] 그리

북한은 경수로 공사의 중단으로 수백억 달러의 경제적 손실을 입었다고 미국의 보상의무를 주장하고 있어 핵문제 해결 과정에 숙제로 남게 되었다. 남성욱, ≪중앙일보≫, 2006. 1. 9.

35) 플루토늄 추출량의 산출은 사용후 핵연료의 양과 플루토늄의 함유율에 대한 기록이 없이는 사실상 불가능하기 때문에 북한의 핵개발 수준에 대한 자세한 분석은 조사기관마다 평가가 다르다. 북한의 핵물질에 관해 정기적인 보고서를 발표하고 있는 과학 및 국제안보연구소(Institute for Science and International Security: ISIS)의 데이비드 올브라이트(David Albright)에 따르면 2005년 10월 ISIS는 1994년 제네바 핵합의 이전에 5MW 원자로에서 8~9kg, IRT-2000 연구용 원자로에서 1~2kg, 그리고 핵동결 이후 보관 중이던 8,000개의 사용후 핵연료를 재처리해 15~28kg을 추출해 총 15~38kg의 플루토늄을 보유하고 있을 것으로 추산했다. 그리고 2003년 2월 재가동해 2005년 5월에 꺼낸 연료봉을 모두 재처리했다면 북한은 2005년 총 70~90kg의 플루토늄을 확보했을 수 있다(ISIS, 2005). 2007년 발표한 보고서에서는 북한이 총 46~64kg의 플루토늄을 보유하고 이 중 28~50kg의 플루토늄이 핵무기급으로 별도로 보관 중인 것으로 평가했다. 가장 최근에는 2011년 말 0~12개의 핵무기(1개당 20kg)를 만들 수 있는 우라늄과 6~18개의 핵무기를 만들 수 있는 34~36kg의 플루토

고 1980년대에 이미 스커드, 노동, 무수단 등 중·장거리미사일을 개발36)한 데 이어 1998년 8월 대포동 1호로 광명성 1호를 위성 궤도에 올려놓고37) 2012년 12월 12일 은하 3호 2호기로 광명성 3호 인공위성 발

늄을 보유하고 있어 12~23개의 핵무기를 보유한 것으로 평가했다(Albright, 2012).

36) 북한은 1971년 7월에 체결한 군사조약에 따라 중국으로부터 HQ-1, HQ-2 지대공미사일과 SY-1 대함 순항미사일을 도입해 1970년대에 조립·생산했다. 그 후 북한은 1980년 이집트와 '탄도미사일 공동개발협정'을 체결하고 이집트로부터 소련제 SCUD-B 미사일 2기와 이동발사대 차량 MAZ-543P를 인수받아 이를 복제해 1984년 시험발사에 성공했다. 또한 이를 개량해 사정거리를 향상시킨 SCUD-B(사정거리 300km) 개량형, SCUD-C(사정거리 600km)를 실전배치하고 이란 등 외국에 수출하기 시작했다. 그리고 2005년에 사정거리를 비롯한 성능을 대폭 향상시킨 SCUD-ER(사정거리 600~1,000km)을 개발한 것으로 알려졌다.

북한은 미사일의 사정거리를 늘리기 위해 여러 개의 로켓을 집속시킨 1단계 미사일과 다단계 로켓추진방식으로 두 가지 미사일을 개발했다. 1993년 5월 시험발사에 성공한 노동미사일은 4개의 로켓을 집속시킨 1단계 미사일로 사정거리가 1,000km를 넘어섰다. 북한 미사일의 사정거리가 1,000km를 넘어섬에 따라 ① 일본 영토의 대부분을 타격할 수 있게 되었으며, ② 중거리 미사일의 중동 수출로 인해 대량살상무기 비확산체제에 타격을 주게 되리라는 우려가 확산되어 1996년부터 북한과 미국 간의 미사일 협상이 시작되었다. 유용원, ≪디지틀조선≫, 2005. 2. 16; Harrison 2002: 278.

37) 다단계 미사일로는 1998년 8월 31일 함북 화대군 대포동(현 무수단리) 발사기지에서 2단 로켓을 장착한 대포동 미사일을 발사했다. 이 시험발사에 관해 북한 중앙통신은 "다단식 운반 로켓 대포동 1호(백두산 1호)로 발사된 인공위성 '광명성 1호'가 성공적으로 궤도에 진입해 모스(Morse) 신호를 보내고 있다"고 발표했으나 미국에서는 인공위성의 궤도 진입 여부가 확인되지 않았다고 주장했다. 인공위성의 궤도 진입 여부와는 관계없이 이 실험에서 탄두의 낙하지점이 1,646km로 노동1호 미사일보다 길고 2단 로켓으로 탄체와 탄두의 분리에 성공했으며 고체연료 제조기술이 입증됨으로써 북한의 다단계 탄도미사일 개발 능력을 입증했다(Harrison, 2002: 279; Norris and Kristensen, 2005).

북한은 이후 2006년 7월 5일 다시 대포동 2호 발사, 2009년 4월 5일 은하 2호가 광명

사에 성공38)함으로써 대륙간탄도미사일(ICBM) 개발에 한 걸음 다가섰습니다.39) 그럼에도 미국은 유엔 안보리를 통한 경제제재 이외에 별다른

성 2호 궤도 진입에 성공했다고 발표했으며, 2012년 4월 13일에는 장거리 로켓(미사일) 은하 3호를 발사했으나 실패했다. 이어 2012년 12월 12일 조선중앙통신은 "오전 11시 23분 평안북도 철산군 서해위성발사장에서 은하 3호 2호기의 발사에 성공 '광명성 3호' 2호기 위성을 예정된 궤도에 진입시키는 데 성공했다"고 밝혔다. 은하 3호는 2012년 4월 발사 때와 달리 이번에 1단 로켓의 분리에 성공해 1단 추진체가 변산반도 서쪽에 낙하했고 2단 추진체 추정물체도 필리핀 근해에 떨어진 것으로 알려졌다. 이로써 북한은 10번째 자력 위성발사 국가가 되었다.

38) 북한은 계획된 인공위성 발사를 최대한 합법적으로 진행했다. 2012년 2월 25일 인공위성 발사 계획을 미리 발표했고 '달과 기타 천체를 포함한 외기권의 탐색과 이용에 있어서의 국가의 활동을 규율하는 규칙에 관한 조약(외기권조약)', '외기권에 발사된 물체의 등록에 관한 협약(우주물체등록협약)' 등 각종 인공위성 관련 조약, 협약에도 가입했으며 국제해사기구(IMO), 국제민간항공기구(ICAO)에도 통보했다. 인공위성 발사와 관련된 각종 발표는 주로 외무성이나 군부가 아닌 '조선우주공간기술위원회'라는 부서가 담당했다. 일부 해외 언론들은 이런 북한의 행동을 보면서 '모범국가'라는 표현까지 사용했다.

39) 북한이 인공위성 발사에 성공함으로써 대륙간탄도미사일 개발에 한 걸음 다가간 것은 분명하다. 그러나 대륙간탄도미사일을 실전에 배치하기 위해서는 ① 핵탄두의 소형화와 ② 미사일의 대기권 재진입이라는 2계단의 과제를 필수적으로 해결해야 하는데 이를 입증할 자료가 충분하지 않다. 앞으로 2~3년의 시간이 더 필요할 것으로 추측할 뿐이다. 북한이 탄도미사일에 핵탄두 장착 능력 여부에 대해 미국 정보기관 수장들도 서로 다른 판단을 내놓았다. 2013년 3월 18일 미국 상원 군사위원회 청문회에서 제임스 클래퍼(James Clapper) 국가정보국(DNI) 국장은 "북한은 2002년 12월 인공위성을 탑재한 대포동 2호 미사일을 통해 장거리미사일 기술을 과시했지만 핵무장 미사일에 필요한 충분한 능력을 개발 또는 시험하지 못했다"고 했다. 이와는 대조적으로 2013년 3월 11일 하원 군사위원회 청문회에서 공개된 국방정보국(Defense Intelligence Agency: DIA) 보고서는 "북한이 현재 탄도미사일을 통해 운반할 수 있는 핵무기를 보유하고 있다고 '어느 정도 자신 있게' 평가한다"고 했다. 미국의 뉴스전문 사이트 The Daily Beast가 2012년 12월 12일 북한이 인공위

해결방안을 찾지 못해 북한의 핵과 미사일 기술이 중동이나 테러집단으로 넘어가는 것에 더 관심을 갖고 있는 정도입니다.[40] 그리고 미국은 북한의 핵과 미사일을 1992년 중단한 핵실험 재개, 새로운 전술핵무기 개발과 미사일방어체제 구축을 위한 예산 확보 등을 위해 적절히 활용하고 있습니다.

이것이 바로 세계 유일의 패권국인 미국의 자의적인 핵정책에 따라 좌우되는 핵확산금지체제와 북한 핵문제의 실상입니다. 핵확산국이 미국

성을 발사한 후 미 해군이 수거한 로켓의 머리 부분의 구조를 관찰한 전문가의 분석과 견해에 따르면 '북한이 핵폭탄 탄두를 장거리미사일에 탑재시키는 기술을 터득한 것 같다'는 미국 국방정보국의 견해를 보도했다.

40) 2002년도 미 국가정보보고서에 따르면, 러시아는 4,000기 이상, 중국은 미국 본토를 겨냥한 대륙간탄도미사일 100기를 보유하고 있다고 평가하면서도 러시아와 중국을 위협적인 존재로 지목하지 않았다. 2002년 1월 11일 자 《워싱턴포스트》는 관계기사의 제목을 "미국은 위협에 대한 평가를 변경했다: 중앙정보국에 따르면, 비미사일 공격이 더 가능하다(U.S. Alters Estimate Of Threats: Non-Missile Attacks Likelier, CIA Says)"라고 달았으며, 2002년 1월 12일 자 《로스앤젤레스타임스》 역시 "보고서에 의하면, 미사일은 가장 심각한 위협이 아니다(Missiles Not Biggest Threats, Report Says)"라고 달았다. 이처럼 미국은 북한과 같은 이른바 '깡패국가'의 대륙간탄도미사일 개발을 미국의 당면한 위협으로 보지 않고 있으며, 오히려 반미 테러집단이 선박, 트럭, 항공기 등을 이용해 미국 본토의 목표물을 기습적으로 공격하는 것을 가장 심각한 위협으로 보고 있다. 2005년 11월 29일 미 국방부 산하 국방과학위원회 윌리엄 슈나이더 위원장은 미 하원에서 "북한이 미국을 공격하기 위해서는 굳이 대륙간탄도미사일(ICBM)까지 필요 없고, 단거리 미사일로도 충분할 것"이라고 주장했다. 미 외교정책협회(AFPC) 일란 버먼(Ilan Berman) 부회장도 북한과 같은 이른바 '불량국가'들의 선박에서 크루즈 미사일 발사 가능성에 대해 심각한 우려를 표시했다. "미국의 인구밀집지역의 70%, 미군기지의 75%가 미 해안으로부터 200마일 내에 각각 위치해 있다"면서 "북한은 현재 일반 미사일과 크루즈 미사일 성능을 개선시키는 데 주안점을 두고 있다"고 설명했다. 연합뉴스, 2005. 11. 30.

<표 4> 북한의 미사일 개발 현황

미사일	개발년도 시험발사	사정거리 (km)**	탄두 (kg)	재원 길이 (m)	재원 직경 (m)	추진로켓 및 연료	운반수단	C.E.P* m	기타
화성 5호 SCUD-B	1984	300 SRBM	825~985	11.25	0.88	1 (액체)	차량	500~1,000	이집트에서 도입·복제에 성공
SCUD-B 개량형	1985	32,0340 SRBM	825~985	11.25	0.88	1 (액체)	차량		이란에 수출
화성6호 SCUD-C	1989	600 SRBM	700	12.25	0.88	1 (액체)	차량	1~2 km	이란과 시리아에 수출
SCUD-ER	2005	600~1,000	-	15.5	1.25	-	-	-	
노동-1	1993.5	1,000~1,300 MRBM	770~1,000	15.2	1.2	1 (4개 집속, 액체)	차량/고정	3~4 km	1997년 실전배치, 1998년 북한의 기술제공으로 이란 Shahab-3 개발(?)
노동B (무수단)	2003	1,000~4,000 MRBM	650~1,000	12	1.5	1 (4개 집속, UDMH)	차량/고정	1~2 km	2007년 실전배치, 구소련 R-27 개량
KH-02 (독사)	2004	120~160				1(고체)	차량/고정	100m	2007년 실전배치, SS-21 개량
대포동 1호	1998.8.31	1,700~2,100 IRBM	770~1,000	1~12.0, 2~11.3	1~1.2, 2~0.88	2 (액체, 고체)	고정		1998년 북한의 기술제공으로 파키스탄 가우리(Ghauri) 미사일 개발(?)
대포동 2호	2006.7.5	4,300~6,700 LRICBM	1,000	1~16.2, 2~16	1~2.4, 2~1.2	2 (액체)	고정		미국 알래스카와 하와이까지 도달 가능
대포동 3호	2012.12.12	9,600~13,000 ICBM					고정		미국 본토까지 도달 가능

| KH-08 | Not Yet | (?) IRBM | 700 | 1,2,3 ~18 | 1,2~2 3~1.5 | 1 (액체, 고체?) | 차량/ 고정 | 2012년 4월 퍼레이드에 전시 R-29, JL-2와 유사 |

* C.E.P(Circular Error Probable): 유도탄이나 포탄의 50%가 낙하할 곳으로 예상되는 목표 지점으로부터의 원의 반경
** SRBM(Short Range Ballistic Missile): 단거리탄도미사일 〈 1,000km
** MRBM(Medium Range Ballistic Missile): 중거리탄도미사일 1,000~2,500km
** IRBM(Intermediate Range Ballistic Missile): 중거리탄도미사일 2,500~3,500km
** LRICBM(Limited Range Intercontinental Ballistic Missile): 제한 대륙간탄도미사일 3,500~8,000km
** ICBM(Intercontinental Ballistic Missile): 대륙간탄도미사일 8,000km 이상
자료: 이 도표는 '국방백서 1997~1998' 등 각종 자료를 종합하여 필자가 재구성한 것임.

의 우방인가 적대국인가, 핵확산국에 의해 위협을 느끼게 될 국가가 미국과 친밀한 동맹국이나 우방국인가 혹은 적대국인가에 대한 미국의 자의적인 판단에 의해 결정됩니다. 문제는 이처럼 불평등한 핵확산금지체제와 미국의 자의적인 핵정책이 우리가 사는 21세기 국제질서의 엄연한 현실이라는 점입니다. 세상은 반드시 정의롭지도 공평하지도 않습니다. 외눈박이 세상에서는 두 눈을 뜬 사람이 장애인입니다. 비록 북한의 핵과 미사일만 제재의 대상이 되는 것이 불공평하더라도 그 해결은 미국이 주도하는 핵확산금지체제와 어떻게 조화를 이룰 것인가입니다. 결국 북한과 미국이 적대관계를 청산하고 상호 우호국이 되는 방법밖에 없습니다.

북한의 핵실험과 다단계 탄도미사일의 개발로 이제는 단순히 북한에 대한 경제제재, 영변 핵시설에 대한 제한적인 군사작전 내지는 제2의 한국전쟁이란 차원을 넘어 일본을 비롯한 동북아시아 전 지역으로 전면적인 핵전쟁이 확대될 위험성이 더욱 높아졌습니다. 따라서 북한 핵문제는 북한과 미국 사이의 문제를 넘어 동북아시아 지역 모든 국가의 공동 관심사가 되었습니다.

3. 북한의 핵과 미사일의 전략적·전술적 가치

　1990년대 초 1차 북핵위기 당시 북한은 불과 몇십 그램의 플루토늄을 추출한 지극히 초보적인 핵능력에도 불구하고 미국과의 대화로 1994년 제네바핵합의를 이끌어내는 '적극적인 강제효과'를 발휘했습니다. 그런데 2000년대 2차 북핵위기 이후 북한이 엄청난 기술적인 성과를 이루어 핵실험과 인공위성발사에 성공한 지금 미국이 북한과의 대화를 서두르지 않는 이유는 무엇인가. 그것은 핵무기의 전략적·전술적 가치는 그 위력이 아니라 국제정치 상황에 따라 결정되기 때문입니다. 북한 핵문제가 1차 북핵위기 당시에는 미국에 '사활적 이해관계(vital interest)'였지만 2차 북핵위기 이후 지금은 오히려 '심각한 이해관계(critical interest)'에 불과하다는 것을 의미합니다.[41]

　북한의 핵실험과 미사일 발사를 둘러싼 한반도 위기상황에 대한 이해를 돕기 위해 북한이 미국의 '의도적 무시(malign neglect)'를 더는 참지 못해 한국 평택과 일본, 괌에 있는 미군기지와 서태평양 상의 미 항공모함 2척을 향해 이미 실전에 배치한 무수단 미사일 수십 발을 발사해 금지선을 넘는 가상 시나리오를 살펴보겠습니다.

　북한의 미사일 발사는 즉각 우주 궤도의 정밀추적 위성에 잡히고 2분 뒤 일본 규슈에 있는 미국 TPY-2 전진 배치 레이더에 포착됩니다. 그리고 동해에 배치된 이지스함의 레이더와 일본 FPS-5 3차원 방공경보 레이더에도 속속 포착됩니다. 정보는 모두 미국 지휘통제전투통신(C2BM)으

---

[41] 미국의 국익(National Interest)을 그 중요성에 따라 사활적 이해관계(vital interest), 심각한 이해관계(critical interest), 중대한 이해관계(serious interest)로 분류했다(Perry and Carter, 1999: 11).

로 집중돼 탄도의 궤도와 탄착위치가 계산되어 요격지시가 발동합니다. 1차로 동해, 동중국해, 서태평양에 배치된 12척 이지스함에서 SM-3, 블록-2 요격미사일이 발사돼 500km 상공에서 북한 미사일 몇 발의 요격에 성공합니다. 남은 미사일들을 향해 2단계로 서태평양 상의 항공모함 전단의 이지스함에서 SM-3, 블록-1 발사, 3단계로 괌 미군기지에서 고고도 요격미사일(THAAD) 발사, 마지막 단계로 역시 괌 미군기지에서 PAC-3 발사로 모두 요격, 격추함으로써 상황은 종료됩니다. 걸린 시간은 15분, 그 15분 사이에 북한이 수십 년간 국력을 쏟아 부은 미사일 개발은 물거품이 되고 미국의 가공할 만한 보복공격으로 초토화를 면치 못할 것입니다.[42]

이 가상시나리오에 따르면 북한이 비록 핵탄두의 소형화에 성공해 대

---

[42] 미국은 서태평양에서 군사적 우위를 위해 필리핀에 새로운 항구를 건설하고 베트남과도 손을 잡았다. 그러나 중국과의 노골적 불화를 피하기 위해 군사력 배치에 신중을 기해왔는데 북한의 위협을 구실로 THAAD를 괌에 배치하고 SBX해상레이더를 전진 배치했다. THAAD는 세계 최대 이동형 X밴드 레이더인 TPY-2의 지원 아래 40~150km 고도에서 반경 200km 정도의 범위를 방어한다. SBX해상레이더는 야구공 크기의 표적을 5,000km 거리에서도 추적하는 것이 가능하다. 이 MD체제는 북한 미사일 방어를 1차 목표로 표방하지만 방향만 살짝 바꾸면 중국 전체가 미국의 미사일 감시망 안에 들어간다. 한국에는 현재 북한 미사일을 겨냥한 한국군의 그린파인 레이더(탐지거리 1,000km) 2기와 주한미군 공군기지를 방어하는 패트리엇미사일만 있다. 그런데 북한의 위협을 이유로 미국이 한국에 TPY-2를 배치하면 미국 본토를 겨냥한 중국 ICBM을 탐지하는 데 알래스카와 하와이에 배치된 기존 조기경보 레이더보다 10분이 앞선다. 미사일 방어에 10분은 황금과 같은 시간으로 태평양에 배치된 이지스함의 SM-3 블록-2 미사일로 중간요격의 기회가 추가되고 중국의 핵과 미사일 능력은 현저히 약화된다. 이것이 북한의 핵개발과 한국의 한·미·일 3국 미사일방어망 참여에 중국이 긴장하는 이유이다. 안성규·김병기, ≪중앙일보≫, 2013. 4. 29.

류간탄도미사일을 실전에 배치한다고 해도 당장 미국을 대화의 테이블로 끌어들이는 전술적 강제효과는 없습니다. 왜냐하면 미국은 구글 맵스에서 보는 바와 같이 지구 전체를 자세히 들여다 볼 수 있는 정보망을 갖고 있으며, 미국 본토와 알래스카에 대륙간탄도미사일(ICBM) 공격에 대비한 미사일방어체제를 갖추고 있기 때문입니다. 북한에서 발사한 대륙간탄도미사일이 마하24(시속 18만 마일)의 속도로 미국 본토에 도달하는 약 26분이란 시간은 미국이 요격미사일로 격추시키기에 충분히 긴 시간입니다.[43)]

테러집단과 같은 비 국가집단과 달리 구체적인 국민과 영토를 가진 약소국은 공격에 노출되어 있기 때문에 강대국을 상대로 절대로 핵공격을 할 수 없습니다. 북한이 핵무기를 사용하려는 징후가 보이면 미국은 항공모함이나 핵잠수함에 탑재한 핵무기로 선제핵공격을 감행해 북한 전역을 초토화할 수 있습니다.[44)] 그리고 북한이 소유한 수십 발의 미사일

[43)] 미국은 미사일방어체제에 대한 정치적인 지원을 획득하기 위해 2003년 3월 17일 콜로라도 공군기지에서 북한을 가상적국으로 하는 미사일방어체제 모의시험을 공개적으로 실시, 동해 상에서 발사된 탄도미사일 6기를 미국에서 요격미사일을 쏘아 공중에서 격추하는 데 성공했다. 북한에서 쏜 미사일이 미 북서부에 도달하는 데 25~30분이 걸리며 이를 감지해 목적지를 파악하고 요격미사일의 진행경로를 계산하는 데 약 8분이 소요된다. ≪중앙일보≫, 2006. 1. 26.
또 2005년 11월 북미항공우주사령부(NORAD)도 북한의 중거리탄도미사일(IRBM) 공격을 가상한 군사훈련을 실시했다. 2006년 1월 24일에도 미 국방부는 핵과 미사일을 개발하는 동해 상 섬나라 '미드랜드'의 장거리미사일 공격에 대비하는 가상전쟁훈련을 미 의회에서 의원, 보좌관, 기자들이 참석한 가운데 실시했다. 이 훈련에서 미국을 겨냥해 발사한 7기의 미사일 중 1기는 알래스카에 도달하고 호놀룰루, 로스앤젤레스 등을 겨냥했던 6기는 미국의 요격미사일에 의해 공중에서 파괴되었다. ≪한국일보≫, 2005. 12. 5; ≪교도통신≫, 2005. 12. 5.
[44)] 미국은 2007년 현재 12척의 항공모함을 보유하고 있는데 그중 6척의 항공모함을

은 미국의 미사일방어체제 앞에서 무력할 수밖에 없습니다. 미국과 구소련이 냉전의 절정기에 인류를 수백 번 종말에 이를 수 있을 정도인 도합 3만 개의 핵탄두를 보유했던 것은 선제핵공격을 받고서 2차 보복핵전력을 보유하기 위한 것이었습니다. 북한이 구소련과 같이 수천 개 탄도미사일을 보유하고 수백 발을 동시에 발사하지 않는 한 북한 미사일이 미국 본토에까지 도달할 가능성은 거의 없습니다.

북한이 핵을 보유함으로써 미국의 공격을 억지하는 전략적 효과, 즉 비대칭적 억지효과45)는 분명히 있습니다. 이런 방어적인 억지효과는 비

포함한 200여 척의 함정이 아시아·태평양 지역에 배치되어 있다. 한 기동함대가 가진 함재기는 거의 100대인데, 그중 세계 최강의 전폭기 FA-18F 슈퍼 호넷 60여 대가 24시간 적을 공격할 수 있는 체제를 갖추고 있다. 또 토마호크 순항미사일 등 탄도미사일을 탑재한 핵잠수함 한 척에 실린 핵무기만으로도 북한 전역의 주요 도시들을 괴멸시킬 수 있는 것으로 알려졌다. 미 천연자원보존위원회가 1999년에 실시한 모의실험에 의하면 475kt급 핵탄두 4개면 북한 인구의 25%가 확실히 사망하는 것으로 나타났다. 최성, 국정감사 자료집 "한반도 핵실태: 1958~1991와 6자회담", ≪중앙일보≫, 2005. 10. 1; 연합뉴스, 2012. 9. 26.

45) 비대칭 억지·강제는 약소국에게는 결정적인 문제지만 강대국에게는 상대적인 국익에 불과한 문제에서 약소국이 강대국의 취약점을 공격하는 것이다. 억지의 기본 논리는 '상대방이 취하려는 행위의 비용이나 위험부담이 기대되는 이득보다 크다는 것을 상대방에게 설득하는 것'이다. 따라서 억지가 효력을 발생하기 위해서는 ① 상대방에게 감당할 수 없는 피해를 입힐 수 있는 실질적 능력(억지력, capability) 즉 상대의 공격을 무력화시킬 수 있는 거부능력(denial capability)과 상대에게 피해를 입힐 수 있는 적극적 보복능력(retaliation capability)을 확보해야 한다. 특히 적으로부터 1차 공격을 당한 이후에도 상대방에게 확실한 피해를 입힐 수 있는 제2차 보복능력(second strike capability)을 보유해야 최종적으로 억지가 성공할 수 있다. 그리고 ② 상대방이 실제로 어떤 행동을 취했을 때 이를 행사하려는 의지(실행의지, will)를 갖고, ③ 상대방에게 이러한 능력을 전달(의사소통, communication), ④ 상대방이 이런 능력과 의지를 신뢰(credibility)해야 한다(최용환, 2003: 40).

단 핵무기가 아니더라도 북한이 현재 실전에 배치한 스커드나 노동 미사일의 사거리 안에 미국의 우방인 한국과 일본 전역이 포함되기 때문에 재래식무기만으로도 충분히 발휘되고 있습니다.[46)] 북한이 일차 선제공격을 당한 다음에도 인구가 집중된 서울이나 도쿄, 그리고 오산이나 오키나와의 미군기지에 미사일 공격으로 감당하기 어려울 정도의 엄청난 보복을 할 수 있는 2차 타격능력을 보유하고 있어 천안함사건, 연평도 포격에도 불구하고 한국과 미국이 대규모 반격을 자제할 수밖에 없어 전면전쟁으로 확대가 억지되고 있습니다.

---

46) 일반적으로 약소국은 국력이 약하기 때문에 강대국에 종속적인 존재로 인식된다. 그러나 역사의 많은 사례는 강대국이 항상 승리하는 것만은 아니다. 약소국에게 강대국과의 전쟁은 '모든 것(total)'이지만 강대국에게는 '제한적인 것(limited)'에 불과한 경우가 많다. 약소국은 전면전을 치르는 데 사활적 국익을 보호하기 위해 모든 것을 희생할 수 있는 반면에 강대국 내에는 다양한 집단들이 전쟁에 수반되는 비용과 희생에 대해 다양한 이견을 갖는 경우가 많다. 따라서 강대국이 군사적으로는 강할지 모르지만, 제한적 이익이 걸린 전쟁에서 비용을 감당하지 못해 지루하게 소모전을 치르는 전쟁에서는 패배하게 된 사례가 많다. 따라서 몇 가지 조건만 갖추어진다면 약소국이라 하더라도 강대국을 상대로 억지와 강제의 효과를 달성할 수도 있다. 특히 북한은 비대칭전략 구사에 이점을 갖고 있다. ① 북한은 중동의 원유공급원 확보라는 미국의 사활적 이해(vital interest)가 걸린 이라크와 달리 미국이 제압해서 얻을 수 있는 이익에 비해 너무 많은 위험을 감수해야 한다. ② 북한은 미국이 충분한 비용을 지불하도록 만들 수 있는 치명적인 능력, 즉 핵과 미사일은 물론 강력한 군사력과 ③ 정치, 군사적 전략, 즉 북한식 군사문화가 통치의 기본논리로 압축된 '선군정치', 김정일의 '총대철학'이 있다. ④ 북한은 정치, 경제적 위기의 원인을 외부에서 찾기 때문에 미국과의 평화협정 체결을 사활적인 최후의 보루로 생각한다. ⑤ 북한의 정책결정자들은 군사적인 성격이 농후해 과정보다 목표 지향적이며, 국내·외 여론으로부터 어느 정도 자유로운 위치에 있다. ⑥ 북한은 중국이라는 우호적 지원세력과 미사일 사정거리 안에 한국과 일본이란 확실한 인질을 잡아 놓고 있다(최용환, 2003; 이유림 외, 2004).

전략핵무기의 부정적인 전술적 효용성은 이미 수천 기의 대륙간탄도미사일을 보유하고도 국가해체의 수모를 겪었던 구소련의 예에서 이미 증명되었습니다. 핵탄두를 장착한 대륙간탄도미사일 등 전략핵무기는 사실상 실전에 '사용할 수도, 해서도 안 되는 방어용'에 불과합니다.[47) 북한이 함부로 핵무기를 사용할 수 없기 때문에 북한의 핵공격 가능성이 미국에 사활적인 위협이 되지 않습니다. 핵무기를 사용할 수 있는 나라는 지구 상에 단 한 나라, 오직 미국밖에 없습니다.

북한의 핵과 미사일의 전술적 효용성과 관련해 2013년 5월 한 일간지에 북한 군사시설에 대한 선제정밀타격을 주장한 논단이 게재되었습니

---

47) 북한은 비대칭전략 구사에 유리한 이점들을 살려 안보위협을 억지하는 데 어느 정도 성과를 거두었다. 그러나 미국으로부터 정치적·경제적 지원을 이끌어내는 강제효과 면에서는 성과를 거두지 못하고 있다. 미국은 북한의 핵개발에 대해 여전히 '의도적 무시'로 일관할 뿐 관계정상화와 경제지원에 적극적으로 응하지 않고 있다. 따라서 북한의 핵과 미사일을 이용한 대미 비대칭전략에는 여러 가지 한계가 있다. 즉 핵무기 보유가 실질적인 효력을 갖기 위해서는 몇 가지 조건이 충족되어야 한다. ① 핵무기를 탄도미사일에 탑재할 수 있는 소형 핵탄두 제조 기술의 확보, ② 상대방의 선제공격에 신속하게 대응할 수 있는 '경보 즉시 발사태세' 확보, ③ 상대방의 선제공격에 의해 핵무기가 파괴되어도 보복공격을 할 수 있는 '제2차 보복능력(second strike capability)' 확보, ④ 상대방의 동향을 신속하게 파악할 수 있는 정보능력의 확보 등이 필요하다. 이를 위해서는 엄청난 자금과 첨단 기술, 그리고 오랜 시간이 필요한데 북한이 어느 정도의 능력을 확보하고 있는지 의문이다. 특히 핵개발 후에도 영국과 프랑스가 핵무기 유지관리에 연간 50억~100억 달러를 지출하는 것과 같이 엄청난 유지관리비와 제2차 보복능력, 대륙간탄도미사일에 장착할 수 있는 소형핵탄두의 개발을 위해 계속 추가 경비를 지출해야 한다. 북한이 안심할 수 있는 수준의 핵무기 보유는 북한의 경제력 및 기술력, 그리고 한·미·일의 군사력을 종합해볼 때 현실적으로 가능하지 않다. 강제의 효과가 없는 억지는 장기적으로 체제의 위기를 증폭시킬 것이기 때문에 결국은 국가안보에 부정적인 영향을 미치게 될 것이다(하영선, 1991: 156~157; 최용환, 2003).

다. 한 미국 대학교수의 ≪뉴욕타임스≫ 기고문을 인용해 "북한의 위협을 방치하면 한국·일본의 핵무장을 자극할 것이고, 이란과 같은 고립된 국가를 부추길 것임으로 북한이 도발하기 전에 군사시설에 국한된 선제적 정밀타격을 하라"고 주문했습니다. 그 이유로 "보복이 결국 자살행위라는 것을 알기 때문에 정밀 타격을 해도 북한의 보복 공격 가능성은 거의 없다"고 했습니다.48) 물론 북한이 보복으로 대응하는 경우 미국의 무차별적인 타격을 자초해 자살행위나 마찬가지인 것은 앞에 자세히 설명한 것과 같이 맞습니다. 그러나 북한의 보복가능성이 없다고 단언하는 것은 지극히 무책임한 주장이라 하지 않을 수 없습니다.

한반도는 지금 정전상태가 아닌 전시상황이나 마찬가지입니다. 북한 미사일을 감지해 목적지를 파악하고 요격미사일의 진행경로를 계산하는데 최소한 약 8분이 소요됩니다. 한반도 전 지역은 물론 특히 서울은 미사일이나 재래식 대포로 8분 이내에 도달하는 거리에 있습니다. 따라서 한반도에서 전쟁이 발생할 경우 북한 미사일에 대한 요격이 성공할 가능성은 거의 없습니다. 북한 군 시설에 대한 공격은 바로 전면전쟁의 개시

---

48) 텍사스 대학 제레미 수리(Jeremi Suri) 교수는 ≪뉴욕타임스≫ 기고문("Bomb North Korea, Before It's Too Late." 2013. 4. 13)에서 "북핵위기의 지속은 동아시아의 안정을 흔들고 핵확산 중단을 위한 지구촌의 노력을 해친다. 따라서 북한이 도발하기 전에 군사시설에 국한된 선제적 정밀(도려내기) 타격을 해야 한다"고 주문했다. 강규형, ≪디지틀조선≫, 2013. 5. 12.
그러나 같은 텍사스 대학의 동료인 로버트 오펜하임(Robert Oppenheim) 교수는 곧바로 "수리 교수의 선제공격은 북한의 안보에 대한 두려움을 이해하지 못한 잘못된 주장이다. 북한이 요구하는 평화협정으로 한국전쟁을 끝내는 것이 최선이다. 평화는 북한에게 양보하는 것이 아니다. 한반도 주변국 모두가 원하는 것으로 협상을 통해 단계적으로 해결해야 한다"고 반박하는 기고문을 ≪뉴욕타임스≫에 실었다. Oppenheim, "Make North Korea an Offer." NY Times, 2013. 4. 17.

이며 핵무기가 아니더라도 평양은 물론 서울과 도쿄도 모두 불바다가 됩니다. 전쟁의 승패를 떠나 남과 북, 어느 한쪽이 아니라 한민족 모두 공멸하는 자살행위입니다. 한민족 모두를 핵전쟁의 벼랑 끝으로 내모는 선제정밀타격 주장은 냉전시대 군사적 대결구도에서 벗어나지 못한 광기에 불과하다는 것을 알아야 합니다.

제3장
냉전체제의 해소와 미국의 대북적대정책의 변화

1. 동북아시아에서의 미국의 전략적 이해: 주한미군 철수와 평화협정

 미국에 북한의 핵과 미사일이 '사활적 이해관계'가 아니라 단순히 '심각한 이해관계'에 불과하다면 미국이 지난 60년 동안 일관되게 북한과의 평화협정 체결과 관계정상화를 외면해온 이유는 과연 무엇일까요. 그 해답을 찾기 위해 북한이 핵과 미사일을 갖기 이전, 즉 1990년대 이전에 왜 한국전쟁을 끝내지 못했는지 살펴볼 필요가 있습니다.
 1953년 조인된 정전협정 제4조 60항에 따라 3개월 이내에 개최해야 할 외국 군대의 철수와 한반도 평화를 위한 정치회담은 휴전 후 9개월 만인 1954년 4월 스위스 제네바에서 개최되었으나 아무런 결정도 내리지 못한 채 두 달도 못 돼 그해 6월 결렬되고 말았습니다. 미국이 동북아시아에서 구소련과 중국에 맞서 공산주의의 팽창 저지를 위해 미군을 전초기지로서 전략적 가치가 있는 한반도에서 태평양 건너 미국 본토로 철수할 수 없었기 때문이었습니다.[1] 미국은 북한의 대화제의를 호시탐탐 적화통일을 꿈꾸는 북한의 '기만적인 평화공세'라 일축하고 모든 책임을 북한에 전가했습니다. 이러한 미국의 주장은 그동안 반박하거나 부정할 수 없고 정치적으로 거부하거나 대항할 수도 없는 힘을 발휘하며 한국인들의 뇌리에 각인되었습니다. 지난 60년 동안 주한미군은 한국을 보호해주는 혈맹으로 가장 믿음직한 존재로 자리 잡고 미국에 대한 비판은 무조건 '좌빨'로 매도하는 사회 분위기로 인해 미군 철수는 언급조차 할 수 없

---

1) 냉전체제 아래서 미국의 동북아시아에서의 주요 관심은 미일동맹을 주축으로 태평양 상의 원호형 전략방위선(strategic defense line)에서 구소련을 중심으로 한 공산주의와 대치하는 것이었다. 원호형 전략방위선이란 알래스카의 알류샨 열도(Aleutian Islands)로부터 일본 열도(Japanese Archipelago), 류큐 열도(Ryukyu Islands), 필리핀 군도(Philippine Islands)를 거쳐 말라카 해협(Strait of Malacca)까지 이어지는 서태평양 상의 섬들을 연결하는 원호형(circular arc shape) 영역계선으로 1951년 4월 17일 극동군총사령관 맥아더 장군이 미 연방 상하원 합동회의에서 행한 퇴임연설에서 처음으로 언급되었다. 이후 미국의 전략가들은 동북아시아에서 남태평양과 인도양에 이르는 방대한 태평양을 '미국의 호수(American Lake)'로 생각하고 미국의 전략적 이해를 지키기 위해 방대한 양의 재래식무기와 핵무기를 배치하고 한반도와 인도차이나에서 공산주의와 대치해서 싸웠다. 그러나 미국의 기본 전략구도에 따르면 한반도는 이러한 미국의 '원호형 전략방위선'에 포함되어 있지 않고 아시아대륙과 태평양이 만나는 경계지대에 위치한다. 한반도는 특히 아시아대륙에서 일어서는 공산주의 세력의 확산을 막아 일본을 지켜주는 '반공방파제'로서 전략적 가치가 있었다. 미국의 전략가들은 "만일 한반도가 소련의 지배를 받게 되면 일본과 미국의 거대한 호수, 태평양이 정치, 군사적으로 매우 심각한 위험이 될 것"이라고 보았다. 원호형 전략방위선에 포함되지 않고 대륙세력의 팽창을 봉쇄하는 데 중요한 역할을 하는 소위 '불침항모(unsinkable aircraft carrier)'로 불리는 대만과 비슷한 전략적 가치를 가진다(Hayes et al., 1987: 2). 주한미군이 한국과 한국 국민을 북한의 위협으로부터 보호한다는 소극적인 역할을 넘어 냉전체제하에서 미국의 태평양 상 원호형 전략방위선을 지키는 데 공산권 전초기지로서 적극적인 역할을 수행해온 것은 주지의 사실이다.

는 성역이 되었습니다.

동서냉전의 최일선 보루인 한반도에 주한미군의 계속 주둔을 위해 미국은 북한의 평화협정 체결 요구를 '의도적 무시'로 일관했습니다. 그리고 1953년 10월 한국과 체결한 상호방위조약에 따라 '반공' 기치 아래 정전협정 제2조 13항을 무시하고 한반도에 핵무기를 비롯한 각종 최신 무기들을 배치했습니다. 미국이 이처럼 일방적으로 주한미군을 한반도에 계속 주둔시키고 무력을 증강한 데 대해 다양한 평가가 있을 수 있지만 냉전체제가 지속된 아버지 부시 대통령 때까지는 올바른 결정이었다고 할 수 있습니다. 미군이 정전협정을 정면으로 무시하고 '배 째라'식으로 한반도에 계속 주둔함으로써 대한민국을 공산화에서 구해 오늘 세계 10위권의 경제대국으로 성장할 수 있게 되었습니다.

그러나 냉전체제가 무너지고, 1975년 전쟁이 끝난 베트남과도 이미 외교관계를 정상화한 지금, 그보다 22년이나 먼저 1953년 전투행위를 중지한 한반도에서 정전협정 60주년이 넘도록 한국전쟁이 계속되는 것은 어떤 이유로든 정당화될 수 없습니다.[2]

---

[2] 미국의 전쟁 상대국과의 동맹·적대관계는 정세 변화에 맞게 우방·적국관계가 재편되었으며 장기적 예외는 북한뿐이었다. 미국과 북한의 전후 60년 동안의 제재·봉쇄·적대·외교 단절은 세계 사상 이례적이고 독특한 것이다. 미국은 최악의 전범국가 일본 및 서독과는 제2차 세계대전 종전이 10년도 안 되어 관계를 정상화했다. 사회주의 종주국 러시아와는 러시아혁명 16년 만인 1933년 복교하고 중국과는 미중전쟁(한국전쟁) 종전 26년 만인 1979년에 수교했다. 패전의 악몽을 안긴 베트남과도 패전 20년 만인 1995년에 수교했다. 서독의 존재에도 불구하고 동독과 종전 29년 만인 1974년 수교해 적대관계가 한 세대를 넘은 나라는 하나도 없었다. 상호 절멸 전쟁을 치른 독일(서독)과 소련은 종전 10년 만인 1955년 수교했으며, 일본과 중국은 종전 27년 만인 1972년 수교했다. 독일(서독)과 이스라엘은 끔찍한 유태인 인종 청소 전쟁의 종식 20년 만인 1965년 수교했다. 박명림, ≪한겨레신문≫, 2013. 8. 7.

냉전해체 이후 소련의 팽창정책 저지라는 주한미군의 전략적 임무가 희석되자 아버지 부시 행정부가 대북적대정책의 합리화를 위해 북한의 핵개발 의혹을 제기했습니다. 한국 월성 원자력발전소를 비롯해 전 세계 여러 나라가 수십 기의 중수로를 보유하고 있는데도 유독 북한 영변의 5MW 원자로가 플루토늄 추출이 용이한 중수로란 이유로 외과 수술식 제한폭격을 거론하며 한반도를 전쟁 직전의 위기상황으로 몰고 갔습니다. 북한이 1960~1970년대에는 아마도 적화통일을 꿈꿨을지도 모릅니다. 그러나 1990년대 잇단 홍수와 재해로 인한 식량난으로 전국에서 굶주림으로 아사자가 속출하는 '고난의 행군'3)을 했던 북한이 아직도 호시

---

3) 북한은 냉전체제 해체 이후 1990년대에 '고난의 행군'이라 표현할 정도로 혹독한 시련과 고통을 겪었다. 황해남·북도와 강원도 지역에 400~1,000mm의 집중호우가 내린 1996년 한 해의 홍수로 17억 달러의 피해를 입은 것을 비롯해 1990년 이후 잇단 홍수와 재해로 인한 식량난으로 식량 배급제가 중단되거나 평상시에도 20~39%로 줄어 전국에서 굶주림으로 아사자가 속출해 '지상천국'이라던 북한은 '굶주림의 천국'으로 변했다. 정확한 집계는 알 수 없으나 USA Today는 1996~1997년에 굶어 죽은 북한 주민이 최소 100만 명이라 보도했으며, 한국의 ≪시사저널≫은 우리민족서로돕기 불교운동본부의 조사를 근거로 1995~1998년 2년 반 사이 300만 명 이상이 사망했을 것으로 추산했다. ≪시사저널≫, 1998. 3. 19; 정안숙, ≪디지틀조선≫, 2005. 8. 19. 식량난에다 전력을 비롯한 각종 원자재의 부족으로 산업이 마비되고 경제는 8년간 연속 후퇴했다. 급기야 대량 탈북자가 속출하자 북한은 국제사회에 구호의 손길을 내밀어 유엔의 인도적지원국(DHA)을 비롯한 국제기구에 긴급 지원을 요청했다. 이런 북한의 지원 요청에 따라 유엔 세계식량계획(WFP)을 비롯해 한국, 중국, 미국, 일본 등 여러 나라가 북한에 대한 지원에 나섰으며, 한국의 민간단체를 비롯한 전 세계 민간기구들이 북한의 식량 지원에 호응했다. 그리고 북한은 이들 식량 지원에 나선 세계 비정부기구(NGO) 대표들의 평양 상주를 1996년부터 허용하고 2005년에는 유럽과 미국의 비정부 구호기구 대표들이 북한 전역의 85% 지역에서 활동할 수 있게 되었다(Mansourov, 2000: 267). 이처럼 북한이 1990년대에 극심한 고난을 겪은 것은 대체로 다음과 같은 네 가지 요인을 들고 있다. ① 사회주의 진영의 와해가 몰고

탐탐 남침의 기회를 엿보고 있다고 믿는 사람은 많지 않을 것입니다. 그럼에도 퇴색한 '반공' 구호를 대신해 평화협정 체결에 따른 주한미군의 철수를 막기 위한 새로운 명분이 바로 '북한 핵문제'입니다.

북한 핵문제 해결은 결국 미국의 동북아시아에서의 중요한 전략적 이해관계인 주한미군의 역할과 어떻게 조화를 이룰 것인가입니다. 북한이 주한미군 철수를 요구하면 미국은 절대로 북한과의 대화에 응하지 않을 것입니다. 따라서 북한과 미국의 평화협정 체결을 위한 전제조건은 아주 간단합니다. 미국은 한국전쟁을 끝내고 북한의 국가안보를 보장하고 동시에 북한은 평화협정 체결 이후 동북아시아에서의 미국의 역할을 인정하면 됩니다. 북한 김일성 주석이 1994년 평양을 방문 중이던 카터 전 대통령에게 더는 주한미군의 무조건 철수를 요구하지 않겠다고 언급하고, 김정일 국방위원장도 2000년 남북정상회담에서 통일 이후에도 주한미군이 계속 주둔할 수 있다는 점에 동의한 것을 이런 맥락으로 해석할 수 있습니다.

이제 새로운 국제 정세와 북한의 주한미군에 대한 유연한 자세변화에 따라 미국과 북한 사이에 평화협정 체결의 가장 큰 걸림돌이 제거된 셈입니다. 미국과 북한은 핵문제, 주한미군 철수, 미국의 핵우산 제거 등을 서로 연계시키지 말고 '한반도의 현 상황(as is condition)을 인정'한 가운데 평화협정을 체결하고 한국전쟁을 끝낼 수 있게 되었습니다. 한국전쟁 종

온 정치적·외교적 불안정과 경제적 난관, ② 연속된 자연재해 때문에 극도로 악화된 식량난, ③ 김일성 주석의 갑작스러운 죽음과 그에 따른 상실감, ④ 이러한 불리한 조건을 틈타서 북한을 고립 압살하려는 미국의 대북적대정책 등을 들고 있다. 북한에서는 그중에서도 이른바 다섯 단계 전쟁계획인 '작전계획 5027'을 비롯한 미국의 전쟁위협을 가장 심각한 위험 요인이었다고 주장한다(한호석, 1996).

결과 평화체제 구축 이후 한국에 주둔하는 미군이 대북억지력이 아닌 다른 역할을 담당하는 것과 한국에 대한 핵우산 제공 등은 한국과 미국의 한미동맹 재조정과 동북아시아 안보협력 차원에서 논의해야 할 문제입니다. 그리고 북한 핵문제는 한반도 군축과 비핵화의 일환으로 한국과 미국, 중국, 일본 등 관련 당사국들이 북한의 국가안보를 보장하고 협력해서 해결해야 합니다.

우크라이나, 카자흐스탄, 벨라루스 등 구소련연방에서 독립한 국가의 핵무기를 러시아로 이관하는 조건으로 미국이 보상했던 전례가 있습니다.[4] 클린턴 행정부가 북한의 5MW 중수로를 폐기하는 조건으로 경수로 2기(2,000MW)를 제공하기로 합의했던 제네바핵합의의 선례도 있습니다. 60년간 계속된 한국전쟁을 끝내고 미국과 한국이 북한의 핵과 미사일 해체에 협력하고 북한의 전후복구와 경제개발에 협력하는 것이 북한 핵과 미사일문제를 해결할 수 있는 최선은 아니더라도 차선의 방안일 것입니다.

2. 냉전체제의 해소와 미국의 대북적대정책의 변화

1993년 핵문제를 매개로 북한과 대화[5]를 시작한 클린턴 행정부는 "미

---

4) 구소련연방의 해체에 따라 구소련의 핵무기를 승계해 1,900개 전략핵무기와 2,650 ~4,500개 전술핵무기의 소유권을 주장했던 우크라이나를 비롯해 카자흐스탄(1,400여 개 핵탄두), 벨라루스(100여 개 핵탄두와 725개 전술핵무기)도 핵보유국이 되었으나 미국으로부터 해체기금을 지원받고 모두 해체 또는 러시아로 이관했다 (Cirincione, 2002: 317~327).

5) 한국전쟁 이후 미국은 대소 봉쇄정책의 연장선상에서 군사적 대결정책 일변도의 대북적대정책을 유지해 제3국에서 외교관 사이의 우연한 접촉마저 금지했다. 1970년

국은 북한에 대해 핵무기를 포함해 무력을 행사하지 않을 것을 공식적으로 보장하며 무역제재를 해제하고 대사급 외교관계 수립을 목표로 양국 관계를 정상화한다"는 제네바핵합의에 동의했습니다. 그리고 2000년 10월, 북한 조명록 특사와 미국 올브라이트 국무장관이 워싱턴과 평양을 교환 방문함으로써 클린턴 미국 대통령의 평양 방문과 북미 평화협정 체결이란 역사적인 대사건에 한 발짝 앞까지 다가갔습니다.[6]

대 세계적인 화해 무드와 국제 정세의 변화에 따라 레이건(Ronald Reagan) 행정부는 1988년 10월 제3국에서 북한 외교관과의 접촉, 민간차원의 교류, 인도적 차원의 경제교류를 허용하고 같은 해 12월부터 중국 베이징에서 참사관급 외교관 사이에 대화를 시작했다. 클린턴 행정부는 1992년 1월 북한 핵문제 해결을 위해 뉴욕에서 북한 외교관과 접촉을 갖기 시작해 처음으로 북·미 고위급회담이 시작되었다(Sigal, 1998: 25).

6) 2000년 10월 북한과 미국의 대화가 재개되고 조명록 특사의 워싱턴 방문, 올브라이트 미 국무장관의 평양 방문이 성사되었다. 조명록 특사와 올브라이트 국무장관의 공동성명이 발표되고 클린턴 미 대통령이 북한 김정일 국방위원장에게 보내는 '경수로공급 보장 서한'을 발표하면서 북·미 관계정상화를 위한 기대감이 높았다. 공동성명의 중요한 내용은 ① 상호 적대관계를 해소하고 정전체제를 평화체제로 전환한다, ② 상호 주권을 존중하고 내정에 불간섭하며 외교관계를 발전시킨다, ③ 경제, 무역관계를 발전시킨다, ④ 제네바핵합의를 존중하며 한반도 비핵화와 평화를 도모한다, ⑤ 클린턴 대통령이 북한 방문을 수락한다 등이었다.
미국 의회를 장악한 공화당의 견제에도 불구하고 클린턴 행정부가 북한과의 관계정상화를 적극 추진할 수 있었던 것은 2000년 6월 15일 한국의 김대중 대통령과 김정일 국방위원장이 정상회담을 갖고 '6·15공동성명'을 발표함으로써 한민족의 화해와 협력, 그리고 한반도의 평화체제구축을 위한 새로운 전기가 마련된 것이 큰 영향을 미쳤다. 북한과 미국은 6차례 미사일회담을 갖고 북한이 장거리미사일 연구 및 개발을 포기하고 시험발사를 하지 않으며, 미국은 인공위성 대리발사, 테러지원국 해제, 대북 식량 및 금융 지원 등의 조치를 취하는 일괄타결안에 의견 접근을 보아 조미관계정상화에 대한 기대가 높아졌다. 그러나 1994년 제네바핵합의로 마련되었던 북한과 미국이 관계정상화를 이룰 수 있었던 절호의 기회는 클린턴 정부의 퇴임과 함께 사라졌다(Albright, 2003: 597).

미국과 북한이 이처럼 1994년 제네바핵합의에서 외교관계수립과 관계정상화에 합의했음에도 왜 20년이 경과한 지금까지 한국전쟁이 계속되고 한반도는 아직도 핵전쟁의 공포에 떨고 있을까요.

역사에서 가정법이란 아무런 의미가 없습니다만 1992년 한국 대통령 선거에서 김영삼 전 대통령이 아닌 김대중 전 대통령이 먼저 당선되었거나, 2000년 미국 대통령선거에서 아들 부시 전 대통령이 아니라 앨 고어 전 부통령이 당선되었다면 20세기에 이미 한국전쟁을 끝내고 한반도에 평화가 정착되었을 것입니다.

민주당 클린턴 행정부 역시 초기에는 국익 우선이란 미국 외교전통에 따라 '정권 교체기 전 행정부정책 계승현상'[7)]으로 전임 아버지 부시 대통령 행정부의 대북적대정책을 이어받아 강경 대응으로 1993년 1차 북핵

---

7) 미국의 보수 양당 구도 아래 정책의 양극화 현상이 심하지 않아 정권이 교체되거나 의회에서 다수당이 바뀌더라도 급격한 대외정책의 변화는 없는 편이다. 특히 대통령의 대외정책을 초당적으로 지지하는 전통에 따라 비록 정권이 바뀌더라도 정권교체기에는 정책의 연속성을 유지하는 경향이 강하다(Jensen, 1982: 136~137). 북한은 물론 한민족 전체의 운명을 좌우하는 미국의 대북정책이 정권교체기에 뚜렷한 정책 방향도 없이 장기간 무정책 상태일 수 있다는 것은 이해하기 어려운 면도 있다. 그러나 대북정책은 미국 외교정책에서 차지하는 우선순위가 낮은 관계로 강경책이나 온건책, 어느 쪽으로도 쉽게 바뀔 수 있고 또 일정 기간 무정책 상태일 수 있으며, 때로는 정책 담당자가 상당 기간 공백 상태인 경우도 있다. ① 클린턴 행정부 당시 갈루치 핵전담대사의 임명 이전, ② 1994년 제네바핵합의 이후부터 1998년 페리 대북정책 조정관이 임명될 때까지, ③ 부시 행정부의 1기 4년과 크리스토퍼 힐(Christopher R. Hill) 미 6자회담 수석대표, 제이 레프코비츠(Jay Lefkowitz) 대북인권특사, 알렉산더 버시바우(Alexander Vershbow) 주한미국대사 등 부시 행정부 2기 대북정책의 실무담당자들이 진용을 갖추기 이전, ④ 오바마 행정부 1기 등은 사실상 대북정책 실무책임자가 공백 상태나 마찬가지였으며, 오바마 행정부 2기에서도 아직 대북정책 실무진영이 갖추어지지 않은 상태이다.

위기를 맞았습니다. 그러나 핵문제를 매개로 북한과 협상 테이블에 마주 앉은 것을 계기로 새로운 국제 정세에 맞게 협력적 위협축소전략으로 1974년 북한과 제네바핵협약을 체결했습니다.[8]

1988년 노태우 전 대통령의 7·7선언과 클린턴 행정부의 대북화해정책(포용정책: 개입·확장전략, Engagement-Enlargement policy)으로 미주 한인들의 북한 방문이 급격히 증가했습니다. 특히 1990년 범민족대회를 계기로 미주 한인사회는 통일운동의 열기로 달아올랐습니다. 뉴욕에서 개최된 남북영화제를 비롯해 활발한 북미교류로 북한대표단의 미국방문도 잇따랐습니다. 이런 북한 열풍은 비단 미주 한인사회에 국한되지 않고 미국 정책연구기관들도 경쟁적으로 북한 대표를 초청 한반도정책토론회를 개최해 마치 북미수교가 목전에 다가온 듯했습니다.

그러나 미국의 클린턴 행정부가 북한과 대화를 계속하자 한국의 김영삼 전 대통령은 조문파동과 한국형 경수로[9] 제공을 위한 경비부담을 빌

---

[8] 협력적 위협축소(cooperative threat reduction)란 비록 상대가 도덕적으로 불미스러운 나라들이라도 협력한다는 외교적 상호주의(give and take) 전략이다. 상호주의 전략으로 핵확산을 막은 성공적인 사례가 한국, 대만, 브라질, 아르헨티나, 남아프리카, 우크라이나, 벨라루스, 카자흐스탄 등이다(Sigal, 1998: 4). 미국이 대북적대정책을 포기하고 '협력적 위협축소전략'으로 돌아서는 것이 미국에 이익인 것은 분명하다. 제네바핵합의를 이행하는 데 드는 총비용은 46억 달러에 불과했다. 특히 미국의 분담금은 중유제공비용으로 연간 3,000만 달러에 불과했다. 이에 비해 주한미군을 유지하는 데 소요되는 경비는 직접비용 년 25억 달러를 비롯해 훈련이나 장비 개선을 고려하면 매년 60억에서 199억 달러를 지출해야 한다. 2002년에서 2020년까지 매년 42억 달러를 지출해야 하며 한국과 관련된 아시아 주둔 전체 미군의 경비는 연간 총 420억 달러에 이른다(Hayes, 1991: xii).

[9] 한국형 경수로는 한국이 미국의 웨스팅하우스와 컴버스천 엔지니어링의 핵심 기술을 이전받아 설계한 한국 표준형 원자로 OPR-1000(1,000MW)으로 울진(3~6호기), 영광(3~6호기) 원자력발전소 등에 설치하고 한국에너지개발기구(KEDO)가 북한에 제

미로 북미대화에 계속 제동을 걸어 김대중 대통령이 당선되기까지 한반도 평화를 위한 황금과 같은 4년여의 시간을 지체시켜 클린턴 전 대통령의 임기 내에 북한 핵문제를 타결할 기회를 무산시켰습니다. 1998년 김대중 전 대통령의 취임 이후 비로소 남북관계가 개선되어 2000년 6월 김정일 국방위원장과의 남북정상회담이 성사되고 남북공동선언이란 대역사가 시작되었습니다. 그러나 클린턴 전 미국 대통령의 역사적인 평양 방문과 북미 평화선언을 목전에 두고 2000년 11월 아들 부시 전 대통령의 당선으로 도로아미타불이 되고 말았습니다. 결국 김영삼(강경)-클린턴(대화), 김대중과 노무현(대화)-아들 부시(강경)의 한미 양국 정부의 대북정책 엇박자로 냉전체제 이후 새로운 국제질서에도 불구하고 한국전쟁은 60년간 계속되고 있습니다.

2001년 1월 취임한 공화당 아들 부시 대통령은 소위 ABC(Anything But Clinton) 정책으로 클린턴 행정부의 대북화해정책을 손바닥 뒤집듯 완전히 엎어버렸습니다. 아들 부시 행정부의 정책결정을 주도했던 딕 체니(Dick Cheney) 부통령을 중심으로 하는 신보수주의(Neo-Cons)[10] 강경파들

공하기로 했던 경수로를 수주했다. 그리고 한국은 해외 원전시장에 진출, 2009년 12월 아랍에미리트와 400억 달러의 APR-1400(1,400MW 개량형 한국형 경수로) 원전 4기 수출계약을 체결했다. 이 밖에도 2010년 3월 요르단에 연구용 원자로 수출계약을 체결하고 터키와도 원전계약을 위한 MOU를 체결했다.

10) 공화당의 전통적 보수 이념에 충실한 부시 행정부의 신보수주의자들은 미국의 특수성, 종교적·도덕적 우월성, 선과 악의 대립과 같은 일종의 이념 지향성이 강하고 자유민주주의의 전파라는 소명감에 힘 위주의 일방적 외교정책을 추진했다. 미국 무역대표부 로버트 졸릭(Robert Zoellick) 전 미 국무부 부장관은 부시 대통령 공화당 행정부의 외교정책의 특징으로 ① 힘의 외교, ② 동맹과 연합관계 존중, ③ 국제협약과 국제기구는 목적을 달성하기 위한 수단, ④ 세계의 정치, 안보 환경을 만들어 주는 통신, 기술, 상업 및 금융 부문에서 일어나는 혁명적 변화의 수용, ⑤

은 한반도평화체제 구축이란 북한의 지속적인 요구를 묵살하고 냉전시대의 유물인 대북적대정책으로 되돌아갔습니다.11) 불량국가인 북한은 힘으로 다스려야 한다고 목소리를 높이고 선제핵공격과 맞춤형봉쇄(Tailored containment) 등 강경대응으로 일관했습니다. 인권문제, 마약, 위조지폐 문제 등을 지속적으로 제기하고 대량파괴무기확산방지기구(Weapons of Mass Destruction Proliferation Initiative/Proliferation Security Initiative: PSI)12)를

미국의 가치를 적대시하는 악을 패퇴시킬 수 있는 능력의 보유 등을 들었다. 이러한 신보수주의자들에게는 북한과 대화를 한다는 자체에 대해 거부감을 느끼고 선제공격을 통한 정권교체에 대한 희망을 버리지 않았다(Zoellick, 2000). 클린턴 행정부는 입수된 정보의 신뢰성에 기초해 정책을 결정하는 실용적인 정부였다면 부시 행정부는 자신들의 가치관이나 신념체계가 지배적인 영향을 미치는 이념적인 정부였다. 미국의 신보수주의자들은 미국의 가치를 보편적인 것으로 규정하고 이를 전 세계적으로 확산하는 것을 자신과 세계의 안전과 평화를 위하는 길이라는 확신을 갖고 있었다. 이러한 십자군적 장정에 도전하는 국가나 정권은 교체의 대상이 될 수밖에 없었다. 부시 행정부는 북한을 '악의 축'으로 규정해 항복하지 않는 한 타협이란 있을 수 없었다(Haass, 2005; Barnett, 2005: 286).

11) 2002년 부시 대통령이 발표한 '미 국가안보전략'은 미국에 대한 현실적인 위협이 러시아나 중국으로부터가 아니라 테러집단과 불량국가들(rogue states)로부터 온다는 판단에서 '어디서 어떻게 공격해올지 알기 힘든 적에 대비해야 한다'는 소위 테러와의 전쟁을 시작했다. 이러한 새로운 위협에 대처하기 위한 미국의 변화된 세계전략과 군사전략의 핵심은 냉전체제하에서 대외정책의 기본이었던 봉쇄(containment)와 억지(deterrence)에서 한 걸음 더 나아가 선제공격(pre-emption)을 강조했다. 즉 대량파괴무기(WMD)로 미국의 안전을 위협하는 외부세력에 대해 선제공격으로 제압한다는 것이다. 미국의 외교정책에 반대해 미 국무부을 떠나 ≪워싱턴 프리 프레스(Washington Free Press)≫를 발행하고 있는 윌리엄 블룸(William Blum)은 오히려 이런 미국을 '불량국가(Rougue State)'라고 비판했다(Blum, 2005).

12) 대량살상무기 확산방지구상(Weapons of Mass Destruction Proliferation Initiative: PSI)은 2003년 5월 미국의 제의로 스페인에서 G7+스페인, 포르투갈, 네덜란드, 폴란드 등 중국을 제외한 모든 안보리 상임이사국을 비롯한 11개국이 서명으로 '대량

구성, 불법자금유통과 외화수입원 차단 등 다양한 제재와 봉쇄로 북한 정권을 우호적인 정권으로 교체하기를 희망했습니다.

그러나 취임 초 우라늄농축 의혹을 제기하며 북한을 '악의 축'으로 매도했던 아들 부시 행정부 역시 북한의 핵폐기를 위한 효과적인 방안을 갖지 못해 '핵무기 및 핵물질의 해외이전'을 금지선(red line)으로 설정하고 '의도적 무시' 내지는 '전략적 인내(strategic patient)'를 계속했습니다.[13] 미국의 계속적인 봉쇄정책으로 북한이 자립적 경제체제를 갖추고 있어

파괴무기(WMD)를 선적한 것으로 의심되는 선박을 공해상에서 정선, 검색, 차단, 나포 압류 등을 위해 발족'했으나 국제기구의 성격을 띠지는 않고 있다. 중국은 국제법상 공해자유의 원칙을 사문화시킬 수 있다는 이유로 반대하고 있다. 2002년 12월 예멘행 북한 선박을 스페인 군함이 차단, 미사일을 발견했으나 정선 및 압류가 국제법상 위반이란 항의로 무산되고, 2003년 4월 호주 정부가 북한 선박의 해로인 선적을 추적 차단했으며, 일본이 안전검색을 이유로 북한 선박의 입항 금지조치 등을 했다(이용준, 2004: 57). 한국 정부는 2009년 5월 2차 핵실험 이후 전격적으로 95번째로 가입을 선언했다. 그러나 2004년 4월 28일 채택된 유엔 '안보리 결의안 1540'은 미국의 압력으로 채택되었을 뿐만 아니라, PSI를 승인한다는 구절이 없다. 더구나 미국 주도의 PSI는 영해상의 무해 통항권과 공해상의 자유 통항권을 보장하고 있는 국제해양법과도 저촉돼 PSI의 국제법적 근거는 여전히 논란거리로 남아 있다.

13) ≪LA타임스≫, 2003. 3. 5; ≪뉴욕타임스≫, 2003. 5. 5. 아들 부시 행정부의 대북정책을 흔히 '전략적 인내'라고 하지만 '의도적 무시' 또는 '전략적 무정책(strategic wait-and-see)'이 더 적절한 표현이라 할 수 있다. 부시 행정부의 대북 핵정책은 '악의 축', '폭정의 전초기지' 등 공세적인 강경자세와는 달리 북한의 모든 핵계획의 '완전하고 되돌릴 수 없으며 검증 가능한 방식의 폐기'라는 원칙 외에는 아무 대책이 없었다. 클린턴 행정부의 제네바핵합의와 같이 '북한에 굴복했다는 인상을 주는 합의'를 받아들이지 않았지만 북한의 핵개발을 막기 위해 다른 제재조치를 강구하지도 않고 '의도적 무시'로 일관했다. 부시 행정부의 이러한 '대북한 무정책'을 하버드 대학교 그레엄 엘리슨(Graham Allison) 교수는 "당근도 없고 채찍도 없는 이상한 정책'이라고 지적했다(위트·포너먼·갈루치, 2005: xviii).

미국과 국제사회의 경제제재가 큰 효과를 거두기 어려운 데다가 군사적 제재를 가하는 것은 미국이 부담해야 할 비용이 너무 크기 때문입니다.14) 게다가 아프가니스탄 침공과 이라크전쟁의 수렁에서 쉽게 헤어나지 못하게 되자 아들 부시 행정부 역시 2년 만에 북한 핵문제를 외교적 방법으로 해결하는 방향으로 돌아섰습니다.

---

14) 아들 부시 행정부는 경제제재보다 공중폭격 등 군사적 대안을 더 선호하고 유사시에 북한을 군사적으로 선제공격할 계획을 갖고 있으며 그에 필요한 모든 준비도 완료된 상태였다. 그러나 미국의 군사제재가 성공하기 위해서는 몇 가지 장벽을 넘어야 했다. 우선 ① 핵개발 자체만으로 북한에 대한 군사제재를 합리화할 수 없으며, ② 북한에 대한 엄청난 인적·물적 피해를 정당화할 명분을 찾아야 한다. 북한이 미국에 대한 선제공격, 테러집단에 핵무기나 핵물질을 이전 등 금지선을 넘지 않는 상황에서 북한에 대한 군사제재를 합리화하기 어렵다. 그리고 ③ 형식상이나마 주한미군이 유엔군의 이름으로 참전했기 때문에 유엔의 동의와 ④ 동맹국들의 참가를 얻어야 하나 중국, 러시아의 반대로 쉽지 않다. 이 두 강대국의 동의 없이 북한에 대한 군사적 개입이 불가능한 것은 아니더라도 현실적인 방안은 아니다. 특히 ⑤ 북한이 아직 미국 본토를 공격할 수 있는 대륙간탄도미사일을 개발하지 못했더라도 일본과 괌을 사정권 안에 둔 노동미사일과 무수단 미사일이 이미 실전에 배치되어 주한, 주일 미군은 북한 미사일 공격의 위협에 직면하게 된다. 미국인 8만~10만을 포함 100만 명 이상의 사상자가 발생하고 1,000억 달러가 넘는 비용 지출은 미국에 너무 큰 부담이다. 막상 ⑥ 북한의 핵과 미사일 기지를 폭격하더라도 문제가 완전히 해결되는 것은 아니다. 윌리엄 슈나이더 미 국방과학위원장의 의회 증언과 같이 북한이 이미 충분한 플루토늄을 추출, 핵시설이 아닌 다른 곳에 보관하고 있어 핵탄두가 장착된 미사일을 발사하기 전에 찾아내 공격하는 것은 어렵다. 이처럼 군사적 해법이 가능하지 않고 다른 대안이 없기 때문에 북한과 대화로 해결하는 것이 미국에도 이익이다. 따라서 '힘의 외교'와 '선제공격'을 앞세워 미국 역사상 세계평화를 위협한 가장 위험한 정부였던 아들 부시 행정부마저 북한에 대한 군사제재를 할 수 없었으며, 확장·개입정책이 클린턴 행정부와 아들 부시 행정부는 물론 오바마 행정부까지 지속되고 있다. 그렇다고 미국의 대북적대정책이 근본적으로 폐기된 것은 아니다(조재길, 2006: 422~424).

그러나 북한과의 직접 대화를 기피한 아들 부시 행정부가 한국과 중국 등 주변국들을 앞세워 시작한 6자회담은 북한 핵문제의 적극적인 해결방안이 아니라 지연수단에 불과했습니다. 2005년 제4차 6자회담에서 '한반도 비핵화와 동북아시아의 항구적인 평화를 위해 행동대 행동의 원칙에 입각해 단계적으로 합의이행'을 약속한 9·19공동성명을 발표했습니다.15) 그러나 미국의 소극적인 대북정책으로 1990년대 활기를 띠웠던 북미교류도 2000년대 들어 냉각기에 들어서고 미주 한인사회의 통일운동도 침체기를 맞았습니다. 반면에 북한이 교착상태에 빠진 북미대화의 돌파구로 남북대화로 방향을 돌리면서 한반도에서 김대중·노무현 전 대통령의 햇볕정책이 탄력을 받게 되고 남북교류가 활성화되기 시작했습니다.

클린턴 행정부의 대북화해정책은 공화당 아들 부시 행정부의 대북적대정책 때문에 결과적으로 빛을 보지 못했지만 미국의 대북적대정책(봉쇄·억제 전략, Containment-Confrontation Strategy)의 기조를 대폭 수정해 올바른 정책 방향을 제시했으며 현 오바마 행정부로 이어져 미국은 한국의 이명박 정부가 중단한 북한에 대한 인도적 지원도 계속하고 있습니다.16)

---

15) 북한과의 대화마저 기피한 아들 부시 행정부가 대북적대정책을 포기하지 않으면서도 이처럼 대북정책을 바꿀 수 있는 것은 한반도가 정책우선순위에서 낮기 때문이다. 미국은 독자적이고 일관된 대한반도정책을 추진하기보다 한반도를 동북아 전체의 구도에서 판단하고 조정해 필요에 따라 어느 방향으로도 수정이 가능하다. 특히 미국의 대북정책은 냉전해체 이후 대중국, 대한국 정책의 일부로 다루어지고 있다. 대한반도정책이 대일본, 대중국 정책의 변화에 맞추어 변화되는 종속성은 비단 미국에만 국한된 것이 아니라 한반도 주변 4강에게 공통된 현상이다.
16) 이명박 정부가 북한에 대한 인도적 지원마저 거부했지만 미국은 지금도 민간차원의 북한에 대한 인도적 지원을 금지하지 않고 국제기구를 통해 가장 많은 정부차원의 지원을 북한에 제공하고 있다. 미국은 1995년 세계식량계획(WFP)에 22만

오바마 1기 행정부의 대북정책 기조는 '북한의 핵포기에 대해 포괄적이고 확실한 보상을 제시하는 동시에 이를 거부할 경우 강력한 제재로 압박한다'는 점에서 부시 행정부의 '전략적 무정책'과 별 차이가 없었습니다.17) '정권 교체기 전 행정부정책 계승현상'에다 대북정책 담당자가 채 임명되지 않은 상태에서 북한이 2009년 5월 2차 핵실험으로 적극 공세로 나오고 한국의 이명박 정부마저 아들 부시 행정부 못지않게 강경으로 선회하자 오바마 행정부도 한반도 문제를 중국과 한국이 주도적으로 해결하도록 하는 소극적인 '전략적 무정책'을 계속할 수밖에 없었습니다.

오바마 1기 행정부는 사실상 세계적인 불경기 회복과 9·11사태로 초래된 아프가니스탄과 이라크전쟁 등 아들 부시 행정부와 신보수주의자들의 분탕질을 수습하느라 독자적인 대북정책을 추진할 겨를이 없었습

5,000달러, 1996년 200만 달러를 기부하고 1997~1998년 동안 30만 톤 이상의 곡물을 제공했다. 이에 대해 북한 외교부 선임관리는 "미국이 취한 인도적 조처들은 북한과 미국 사이의 불신을 제거하고 제네바핵합의 이행을 위한 호의적 분위기를 만들 것이다"고 말했다(Mansourov, 2000: 267). 냉전의 전사로 불렸던 레이건 전 대통령조차 '기아는 정치를 모른다'며 정치와 인도주의의 분리원칙을 천명했으며, 김대중·노무현 정부의 대북지원을 색안경을 끼고 바라봤던 아들 부시 행정부도 2008년에 50만 톤의 대북 식량지원에 나섰다. 오바마 행정부도 이명박 정부의 대북 식량지원 거부에 대해 '동맹의 정치에 빠져 대북식량지원의 절박성을 외면해선 안 된다'고 권고했다. 정욱식, ≪평화네트워크≫, 2011. 4. 27.

17) 오바마의 대북정책에 대해 전 국가안보회의 베이더(J. Bader) 국장은 'Obama and China's Rise'에서 "궁극적으로는 북한 정권 붕괴와 남한으로의 흡수통일을 목적으로 하고, 단 중기적으로는 근본적 해결 아닌 협상과 대화를 통해 시간을 지연시킨다"는 '전략적 인내'라고 설명했다. 그러나 오바마 1기 행정부 초기 '정권교체기의 전 행정부 정책계승' 현상으로 아들 부시 행정부 대북정책의 잠정적 유지가 '전략적 인내'로 비쳤을 뿐 오바마 1기 행정부의 대북정책은 사실상 수립되지 않은 상태였다는 점에서 '전략적 무정책'이라고 보는 것이 더 정확할 것이다.

니다. 임기 말에 들어 2011년 7월 스티븐 보즈워스 대북정책 특별대표가 김계관 외무성 제1부상과 고위급회담을 시작해 갑작스러운 김정일 국방 위원장의 사망에도 불구하고 2012년 2·29합의에 이르렀습니다. 미국은 '정전협정 준수, 9·19공동성명 이행을 전제로 대북적대정책을 폐기하고 북한의 주권 존중, 관계정상화를 위한 민간교류확대와 24만 톤 영양식품 공급'을 약속했습니다. 이에 상응해 북한은 '장거리미사일 발사, 핵실험 및 우라늄농축활동을 포함한 핵활동을 중지하고 국제원자력기구 사찰단 복귀'를 약속했습니다. 그러나 북한이 2·29합의 한 달 만에 실시한 인공위성발사가 장거리미사일 발사에 포함되는가에 대한 북한과 미국 간의 이견으로 더 이상 나가지 못하고 말았습니다.

냉전체제의 해소와 세계적인 화해 분위기로 인해 미국의 대북정책은 대결 일변도의 냉전체제하의 북미관계와는 달리 '접근'과 '대결'을 반복하는 나름대로 역동적 관계를 보여주고 있습니다.[18] 오바마 대통령은

---

18) 제네바핵합의 이후 미국의 행정부와 의회의 정책담당자들 사이에서는 대북정책을 비롯한 탈냉전에 따른 국제 전략의 변화에 관한 일대 논쟁이 전개되었다. 미 국방부 국제안보 담당관 조지프 나이(Joseph S. Nye, Jr.)는 1995년 2월에 발표한 「동아시아·태평양 지역에 대한 미국의 안보 전략(United States Security Strategy for the East Asia-Pacific Region)」에서 '관여(Engagement)'라는 전략 개념을 정리했다. 그리고 1999년 9월 미국 대통령 특별보좌관이었던 윌리엄 페리(William J Perry)를 수장으로 하는 정책 연구 집단이 작성해 일명 '페리보고서(Perry Report)'로 알려진 「미국의 북한 정책 재검토: 탐색과 제안(Review of United States Policy toward North Korea: Findings and Recommendations)」에서는 미국의 중심과제는 북한의 핵무기 개발과 대륙간탄도미사일 개발을 중단시키는 것이라고 지적하고 적극적으로 북한과 대화할 것을 권고했다.

이와는 대조적으로 페리보고서에 앞서 1999년 3월 리처드 아미티지(Richard L. Armitage)와 폴 울포위츠(Paul D. Wolfowitz)가 주도하는 정책 연구 집단이 공화당의 독자적인 대북정책보고서인 '북한에 대한 포괄적인 접근(A Comprehensive

2013년 1월 21일 2기 취임사에서 한반도 문제를 직접 거론하지 않았지만 "의견이 다른 국가들과 평화적으로 문제를 해결하려는 것은 우리가 순진해서가 아니라 대화를 통해 해결할 수 있다는 용기를 보여주는 것"이라고 민주당 클린턴 행정부가 추구했던 협력적위협축소전략에 따른 대화와 협력을 강조했습니다. 이미 존 케리 상원의원[19]을 국무장관, 척 헤이글(Chuck Hagel) 전 연방 상원의원을 국방장관에 임명한 것도 한반도 문제를 대화로 해결하려는 의지를 보여주는 것으로 기대합니다. 그리고 5월 7일 박근혜 대통령과의 정상회담 후 공동기자회견에서 오바마 대통령은 "한·미 양국은 북한과 외교적으로 대화하고 신뢰를 구축할 준비를 하고 있다"고 대화로 해결할 의지를 분명히 했습니다.[20]

Approach to North Korea)'을 연방하원 국제관계위원회에 제출했다. 소위 '아미티지보고서(Armitage Report)'로 알려진 이 보고서는 "클린턴 정부가 채택한 북·미 제네바핵합의는 북한의 핵개발사업 가운데 일부만 동결했을 뿐이며 북한은 계속 핵무기 개발을 은밀히 추진하고 있다"고 지적하며, ① 조미관계에서 외교적 주도권 장악, ② 한국, 일본과 공조체제 유지, ③ 중국과의 협조, ④ 6자회담 추진, ⑤ 북·미 국교 수립이란 '포괄적 종합안'을 제시하고 제네바핵합의의 이행을 위해서는 핵의혹과 미사일 문제의 해결이 필수적이라고 강·온 정책의 병행을 권고했다. 결국 리처드 아미티지와 폴 울포위츠가 제1기 부시 행정부에서 각각 국무차관과 국방차관을 맡아 아들 부시 행정부의 대북 강경정책을 주도했다.

19) 존 케리 상원의원은 외교위원장 시절 2009년 7월 27일 한반도평화포럼에 배포한 자료를 통해 "평화적인 협상이 냉전의 굴레에 갇힌 한반도 문제를 해결하기 위한 근본적인 방법"이라며 "북한을 우리가 바라는 대로가 아니라 있는 그대로 다뤄야만 한다"고 말한 바 있다. 오바마 정부의 대북정책인 '전략적 인내(Strategic Patience)'가 '전략적 무관심(Strategic Indifference)'으로 변질되어서는 안 된다는 강조였다. 김창수, ≪신동아≫, 2010. 12. 24.

20) 오바마 대통령은 2008년 민주당 대통령 후보 시절 조지 부시 대통령의 대북정책을 비판하면서, 자신이 집권하면 "첫 해에 북한 지도자와 만날 용의가 있다"며 직접대화를 강조했다. 그리고 2009년 취임하면서, 반미를 내세웠던 베네수엘라·북한 등

미국 정치에 북한 핵문제는 낮은 성공확률과 실패할 경우의 큰 부담감으로 인해 정치적 타당성 조사에서 수지가 맞지 않는다고 생각합니다. 그러나 재선에 대한 부담이 없는 오바마 2기 행정부에서는 어느 정도 가능성만 보이면 적극적으로 추진할 가능성이 상당히 높습니다. 우선 오바마 1기 행정부에서 전력투구했던 이라크과 아프가니스탄에서의 전쟁은 ① 기독교문명과 이슬람문명의 충돌, ② 석유자원을 둘러싼 중동지역 패권경쟁, ③ 이스라엘과 팔레스타인 분쟁과의 연계로 근본적인 해결이 어려워 적당한 선에서 마무리하고 발을 뺄 수밖에 없습니다.

반면에 북한 핵문제는 중동지역 패권과 연관된 이라크, 이란과 달리 ① 미국이 북한의 체제보장과 경제협력으로 관계정상화를 약속한 제네바핵합의(1994)를 비롯해 ② 6자회담 9·19공동성명(2005), ③ 오바마 행정부와의 2·29합의(2012) 등 여러 차례 대화로 해결하자는 원칙을 거듭 확인해 조금만 노력하면 쉽게 해결할 수 있는 문제입니다. 더욱이 ④ 중국, 러시아, 일본 등 모든 주변국들도 전쟁의 재발보다는 평화적인 해결을 원합니다. 한반도에서 핵전쟁으로 한민족의 파멸을 원하는 나라는 하나도 없습니다. 그런 의미에서 ⑤ 대통령 취임 직후 노벨평화상을 수상한 오바마 대통령으로서는 이라크과 아프가니스탄 전쟁의 미진한 결말을 상쇄하고 노벨평화상 수상자에 걸맞은 큰 업적을 남길 좋은 기회가

을 향해 '당신들이 주먹을 펴면 우리가 손을 내밀겠다'고 말했다. 2012년 11월 19일 재선에 성공한 버락 오바마 미국 대통령은 버마(미얀마)민주화운동의 성지로 불리는 양곤대학에서 "저는 북한 지도부에 선택의 기회를 줘왔습니다. 핵무기를 버리고 평화와 전진의 길을 선택하라는 것입니다. 만일 북한이 그렇게 한다면 미국이 내민 도움의 손길을 발견할 수 있을 것입니다"라고 연설하며 "오늘 나는 그 약속을 지키게 되었다"고 말했다. 북한 지도부가 핵을 버리고 평화와 번영의 길을 선택하면 버마처럼 미국과 관계정상화가 가능하다는 것이다. ≪한겨레신문≫, 2013. 5. 9.

될 수도 있습니다. 오바마 대통령이 이라크전쟁을 끝낸 데 이어 아프가니스탄에서 미군을 철수시키고 한국전쟁을 마무리해 앞으로 4년 임기 중에 한반도와 세계평화에 큰 공헌을 할 것으로 기대합니다.

3. 미국의 대북화해정책과 주한미군의 재배치 및 전시작전지휘권 이관

냉전해체에 따른 미국의 대북정책의 이러한 변화는 군사 강대국 간 대치국면에서 지역분쟁 해결이란 변화된 안보정세와 새로운 세계군사전략에 따른 한반도의 전략적 가치와 주한미군의 지위에 대한 재평가로 나타나고 있습니다.

미국은 구소련의 팽창정책 저지라는 냉전시대 전략목표의 수정에 따른 이른바 군사변환계획[21]의 일환으로 해외주둔 미군기지를 축소, 재편

---

[21] 미국은 1980년대 말 냉전해체에 따라 2차 대전 이후 서유럽과 동북아시아 지역에 집중 배치된 해외주둔 미군이 새로운 안보환경에 적합하지 않다는 결론에 따라 '군사부문의 혁명(revolution in military affairs: RMA)'이라 부르는 '군사변환계획(military transformation)'을 추진하고 있다. 냉전시기 미국의 해외병력 배치는 주로 사회주의 국가들을 포위, 견제하고 세계적인 군사적 우위를 확보하는 데 목적이 있었다. 그러나 냉전이 종식된 이후 이와 같은 종래의 무력배치는 그 의의를 상실하게 되었다. 따라서 국제무대에서 영향력을 행사할 수 있는 대국들과 지역 강국들을 견제해 다극화 추세를 막고 미국의 세계지배체제에 순응하지 않는 국가들을 제어하기 위해 '1-미 본토를 방어하고, 4-세계 4개 지역에서 적대행위를 억지하고, 2-동시에 두 개 전쟁에서 승리하며, 1-이 중 한 개 전쟁에서 적대국을 점령할 수 있는 수준의 전력을 유지한다'는 새로운 군사전략 '1-4-2-1 전략'을 수립했다. 이러한 새로운 전략에 따라 대규모 군사기지들을 크지 않은 군사기지들로 전환시키며 새로운 군사기지들을 신설하는 방향으로 재편하고 있다. 오영환, ≪중앙일보≫, 2006. 2. 2.

해 신속하게 분쟁지역으로 전개할 수 있는 작지만 강한 신속기동군[22]으로 개편하고 있습니다. 이런 '군사부문의 혁명(revolution in military affairs: RMA)'[23]으로 동북아시아에서 미국 군사전략의 중추역할을 담당했던 한반도의 전략적 가치 변화를 주한미군의 존재의의와 역할에 대한 재검토에 반영하고 비무장지대에 인접한 의정부, 동두천의 군사기지와 용산에 있는 사령부를 한강 이남으로 이전하는 등 주한미군의 감군 및 재배치를 추진하고 있습니다.

미국은 미군 재배치계획(Global Defense Posture Review: GPR)을 2002년 11월에 해당국에 통보하고 이에 따라 2003년 4월 시작된 한·미 동맹정책구상(Future of the Alliance: FOTA) 회의에서 도널드 럼즈펠드(Donald Rumsfeld)

---

[22] 신속기동군이 지향하는 능력은 '10-30-30'이다. 즉 10일 이내에 세계 어느 곳이든지 군사력을 집중 투입, 30일 이내에 승리, 이후 30일 이내에 새로운 분쟁에 투입될 준비태세를 갖춘다는 것이다. 이러한 새로운 전략은 군단과 사단의 중간규모인 미래형 전투사단(Unit of Employment X: UEx)이 보병, 항공, 기갑 등 화력과 기동성을 강화한 여단 급의 실제 전투부대(Unit of Action: UA)를 지휘하도록 개편한다. 이에 따라 ① 기존 사단을 3~4개의 작은 단위(약 5,000명 정도)로 나눠 육군 10개 정규사단을 70개의 기동사단으로 재편, ② 해군, 공군력을 증강하며, ③ 기존의 대규모 해외 미군기지의 역할을 줄이는 대신 분쟁 다발지역에 작은 전진 작전기지들을 세워 소규모 병력을 주둔시키는 방향으로 해외주둔군을 재배치한다(서재정, 2004).

[23] 군사부문혁명(revolution in military affairs: RMA)이란 컴퓨터의 발전에 따른 1970년대부터 인공위성, 정밀유도무기, 탄도미사일, 스텔스 폭격기 등 무기체계의 혁명적인 발전과 이에 따른 군사전략의 변화를 의미한다(Perry and Carter, 2001: 135). 2001년 11월 럼즈펠드 국방장관은 1998년에 「네트워크 전쟁: 그 기원과 미래」라는 논문을 발표했던 해군대학 총장출신인 아서 시브로스키 전 해군제독을 국방부 군 변환국 책임자로 임명했다. 시브로스키 제독의 주도로 입안된 군사부문혁명(RMA)은 모든 부대와 항모, 전투기, 장갑차 등 무기체계를 하나의 통신망으로 묶어 기동성 있게 작전을 펼치는 것으로 이에 따라 군을 신출귀몰한 신속기동군으로 재편하는 것이다. 오영환, ≪중앙일보≫, 2006. 2. 2.

당시 미 국방장관이 주한미군 감축 및 재편계획을 한국에 공식 통보했습니다.24) 한국에서는 미2사단의 미래형 운용사단으로의 전환과 주한미군사령부의 지위문제로 집약됩니다. 2003년 6월 이라크 차출병력을 포함해 1만 2,500명의 주한미군을 감축하고 2만 8,000명의 주한 미 지상군 병력 가운데 3,600명 선의 미2사단 2여단 소속 병력이 2004년 8월까지 이라크로 이동함으로써 사실상 1단계 감축이 이뤄졌습니다.25) 주한미군 재배치계획에 따라 의정부에서 평택지구로 이전하는 미2사단은 군단과 사단의 중간 정도인 미래형 운용사단(Unit of Employment X: UEx)으로 전환됩니다. 그리고 미 공군은 오산의 미7공군사령부를 동북아공군전투사령부로 개편해 오산이 미국의 동북아 공군 및 미사일방어(MD)체제의 핵심 기지 중의 하나가 됩니다.26) 그리고 한반도 주둔 미군기지는 전력투사근거지(PPH)에서 주요작전기지(MOB) 또는 전력투사근거지와 주요작전기지의 중간급 지위27)로 전환됩니다.

---

24) 문제는 이러한 주한미군의 이전, 재배치가 형식상으로는 한미연례안보협의회 등을 통해 한국 정부와 협의하는 형식을 취하고 있으나 한미상호방위조약에 따른 법 절차상으로나 실제로 미국에 의해 일방적으로 결정된다는 사실이다. 한국 정부는 단지 그간 '협력적 자주국방' 10개년 계획이 완료되는 2013년 정도까지 단계적으로 진행되어야 한다는 입장을 미국 측에 전달했을 뿐이다(이삼성, 2003: 8).
25) 2011년 현재 주한미군 병력규모는 2만 8,500명 수준으로 유지, 각 군별로는 육군(미8군) 약 1만 7,146명, 공군(미7공군) 8,815명, 해군 274명, 해병대 242명, 특전사령부 100명 규모로 알려지고 있다. 위키백과, 2013. 7.
26) 리언 러포트(Leon J. LaPorte) 주한미군사령관은 2005년 3월 미 의회 청문회에서 "이미 오산 공군기지에는 패트리엇 최신형 PAC-3의 배치가 완료되었고, 추후 전역고고도미사일방어체제(THAAD) 등 추가적인 MD체제를 배치할 계획이라고 증언했다. 정욱식, ≪한겨레21≫, 2005. 12. 14.
27) 새로운 전략에 따라 전 세계에 주둔하고 있는 20만 명의 미군 중 약 7만 명을 미국

이러한 주한미군의 재배치와 신속기동군화에 따라 주한미군사령부-미8군사령부-2사단사령부의 다층지휘부 구조의 재조정과 유엔군사령부, 미8군사령부, 한미연합사령부의 지위, 이전, 해체 문제가 제기됩니다. 2015년 전시작전권 이관까지는 미국 한국전투사령부(KORCOM)를 유지한다는 방침이나 이후 사실상 예하 부대가 없는 주한미군사령부를 남겨둘 것인지 하와이 이전 또는 주일미군사령부나 일본의 자마(座間)로 이전 계획인 미1군단사령부에 예속될 것인지 주목됩니다. 또 주한미군의 감축과는 반대로 미국은 주일미군을 더욱 강화[28]하고 있는 것도 주목할 필요

본토로 귀환시키는 등 해외주둔 미군의 재배치를 추진하고 있다. 해외주둔미군의 재배치계획은 2001년 9월 발표된 '4개년 국방계획'(QDR 2001)의 '새로운 안전보장 환경에 맞게 적당한 장소에 올바른 군사능력을 배치한다'는 새로운 전략에 따른 것으로 새로운 해외주둔 미군기지는 네 가지 유형으로 구분된다. ① 전력투사근거지(Power Projection Hub: PPH)는 미군이 대규모 병력과 군사 장비를 유지하면서 영구적으로 주둔하는 해외 중추기지이며, ② 주요작전기지(Main Operation Base: MOB)는 전략적 지휘통제체제를 갖추고 대규모 병력이 장기적으로 주둔하는 해외 전략거점이다. ③ 전진작전거점(Forward Operating Site: FOS)은 소규모 군사시설을 남겨두고 신속기동여단이 순환, 출병하는 곳이며, ④ 안보협력대상지역(Cooperative Security Location: CSL)은 군사 장비를 관리하는 극소수의 요원만 남겨두고 필요한 경우에만 파병하는 곳이다. 미 국무부 앤드류 호언 전략담당관은 2003년 6월 "미군이 영구 주둔하게 될 전략적 중추는 미 본토와 괌, 영국이며, 일본도 후보 중의 하나"라고 밝힌 바 있다. 연합뉴스, 2004. 5. 25.

28) 한반도에 비해 일본열도와 오키나와는 미국의 동북아전략의 태평양 방위거점으로 태평양 지배체제의 중심적인 역할을 담당하고 있다. 주한미군 제2사단을 신속기동여단으로 재편성하는 방향으로 감축, 철군하는 것과는 대조적으로 주일미군의 작전능력을 증강하고 주일미군기지를 동아시아 전략거점(PPH)으로 강화하고 있다. 미국은 일본 내 미군기지와 아시아대륙에 가장 가까운 미국의 영토인 괌에 선제핵 공격 능력을 갖춘 무력을 배치하고 미사일방어망을 구축함으로써 주일미군의 전략적 비중을 강화하고 있다. 연합뉴스, 2000. 8. 26; 2005. 3. 6.

가 있습니다.

미국이 2003년 11월 비무장지대(DMZ) 임무를 한국군에게 이양하고 2사단을 비롯해 휴전선 인근에 전진 배치된 미군의 후방 재배치로 주한미군이 인계철선으로서의 역할에 변화를 가져올 수 있습니다. 주한미군의 중요한 기능은 대북 억지이며, 전쟁발생 시 북한의 예상 접근로에 미군을 배치해 미국이 전쟁 당사국으로서 자동적으로 한반도 전쟁에 개입하기 위한 '인간지뢰'의 역할을 해왔습니다. 그러나 북한이 이미 한반도 전역과 일본까지 도달할 수 있는 사정거리 1,000km의 노동미사일은 물론 아시아-태평양 지역 미군의 핵심기지인 오키나와와 괌까지 도달할 수 있는 사정거리 3,000km의 무수단 미사일을 실전에 배치한 상황에서 주한미군의 재배치로 인계철선 기능이 약화된다고 말할 수 없습니다.[29]

---

29) 주한미군의 재배치가 미국의 해외 주둔미군의 재배치와 군사변환이란 전략적 고려 외에 북한의 핵보유와 무관하지 않다는 주장도 있다. 북한이 핵공격력과 핵보복능력을 보유하게 되면 주한미군이 보유하고 있는 전술핵공격능력의 중요성은 감소할 수밖에 없고 따라서 주한미군의 존재가치도 줄어들게 될 것이다. 이에 따라 북한군 야포의 사정거리 내에 있어 전술핵공격력이 무력화된 의정부 소재 미 육군 2사단과 용산 주한미군사령부를 한강 이남으로 이전함으로써 비상사태 발생 시 주한미군의 생존율을 높이려는 전술과 관련이 있다는 것이다. 주한미군의 평택, 오산지구로의 이전과 공군력, 정보력의 증강, 패트리엇미사일 최신형 PAC-3의 집중배치로 주한미군의 희생을 최소화하고 개전 초기에 북한의 야포공격을 무력화시키고, 미국령 괌도와 알래스카, 미국의 본토에 배치한 전략핵공격력으로 북한의 후방기지에 대한 집중적인 전략 폭격을 실시해 북한의 전쟁수행능력을 조기에 제거하는 전략이라고 주장한다. 정욱식, ≪평화네트워크≫, 2005. 10.
미국이 현재와 같은 자동개입 체제를 유지하는 것은 미국 국민 전체를 핵공격에 노출시키는 안보상 매우 무모한 도박이라는 주장도 있다. 그러나 이러한 주한미군의 재배치와 역할의 변화를 대북 군사전략으로 해석하는 것은 잘못된 판단이다. 그보다는 미국이 군사적 주도권을 계속 유지하면서 주한미군의 대북억지력의 변화가 미군철수로 이어지지 않도록 관리하려는 것이다. 이처럼 주한미군의 재배치

2006년 1월 한·미 간에 전략적 유연성에 대한 합의로 주한미군이 대북한 억지력이란 제한적 범위를 넘어 해외 파견의 길이 열렸습니다. 501 증원지원여단(UA)30)의 창설로 세계 여러 분쟁지역으로 파견할 신속기동군 편성을 담당하게 되면 한국 국민의 주한미군에 대한 인식에도 변화를 가져오게 될 것입니다. 이러한 변화에 따라 주한미군 역할의 재조정, 전시작전지휘권 이관, 한국에 제공하는 미국의 핵우산과 한미동맹의 재조정 등이 불가피하게 되고 이런 변화가 평화협정 체결이나 동북아시아 안

로 인계철선 기능이 재조정되고 한반도 분쟁 발생 시 미국이 선택적으로 개입한다면 한국 국민들이 주한미군에 대한 인식에도 변화를 가져올 것이며, 한미동맹의 의의 역시 재정의가 불가피하다.

30) 미군 성조지는 2006년 2월 14일 미군 증원부대를 받아들여 신속하게 다른 전투지역으로 전개할 수 있는 기동성이 뛰어난 여단으로 편성하는 임무를 수행할 501증원지원여단(UA)을 창설한다고 보도했다. 이 증원여단은 해외 각지에서 유입되는 미군을 30일 이내에 3,000명 규모의 군사령부급 여단으로 편성하는 임무를 맡게 된다. 2006년 1월 한·미 간에 주한미군의 한반도 밖 출동만이 아니라 전 세계 미군의 한반도 투입도 염두에 두고 주한미군의 활동반경을 넓히는 전략적 유연성에 합의한 데 이어 501증원여단의 창설로 대구의 19지원사령부가 미국의 세계전략에서 역할이 크게 바뀔 전망이다. ≪중앙일보≫, 2006. 2. 14.

이렇게 되면 미 예비군 장병들이 대구 미군기지에 집결해 전투여단으로 편성되어 세계 여러 분쟁지역으로 출동하는 사태와 이를 대비한 훈련을 실시할 수도 있으며 한국에서 실시되는 한미합동군사훈련의 목적과 역할도 크게 달라질 것이다. 미국 캘리포니아 세리토스 시에 거주하는 나의 지인 M씨는 경찰관으로 근무하며 동시에 가주방위군에 소속되어 평소 일 년에 몇 차례 캘리포니아 주 안에 있는 군부대에 출두해 예비군 훈련을 받았다. 몇 년 전 한국에 있는 모 기지로 출두하라는 예비군 소집통지서를 받았다. 소집통지서에 따라 한국에 있는 미군기지에서 미 전국에서 소집된 예비군 장병들과 함께 부대를 편성해 몇 주간 실전훈련을 받고 돌아왔다. 지금까지의 한미동맹과는 완전히 다른 기능을 수행하게 되는 이러한 변화에 대해 한국 정부나 국민들의 동의가 있었는지 의문이다.

보 상황의 변화와 결코 무관하다고 말할 수 없을 것입니다.

한국전쟁 중 1950년 7월 17일 이승만 대통령이 맥아더 유엔군사령관에게 보낸 서한에서 "현재의 적대상태가 지속되는 동안" 유엔군사령관에게 위임했던 전시작전지휘권을 2015년 12월 한국 측으로 이관하기로 합의했습니다.[31] 전시작전지휘권의 이관은 단순히 한미 간에 군 지휘체계

---

31) 1950년 6월 25일 한국전쟁 발발 직후 6월 28일 유엔 안전보장이사회에서 "북한의 무력공격을 격퇴하고 세계평화와 한국에 있어서의 안전보장을 회복하는 데 필요한 원조를 한국에 제공하자"는 미국의 결의안이 통과되고 맥아더 장군이 유엔군사령관에 임명되었다. 7월 17일 이승만 대통령이 "대한민국을 위한 국제연합의 공동 군사 노력에 있어 한국 내 또는 한국 근해에서 작전 중인 국제연합의 모든 부대는 귀하의 통솔하에 있으며, 또한 귀하는 그 최고사령관으로 임명되어 있음에 임하여, 본인은 현 작전상태가 계속되는 동안 일체의 지휘권을 이양하게 된 것을 기쁘게 여기는 바이며, 여사한 지휘권은 귀하 자신 또한 귀하가 한국 내 또는 한국 근해에서 행사하도록 위임한 기타 사령관이 행사해야 할 것입니다"라는 한국군 작전지휘권(Operational Command)을 맥아더 유엔군 사령관에게 이양하는 서한을 발송했다. 이후 맥아더 사령관이 워커 미8군사령관에게 작전지휘를 맡겨 미8군사령관이 한국군의 작전지휘권을 행사하게 되었다.
1953년 휴전협정이 체결되었으나 '종전'이 아닌, '휴전'이 되면서 '현 작전상태가 계속되는 동안'에 해당되어 한국군의 작전통제권은 아직도 미군 장성의 손에 달려 있다. 이후 1953년 10월 한미상호방위조약과 그 뒤 개정된 한미합의의사록에 '작전통제권(Operational Control)'이란 용어로 바뀌었다. 1978년 11월 한미연합사가 창설되면서 한국군에 대한 작전통제권이 유엔군사령관으로부터 한미연합사 사령관(유엔군 사령관, 주한미군사령관 겸직)으로 위임되었다.
한국군 당국은 1994년 12월 1일 평시(정전 시) 작전통제권이 한국군에 환수되고 대통령, 국방부장관, 합참의장을 통해 행사되기 때문에 한미연합사령관은 연합사에 할당된 한국군 부대에 대해 작전통제권을 행사하는 것이지 한국군을 직접 지휘하는 것이 아니라고 설명한다. 그러나 전시를 대비한 군에서 평시 작전통제권이란 큰 의미가 없다. 특히 전시가 아니더라도 '중대하고 불리한 영향을 초래할 수 있는 긴장 상태가 전개되거나 군사개입 가능성이 있는 상황(Defcon-3)'에서는 즉시 수도방위사령부 예하부대를 뺀 전 부대가 미군 장성인 한미연합사령관의 작전통제권

의 변화에 그치지 않고 한국전쟁 일방당사자의 변경이나 마찬가지로 정전협정의 근간을 흔드는 문제입니다. 1991년 3월 한국군 장성을 군사정전위원회 유엔군 측 수석대표로 임명하자 북한이 반발해 결국 1994년 정전감시위원단을 대체해 유엔군과 북한군이 판문점대표부를 설치한 것보다 더 중요한 변화입니다.

그동안 대북억지력으로서의 역할을 강조했던 주한미군이 미국의 새로운 군사전략과 신속기동군화에 따른 변화는 다른 한편 북한 핵문제 해결과 평화체제 구축 이후 주한미군의 계속적인 한반도 주둔을 위한 사전 정지작업이라고도 할 수 있습니다. 미국은 한반도에서 군사적 주도권을 계속 유지하면서 주한미군의 대북억지력의 변화가 미군철수로 이어지지 않도록 관리하려는 것입니다. 이처럼 미국이 새로운 세계전략에 따라 주한미군의 변환과 재배치, 전시작전지휘권 이관을 추진하는 데 따라 한반도와 동북아시아 안보 질서에 대대적인 변화를 가져오고 이러한 변화는 결국 한국전쟁의 종결 및 한국군 편제의 전면적인 개편과 직결되는 중대한 사안입니다.

그런 의미에서 2015년 12월 전시작전권의 이관과 주한미군의 재배치 완료 예정기한인 2016년이야말로 한국과 미국이 북한과 한국전쟁을 끝내고 평화협정을 체결할 가장 적절한 시점이며, 지금이야말로 북한과 한반도 평화를 위한 대화를 시작해야 할 때라고 생각합니다.

아래 예속된다. 1980년 5월 광주항쟁 때 한국군 20사단이 진압부대로 광주에 출동한 것을 두고 1980년대 내내 한국군 작전통제권을 가진 미국이 신군부의 광주진압을 사실상 승인했다는 '미국책임설'이 제기되었다.

제4장
북한은 악의 축인가

1. 북한은 악의 축인가, 더불어 살아야 할 형제인가

한국전쟁을 끝내고 한반도에 평화를 정착시키기 위한 결단은 결국 북한을 어떻게 보는가에 달렸습니다. 미국의 전통적인 대북적대정책의 대상인 '악의 축'인가, 냉전해체 이후 새로운 세계질서 안에서 함께 살아야 할 이웃 형제인가입니다.

1950년 한국전쟁 이후 북한은 전쟁을 일으킨 원죄로 인해 호시탐탐 재침의 기회를 노리는 머리에 뿔난 악마로 묘사되어 왔습니다. 냉전체제하에서 한국은 항상 전쟁재발과 적화통일이라는 두려움에 시달렸으며 미국과 주한미군이 이런 공포로부터 한국을 지켜주는 유일한 희망이라 믿었습니다. 그러나 냉전의 해체와 1990년대 사상 최악의 재난으로 고난의 행군을 거치며 북한은 새로운 국제질서에서 고립되고 외국의 원조를 받아야 하는 세계에서 제일 가난한 나라 중의 하나로 전락했습니다. 21

세기에 들어 비약적인 경제성장으로 세계 10위권 경제대국으로 발돋움한 한국을 비롯해 일본, 중국, 러시아 등 주변국들과 비교해 현격한 국력의 차이로 더 이상 지역 패권을 넘볼 수 있는 위협적인 존재가 아닙니다.

   1990년 9월에 중국 베이징에서 열린 아시아경기대회를 시작으로 평양의 능라도 5·1경기장과 서울의 잠실 올림픽경기장에서 열린 통일 축구로 남과 북은 반세기를 뛰어넘어 하나의 민족임을 확인했습니다. 양측은 상대방 선수들을 응원하는 감동적인 모습을 보여 주었으며 1991년 세계 탁구선수권대회와 세계청소년 축구대회부터 하늘색 '한반도기'와 국가 대신 불린 '아리랑'은 이제 '한민족 모두 하나 됨'의 상징이 되었습니다. 미국 부시 행정부의 소극적 대북정책 이른바 '전략적 무정책'으로 북미교류가 침체기를 맞으며 북한이 한국과의 교류협력으로 방향 전환을 하면서 2000년대 김대중·노무현 정부의 대북화해정책이 어느 정도 결실을 맺었습니다. 그 결과 금강산 관광을 포함해 200만 명 이상이 북한을 다녀오고1) 개성공단을 비롯한 다방면의 교류협력2)이 활성화되어 북한에

---

1) 1988년 노태우 대통령의 7·7선언으로 한국과 북한 사이에 교류협력의 물꼬가 트인 이래 금강산 관광객을 제외하고 북한을 방문한 한국 국민이 2005년 12월까지 총 16만 8,498명에 이른다. 금강산 관광사업은 1998년 11월 금강산 관광선이 처음 출항한 이래 2008년 말까지 10년간 총 195만 2,000명이 북한을 다녀와 남북교류의 상징으로 자리를 잡았다. 그러나 2008년 7월 11일 관광객 피격사망사건으로 7월 12일 한국 정부의 임시 중단조치로 막을 내렸다. 한국 정부와 현대아산은 금강산 관광 재개를 위해 노력했으나 북한은 2010년 4월 금강산지구 한국 소속 부동산에 대해 몰수 조치하고 현대아산의 금강산관광독점권을 취소했다.

2) 북한과 한국의 교역이 시작된 초기에는 연간 2,000만 달러에도 미치지 못했으나 1990년 8월 남북교류협력에 관한 법률의 제정 등 관련 법제가 마련되면서 교역량이 1억 달러를 넘어서기 시작했다. 남북교역 실적은 꾸준히 증가해 2005년 남북 교역액은 반출 7억 1,000만여 달러, 반입 3억 4,000만여 달러 등 모두 10억 5,575만 달러에서

대한 인식이 전반적으로 개선되었습니다.3)

그러나 2008년 이명박 정부의 출범과 함께 마치 아들 부시 행정부가 클린턴 행정부의 대북정책을 뒤돌려 놓은 것 이상으로 대북정책을 완전히 바꿔버렸습니다. 김대중·노무현 정부의 민족화해 및 교류협력의 성과는 종북 좌파정권의 북한 퍼주기로 매도되었습니다. 사회 전반에 걸쳐 북한의 남침위협에 대한 공포가 사라지고 오히려 북한의 핵실험과 인공위성 발사에 일반 국민들이 동요하지 않는 사회 전반의 분위기에도 불구하고 북한에 대한 냉전적 사고와 개혁성향의 공존으로 남남 갈등이 극에 달하고 있습니다. 북한을 어떻게 평가하는가에 따라 극우 대 극좌, '꼴통보수' 대 '좌빨'이란 극한적 대립과 세대 간 대립양상이 복합적으로 나타나고 있습니다. 이런 국민 정서가 그대로 반영되어 정치권마저 대북정책을 놓고 극단적인 대립 양상을 보이며 정부의 정책결정도 혼선을 빚고 있습니다.

미국 역시 북한과 정전상태에 있는 적대국으로, 한국전쟁 이래 북한으로부터 받은 누적된 수모4)로 인해 적대적 감정이 쌓여 미국 시민들은 북

2012년에는 한국에서 북한으로 9억 달러, 북한에서 한국으로 10억 7,000만 달러로 19억 7,000만 달러로 증가했다. ≪미국의 소리≫, 2013. 1. 16.
3) ≪월간중앙≫, 2005년 4월 8, 9일 자 여론조사에 의하면 '남북 공조를 우선해야 한다'가 45.2%로 '한미공조를 우선해야 한다' 39.1%보다 앞섰다. 이러한 인식은 젊은 층일수록 뚜렷해 20대의 경우 61.1%가 '남북공조를 우선해야 한다'고 답했다. 미국과 중국과의 관계에서도 '미국과 가까워야'라는 의견 31.7%, '중국과 가까워야'라는 의견 31.4%로 대등. 특히 20대의 경우 '친중' 35.5%로 '친미' 17.0%를 압도했으며, 30대의 경우 '친중' 42.6%로 '친미' 22.8%의 두 배 가까이 되었다. 2006년 2월 ≪한국일보≫가 신세대를 대상으로 한 조사에서 '가장 비중을 두고 우호관계를 유지할 국가'로 중국(39.5%)을 꼽았으며 미국(18.4%)은 북한(18.0%)과 엇비슷했다. ≪한국일보≫, 2006. 2. 22.

한에 대해 부정적인 인식이 지배적입니다.5) 그러나 미국 시민들의 북한에 대한 전반적인 무관심6)에 심지어 정치인, 정부관료, 정책연구기관7)

---

4) 미국의 대북적대정책의 배경으로 고 리영희 교수는 미국이 1945년 이후 북한으로부터 입은 크고 작은 정신적 피해의 누적으로 생긴 '정신적 상해 후유증적 강박관념(Post Traumatic Stress Disorder: PTSD)'이란 정신병적 증세와 북한에 대해 '풀지 못한 원한'을 갖고 있다고 설명했다. 그 근거가 되는 과거의 정신적 상처로 ① 한국전쟁은 미국 역사상 최초로 승리 없이 비긴 전쟁, ② 1968년 미 해군 첩보함 푸에블로호와 승무원 82명의 체포로 전 세계가 지켜보는 가운데 사과하고 피해보상을 함으로써 치욕적인 체면 손상을 당하고, ③ 1969년 미 공군 정찰기 EC121기의 피격, 추락으로 승무원 6명이 사망했으나 미국의 강경 대응은 또 실패, 그 밖에도 ④ 미국이 패배한 베트남 전쟁에서 북한은 월맹에 대해 원조를 제공, ⑤ 1969년 미군 헬리콥터의 북한 영내에서의 피격, 추락 그리고 굴욕적인 시체인수, ⑥ 1976년 판문점 도끼살인 사건, ⑦ 판문점 정전회담에서 40여 년간 미국 대표들이 북한 대표들에게 겪은 수모, ⑧ 제3세계와 비동맹 세계에서 북한이 주동한 격렬한 반미운동과 모욕적인 언동, ⑨ 미국을 대상으로 한 국제폭력 운동의 방조 등을 들었다. 리영희 교수의 이러한 분석은 탈냉전과 더불어 확산되고 있는 화해와 긴장 완화의 세계적인 조류에도 불구하고 강도를 더해가는 미국의 대북적대정책의 일면을 설명해주고 있다(리영희, 1992).

5) 부시 대통령은 김정일 위원장을 "인민들을 굶겨 죽이는 폭군"이란 폭언을 했다. 미국인들은 북한을 단지 변덕스럽고 이해할 수 없는 지도자가 다스리는 이 지구 상에서 가장 이상하고 접근하기 어려운 나라로 생각하고 있다. 강력한 군사력을 갖고 철저하게 통제된 가장 폭압적인 거대한 집단 수용소를 연상한다. 경제체제는 붕괴되고 수백만 명이 기아로 굶주리고 수십만 명의 탈북자가 중국으로 탈출하는데도 불구하고 곧 붕괴하리라는 예상과는 달리 오히려 핵과 미사일을 개발해 국제질서를 위협하는 불량국가라는 것이 미국 시민들의 북한에 대한 일반적인 인식이다(Scobell, 2005: v). 2004년 북한 인권 법안이 의회에서 보수적인 공화당의원들은 물론 진보적인 민주당의원들의 압도적인 지지로 통과된 것은 미국 시민들의 이러한 의식구조를 반영한 것이다.

6) 제네바핵합의에 이르기 직전인 1994년 10월 7일 시카고 주 의회가 외교문제에 관해 실시한 여론조사에 의하면 일반 시민들은 학계, 언론계 등 여론 지도층보다 북한문

마저 대북정책에 별로 관심을 갖고 있지 않습니다. 그렇다고 북한 체제의 전환을 바라는 반북한세력이 존재하는 것도 아니며 지금 당장 북한을 제거하지 않으면 안 될 정도로 미국의 국익과 직결된 '사활적 이해관계'가 있는 것도 아닙니다. 따라서 미국의 대북정책은 일부 정책담당자, 연구기관, 언론관계자 등 소수의 여론 지도층의 주도로 미국의 국익에 따라 결정되고 있습니다.

그동안 미국의 대북정책은 주로 미국 국방부와 군부의 주도하에 결정

제에 대한 관심이 훨씬 약한 것으로 들어 났다. 북한이 한국을 침공한다면 미군의 참전을 지지하느냐는 질문에 여론 주도층이 82% 찬성한 반면 일반 시민들은 단지 37%만이 찬성했다(임을출, 2004: 26). 미국의 여론조사 기관인 퓨리서치센터(Pew Research Center)가 2005년 10월 미국 시민 2,006명과 각계의 여론 지도자 520명을 대상으로 각각 조사한 결과에서도 '미국에 대한 잠재적인 주요 위협이 무엇인가'를 묻는 질문에 북한 핵문제를 첫째로 주요 위협으로 꼽은 것으로 나타났다. 그러나 북한에 대해 이런 부정적인 인식에도 불구하고 '북한을 침공해 정권을 제거해야 하는가'에는 응답자의 78%가 반대하고 18%만이 찬성했다(강임구, 2003: 120). 이것은 미국인들이 기본적으로 북한에 대해 부정적인 감정을 갖고 있지만 시대의 변화에 따라 적대적 강도가 약화되고 있다는 것을 말해준다.

7) 미국의 정책연구기관의 담당자들도 북한에 대해 모르는 것은 마찬가지다. 1990년대 활발히 대북정책토론회를 개최했던 미국의 정책연구기관들도 2000년대 들어 모두 손을 놓고 있었다. 2012년 10월 30일 오랜만에 랜드코퍼레이션이 주최한 북한세미나에서 75차례 동북아를 방문했던 동북아전문가 브루스 베넷(Bruce W. Bennett) 선임연구원이 북한의 실상과 군사적 위협에 관한 발표를 했으나 1990년대의 자료와 분석에서 벗어나지 못한 수준이었다. 북한의 입장을 무조건 억지라고 비난하며 강력한 억지를 주장했다. 그러면서 자신은 북한에 대해서는 아는 바 없고 효과적인 방안이 없다고 실토했다. 미국의 보수적인 정치인이나 논객 역시 한국과의 동맹과 경제협력이 미국의 국익에 더 부합한다는 입장에서 한국 정부의 대북정책을 지지할 뿐 북한에 대한 특별한 정보나 개인적으로 적대적인 감정이 있어 반북한 논리를 전개하는 것은 아니다.

되었습니다. 북한과 미국 관계가 한국전쟁에서 비롯되었으며 여전히 정전상태라는 군사적 대치관계가 지속되고 핵문제 역시 군사적 대결의 한 단면이기 때문입니다. 따라서 대북정책의 결정과정이 백악관 국가안보담당보좌관이나 국무부, 중앙정보국(CIA)보다는 한반도에서 정보와 주한미군에 대한 지휘권을 장악하고 있는 국방부에 의해 주도적으로 결정되고 실제로는 정부와 의회의 정책결정권자들을 압도하는 경향이 있었습니다. 이러한 미국 대북정책의 군사적 종속성[8]이 바로 한반도에서 핵전쟁의 가능성을 높여주는 지극히 위험한 요인이기도 합니다.

다행스러운 것은 한국의 경제 발전에 따라 미국의 대한반도정책이 과거보다 다차원적 성격을 띠게 되고 대북정책 결정에 이해당사국인 한국, 일본 등 동맹국이나 중국, 러시아 등 주변국가와의 관계를 우선적으로 고려하게 되면서 다시 국무부와 백악관의 비중이 상대적으로 커지게 되었다는 점입니다. 특히 냉전체제의 마지막 주역들이었던 딕 체니 부통령, 럼즈펠드 국방장관 등 신념에 찬 신보수주의자들의 퇴진으로 앞으로는 미국의 대북정책이 한 층 더 국익 우선이란 미국 외교전통에 따라 미국의 동북아시아에서 전략적 이해에 따라 결정되게 되었습니다.

이처럼 미국의 대북한정책은 미국 외교정책의 전통방식인 국익 우선 원칙에 따라 이성적으로 결정되는 데 비해 한국의 경우 아무래도 국민정서를 감안할 수밖에 없어 합리적이라기보다는 감성적·이념적으로 정

---

[8] 북한 핵문제를 놓고 한미 간의 갈등을 빚고 있는 이유도 미국이 군사적인 측면에서 접근하는 데 비해 한국은 민족적 차원에서 접근한다는 데서 갈등을 빚을 수밖에 없다. 따라서 북핵문제의 원만한 해결을 위해서는 미국이 군사적 고려 이외에 한반도 평화체제 구축 이후에 동북아시아에서의 정치적 역할을 고려해 한국의 입장을 이해하고 협력하는 것이 중요하다(Kang, David, 2005).

책을 결정하는 경향이 있습니다. 한반도의 군사적 대치상황을 지난 60년 간 매일매일의 일상생활 속에서 체험하며 살아온 한국인들과 태평양 넘어 불구경하고 있는 미국인이 같을 수는 없습니다. 이러한 북한의 변화를 받아들이는 한미 양국의 국민 정서와 시각, 그리고 정책결정 과정의 차이에 따른 대북정책 불일치가 한반도 문제 해결에 커다란 장애요인이 되고 있습니다.

미국이 냉전해체에 따른 국제 정세의 변화와 국익에 맞게 대북정책을 합리적으로 조정하는데도 한국이 오히려 냉전체제하 미국의 세계전략에 따른 대북적대정책의 틀을 벗어나지 못하는 악성 '냉전 중독증'으로 인해 언제까지 한반도의 군사적 대결구도를 고집할 것인지 걱정입니다. 하루 속히 편향된 사고방식을 탈피하고 북한이 과연 '악의 축'인지, 새로운 세계질서 안에서 함께 살아야 할 이웃 형제인지, 이성적인 판단과 합리적인 결단이 필요한 시점입니다.

2. 북한 체제는 붕괴할 것인가, 개혁·개방은 가능한가

2013년 3월 한국 방문 중 평소 존경하는 한 원로 목사님이 한반도 평화에 대한 저의 소신과 활동에 대해 "세리토스 시의원이 그렇게 힘이 있는 줄 몰랐다"면서 "조 의원이 몰라서 그러는데 북한은 절대로 체제를 포기하지 않는다"고 힘주어 말씀하셨습니다. 사실 집 앞 가로수나 파손된 보도로 인한 주민들의 애로사항을 듣고 도와주는 미국 시의원이 한반도 평화란 거창한 주제를 논하는 것이 격에 맞지 않는데다 북한을 몰라도 너무 모르는 것 같다는 생각에서 주신 충고의 말씀이셨습니다.

비단 목사님만이 아니라 많은 분이 체제붕괴를 우려한 북한 지도부는 일시적인 방편으로 대화에 응하고 핵과 미사일 개발을 위한 자금지원을 바랄 뿐 절대로 체제개혁이나 경제개방을 하지 않을 것이라는 부정적인 확신을 하고 계셨습니다. 북한 정권은 평화를 원하는 것이 아니라 오히려 체제 유지를 위해 미국과의 긴장 상태가 지속되길 원한다는 말입니다. 물론 북한에 군부 강경파와 온건 개혁파가 있을 수 있습니다. 현 상황이 계속되는 것을 원하는 군부 기득권 세력도 있을 것입니다. 이런 강·온파 간의 갈등은 북한에만 있는 것이 아니며, 한국은 물론 군에 대한 문민지배가 확립된 미국에서도 마찬가지입니다. 그러나 세계 최빈국 수준의 북한이 과연 남침할 능력이 있는가를 떠나서 제2의 한국전쟁은 한민족 모두의 공멸이라는 점에서 북한 지도부와 군부 강경파의 선택에도 분명한 한계가 있을 것입니다.

북한에 대한 인식이 많이 개선되었음에도 불구하고 이처럼 북한에 대한 고정관념과 강경 자세가 힘을 받고 있는 것은 북한 정권과 인민들을 별개로 보는 차별화현상(two-half-tracks approach) 때문입니다. 북한 인민들에게는 민족적 동질성을 인정하면서도 북한정권에 대해서는 반감을 갖고 정권 교체나 체제 변화(regime change)를 기대하는 경향이 있습니다. 이런 북한 체제에 대한 부정적인 인식으로 냉전해체 이후 개혁·개방으로 북한의 변화를 유도해야 한다는 온건론에서 핵과 정권 중 택일하도록 제재의 강도를 높여야 한다는 강경론에 이르기까지 다양한 북한 체제 붕괴시나리오들이 있습니다.[9]

---

[9] 1994년 제네바핵합의 이후 김일성 주석의 사망과 거듭되는 자연재해로 북한의 조기 붕괴론이 부상했다. 클린턴 행정부의 개입·확장정책도 사실상 북한이 탈냉전에 따라 다른 사회주의 국가들과 같이 식량난 → 탈북자 증가 → 대량 난민사태 → 전쟁 위기 → 체제 붕괴(collapse theory) 과정을 거침으로서 초래할 한반도 및 동북아 지

역에 파국적 결과를 가상(假想)한 '붕괴예방 연착륙설(soft landing)'이다. 북한을 개혁·개방으로 유도해 궁극적으로 미국이 주도하는 동아시아-태평양 질서 안에 편입한다는 관여·확장(engagement-enlargement strategy)의 전략적 관점이다. 북한 지도부도 체제 붕괴의 두려움을 인식하고 국가안보를 최우선 과제로 삼을 뿐 한국을 강제적으로 지배하는 것을 목표로 하지 않기 때문에 적극적인 관여로 북한의 변화를 이끌어 낼 수 있다는 낙관적 시각이다. 북·미 핵협상에 직접 참여했던 로버트 갈루치도 "불안 요인은 많지만 북한 정권이 정치적 통제력을 장악하고 40년 동안 잘 참고 지냈다. 북한 정권의 갑작스러운 붕괴는 현실감 없는 주장"이라고 붕괴설을 반박했다. 미 공영방송 PBS 인터뷰 1996. 5. 8. [셀리그 해리슨(Selig Harrison), 레온 시갈(Leon Sigal) 등 언론인, 도널드 그레그(Donald Gregg), 제임스 레이니(James Laney) 등 전직 주한 미국 대사들과 하버드 대학 케네디스쿨 학장 조지프 나이 2세, 조지타운대학 국제관계 대학장 로버트 갈루치, 케네스 퀴노네스(Kenneth C. Quinones) 등 클린턴 행정부의 대북정책 담당자들]

이에 비해 미국 공화당의 강경론자들은 북한의 궁극적인 목표는 한반도의 통일이며, 일시적으로 국제사회와 협력하지만 이들을 지원해 경제가 회복되면 체제를 고수할 것이라고 북한의 개혁·개방에 대해 비관적인 견해를 제기했다. [제임스 베이커(James Baker III), 폴 울포위츠, 제임스 릴리(James Lilly), 도널드 럼즈펠드, 리처드 아미티지 등 공화당 부시 대통령 행정부 정책 주도 관료와 니컬러스 에버스타트(Nicholas Eberstadt) 등 강경 학자]

1990년대 중반 북한의 상황이 악화되면서 북한이 외압이나 공세에 의한 붕괴가 아니라, 내부 모순 때문에 자체적으로 붕괴하리라는 일종의 '내부 와해설(theory of internal disintegration)'도 제기되었다. 경제위기에서 비롯된 내부의 위기는 외부의 도움으로 극복될 수 없다는 북한의 장래에 대한 비관적인 전망이다. 따라서 기존의 대북 봉쇄정책을 고수하고 관여가 불가피한 경우에만 인도적 차원의 경제지원을 해야 한다는 입장이다. 미 중앙정보국(CIA)은 1997년에도 북한의 제한적 남침, 쿠데타, 내전, 남한 주도하의 평화적 통일방안 등 다양한 북한 붕괴 시나리오를 검토하고 "궁극적으로 통일 한국에서의 미군 주둔을 포함해 미국의 영향력을 유지, 극대화할 수 있다"고 덧붙였다. 북한의 체제를 '고장 난 비행기'에 비유하며 곧 '추락(crash theory)'할 수 있다는 경착륙(hard landing)에 대한 막연한 기대로 흡수통일론이 1990년대 중반 광범위하게 확산되었다. 미 해군분석센터는 북한이 내전으로 붕괴했을 때의 동아시아 전략 환경 변화를 분석하는 모의실험(simulation)을 실시해 ① 아시

1990년 독일의 통일과 1991년 구소련의 해체와 동유럽 사회주의 국가들의 몰락을 지켜보며 한국에서는 북한 체제의 붕괴와 독일식 흡수통일에 대한 기대도 높아졌습니다. 1990년대 중반 잇단 홍수와 자연재해로 인한 식량난으로 전국에서 굶주림으로 아사자가 속출해 1970년대 '지상천국'이라던 북한은 '굶주림의 천국'으로 변했습니다. 해방 후 북한을 이끌어온 정신적 지주였던 김일성 주석의 사망과 공산주의 체제를 지탱해온 배급제마저 중단되는 최악의 상황에 처했습니다. 그러나 냉전해체로 중남미와 아시아를 휩쓸었던 제3세계 비동맹운동마저 빛을 잃어 국제무대에서 외톨이가 돼 곧 붕괴하리라는 외부세계의 기대와는 달리 북한은 1999년을 기점으로 안정을 되찾기 시작했습니다.10) 21세기 들어 북한은 우크라이나의 오렌지혁명, 아랍세계에 휘몰아친 재스민혁명으로 튀니

　　아태평양 지역의 안정을 위해 주한미군, 주일미군의 계속 주둔 필요, ② 주한미군은 해, 공군만 남기고 육군은 철수하고 주일미군의 비중 강화, ③ 일본의 북한 재건을 위한 100억 달러 지원 요청 등을 제시하기도 했다(조재길, 2006: 146, 414~418).

10) 북한 체제 붕괴에 대한 기대와는 달리 북한은 1999년 6% 경제성장률을 기록한 것을 기점으로 경기후퇴에서 벗어나 비록 1~3%의 저성장이기는 하나 회복세로 돌아섰다. 2000년대 들어 북한의 농업사정도 호전되기 시작해 유엔식량농업기구(FAO)의 발표에 따르면 특히 2005년에는 곡물생산량이 전년에 비해 40만 톤 증가한 350만 톤으로 북한의 곡물 부족분은 89만 톤에 불과해 해외 수입 45만 톤, 중국을 비롯한 국제사회의 지원 50만 톤으로 충당했다. 이처럼 2000년대 북한의 체제가 안정을 되찾기 시작하고 러시아와 유럽 각국과의 외교관계도 다시 활기를 띠기 시작했다. 2013년 6월 한국 정부산하 한국농촌경제연구원이 발표한 '북한농업동향' 보고서에 따르면 북한의 2013년 연간 식량 총 소비량 543만 톤에 국내공급량은 492만 톤으로 식량부족량이 50만 7,000톤에 달할 것으로 분석했다. 하지만 북한이 30만 톤의 식량을 수입할 것으로 예상되어 실제 부족량은 20만 7,000톤으로 2012년 부족량 41만 톤의 절반 수준으로 줄어들 것으로 전망했다. 2013년 7월 한국은행 발표에 따르면 2012년 북한 GDP 기준 성장률 1.3%로 2008년(3.1%) 이후 가장 높다.

지, 이집트, 리비아에서 독재자가 축출되고 예멘, 사우디아라비아, 요르단 등 아랍세계 전체가 민주화의 열병으로 몸살을 앓는데도 조금도 흔들지 않고 3대 세습체제를 유지하고 있습니다.

이런 북한을 더 이상 주체사상과 공산당 일당독재, 외부 세계와 단절된 북한 사회의 폐쇄성이란 1970~1980년대 이론으로 설명할 수 없게 되었습니다. 험난했던 고난의 행군을 거치며 국경을 넘는 탈북자가 속출하고, 한국에 정착한 탈북자가 고향의 가족에게 소식을 전해 남으로 데려오고, 탈북자의 입북과 재탈북이 되풀이될 정도로 국경경비가 뚫렸으며 북한 인민들이 한국의 초코파이를 최고의 선물로 아는 세상이 되었기 때문입니다. 비록 제한되기는 하나 인터넷과 무선전화가 보급되고 외국 구호기관들이 북한 전역을 수시로 드나들어도 북한은 흔들림 없이 핵개발과 인공위성발사로 강성대국이라고 큰소리치고 있습니다. 외부 세계에서 도저히 이해할 수 없는 불가사의한 이런 북한의 현실은 오로지 세계 최강 미국과의 대결을 위해 준전시상태가 계속되고 있기 때문에 가능하다는 설명 이외에 어떤 이론도 있을 수 없습니다.

한편으론 온갖 경제제재로 북한을 압박하면서 다른 한편으론 북한이 개혁·개방을 하지 않는다고 비난합니다. 박근혜 대통령도 2013년 5월 정치부장단과의 만찬에서 "북한이 발전하려면 국제사회에 책임 있는 일원이 되는 길밖에 없다"고 했습니다. 맞는 말씀입니다. 그런데 과연 세계 최강의 미국과 준전시상태인 북한의 문호개방이 정말 가능하다고 생각하십니까.

저는 1990년대 북한이 나진·선봉에 자유경제무역지대를 설정하고 개발하기 위해 외국자본과 기술 도입을 위해 피나는 노력을 경주하는 모습을 지켜보았습니다. 북한은 나진·선봉 자유경제무역지대개발계획을 개혁·개방정책의 상징으로 10여 년간 적극적으로 추진했습니다. 제1차 북핵위기가 절정을 이루어 남·북한 간 대화와 교류가 전면 중단된 상황에서도 1993년 11월 북한대표단은 서울에서 두만강개발계획 2차 산업자원 분야 설명회를 했습니다. 15억 2,000만 달러를 투입해 나진항을 연간 4,000만 톤의 화물을 처리하는 세계적 규모의 항구로 개발하고 기존의 청진항도 1억 3,500만 달러를 들여 확장한다는 야심 찬 계획을 발표했습니다. 나진·선봉에 신흥, 동명, 창평, 백악 등 5개 공단을 건설해 당시 인구 13만 명을 2000년대에는 100만 명 수준의 대도시로 발전시킨다는 구상이었습니다. 북한은 이 계획의 추진을 위해 외국인기업법, 외국인투자법, 토지임대법, 외국인세금법과 자유경제무역지대법 등 법체계를 정비했습니다. 그리고 해외투자유치를 위해 일본, 독일, 오스트리아와 미국 심지어는 한국까지 와서 투자설명회를 개최했습니다. 그러나 핵문제 해결이 지연되면서 성과를 거두지 못하고 결국 북한은 2008년 두만강개발계획에서 탈퇴하고 지금 나진·선봉에는 중국 관광객을 위한 도박장 하나밖에 없다고 합니다.

   한국전쟁 이후 미국의 계속적인 경제제재로 북한은 고립적인 경제체제를 유지해왔습니다. 냉전기간 중에는 소련과 중국 등 다른 사회주의 국가들과의 협력으로 그나마 안정을 유지할 수 있었으나 냉전해체 이후 북한의 경제기반은 근본적으로 흔들렸습니다. 게다가 1990년대 경제난을 극복하기 위해 북한이 외국과의 경제협력에 나서는데 미국이 원천적인 장애로 작용했습니다. 미국은 1993년 시리아 등 중동국가로의 미사일 수출 중단의 대가로 이스라엘이 북한과 외교관계를 수립하고 10억 달러의 투자 및 기술지원을 제공하기 위한 협상을 시작하자 핵문제를 이유로 이를 무산시켰습니다.[11] 독일을 비롯한 유럽국가의 민간기업 유치를 위해 피나는 노력을 했지만 미국과의 전쟁상태와 경제봉쇄가 계속되는 한 투자자를 찾을 수 없어 개혁·개방이 불가능한 것이 바로 오늘 북한의 현실입니다.

북한은 1990년대 나진·선봉 자유경제무역지대 이외에도 신의주특구 개발을 위해 노력했으며 2000년대 들어 다시 나선시를 특별시로 승격시키고 나선특구와 황금평 위화도특구를 중국과 공동개발하기 위해 노력하고 있습니다. 특히 2013년 5월 29일 북한 최고인민회의 상임위원회는 '다른 나라의 법인, 개인, 경제조직과 해외 동포의 투자'를 유치해 '기업, 지사, 사무소를 설립하고 경제활동을 자유롭게 할 수 있도록 규정'한 경제개발구법을 제정, 공표했습니다. 이번 조치에는 중앙정부 차원의 경제특구 외에 지역별 특성에 맞게 두만강 하류의 온성섬 경제개발구, 황해남도 강령군 경제개발구의 개발이 가능하게 한 것입니다. 이런 북한의 노력에도 불구하고 경제특구가 활성화되지 않는 것은 오로지 해외투자자들이 준전시상태로 인한 위험부담을 남북협력기금으로 보전해주는 한국 정부와 같은 정부기관이나 투자보험회사를 찾을 수 없기 때문입니다.

북한은 이처럼 미국을 경유하지 않고는 서방국가들과의 관계 개선이 불가능하다는 것을 인식하고 냉전 기간 동안 '주적'으로 간주하고 적대정책을 취해온 '미국과의 관계 개선'을 생존전략의 주축으로 삼게 되었습니다. 냉전해체 이후 북한은 미국에 핵포기 대가로 불가침조약과 관계정상화를 일관되게 요구해왔습니다. 그러나 미국 클린턴 행정부와 제네바핵합의로 관계정상화에 한 걸음 앞까지 갔다가 아들 부시 전 대통령의 ABC정책으로 좌절하고 말았습니다. 북한은 2000년대 아들 부시 행정부의 소극적인 대북정책 즉 '전략적 무정책'을 뛰어 넘기 위한 징검다리로

---

11) 북한과 이스라엘의 협상이 시작되자 워런 크리스토프(Warren Christopher) 미 국무장관과 한승주 한국 외무장관이 시몬 페레스(Shimon Peres) 이스라엘 외무장관을 만나 반대해 중단시켰다(Sigal, 1998: 10; *Times Magazine*, 1993. 6. 7.).

한국과의 교류협력에 두 팔을 걷어붙이고 나섰습니다. 물론 경제협력으로 어려운 식량 사정을 해결하고 1990년대 고난의 행군에서 벗어나려는 의도도 있었을 것입니다. 그렇지만 북한이 남북교류에 나선 궁극적인 목표는 남북관계 개선 우선이란 명분으로 한국을 앞세우고 2선으로 물러선 미국의 요구조건을 충족해 평화협정으로 가기 위한 돌파구였습니다.

그런데 이명박 정부가 북한이 원수같이 생각하는 아들 부시 전 대통령보다 한 수 더 떠 금강산 관광 중단으로 교류협력을 막자 이에 대한 분노가 천안함사건, 연평도 포격사건 등 우리 상식으로는 도저히 이해하기 힘든 북한식 행동양식으로 표출되었다고 볼 수 있습니다. 금강산 관광 중단, 경의선 철도 차단 이후 남·북한 간의 마지막 연결고리로 겨우 명맥을 유지하던 개성공단마저 박근혜 정부의 출범 이후 폐쇄위기를 맞게 됨으로써 남북 교류협력이 중대한 고비를 맞았습니다. 한국 정부가 개성공단 재개에 앞서 재발 방지를 강조하는 것은 옳은 주장입니다. 다행스럽게도 5개월 만에 개성공단 재개로 고비를 넘겼지만 이번 사태를 계기로 아무리 한민족이라도 총부리를 겨눈 적대국 간의 교류협력과 신뢰 회복이 얼마나 어려운가를 바로 보아야 합니다.

우선 개성공단에서 북한 노동자 5만 3,000명의 임금 명목으로 받은 연간 9,000만 달러는 북한의 경제 사정에 비추어볼 때 적지 않은 액수인 것은 사실입니다. 그러나 북한이 그 돈 몇천만 달러 받자고 군사분계선에 인접한 군사요충지인 개성공단을 헐값[12)]에 내줬다고 생각하면 큰 오산

---

12) 개성공단 북한 노동자의 평균임금은 월 144달러 한화로 16만 원, 최저임금은 63.8달러 한화로 7만 원으로 한국 시화공단 근로자의 1/13에 불과하고 중국 칭다오 공단근로자의 월평균 194달러의 2/3에 불과하다. 토지가격 역시 1m^2당 39달러로 중국의 1/3, 베트남 1/5, 한국 1/6 수준으로 저렴하다. 거리도 서울에서 불과 1시간으

입니다. 김정일 국방위원장이 고 정주영 현대 명예회장과 2,000만 평 규모의 대규모 공단을 조성하기로 합의했는데 이명박 정부가 남북교류의 상징이던 금강산 관광 중단에 이어 개성공단 역시 30만 평 규모로 겨우 명맥만 유지하자 크게 실망했을 것입니다.13) 남·북한 경제활성화를 위

로 세상에서 제일 싼 인건비로 최고의 입지조건을 갖추고 있다. 개성공단 생산실적은 2005년 18개 기업이 입주, 북한근로자 1만 7,621명을 고용해 1,500만 달러를 생산한 데 비해 2011년에는 123개 기업이 4만 8,206명을 고용해 4억 200만 달러를 생산했다.

13) 한국 언론은 2013년 6월 "북한이 3~4월 '정전협정 백지화', '핵 불바다' 등의 발언으로 위기 지수를 높이며 개성공단에 대해 군 통신선 차단(3월 27일) → 통행 제한(4월 3일) → 근로자 전원 철수(4월 9일) 조치를 잇달아 취한 것은 총화 결과에 따른 것일 가능성이 크다"고 보도했다. "북한이 2013년 초 5년마다 열리는 개성공단에 대한 총화(평가)에서 개성공단이 북한 체제 유지에 악영향을 미친다는 취지의 비판적 의견에 따라 국방위(제1위원장 김정은)·정찰총국(총국장 김영철) 주도로 '폐쇄 불사' 결정을 내린 것"으로 보도했다. 노동당 통일전선부와 개성공단을 담당하는 중앙특구개발지도총국은 김정일의 유훈에 따라 공단을 유지해야 한다는 입장이었지만 군부의 입김에 밀려 제 목소리를 내지 못한 것으로 보인다. 이용수, ≪조선일보≫, 2013. 6. 1.

북한이 개성공단에 대한 '총화' 결과에 따라 작심하고 폐쇄를 결정했다는 정보는 상당히 개연성이 있다. 그러나 그 배경에 대해서는 오히려 2003년 김정일 위원장이 현대 정주영 명예회장의 건의를 받아들여 남·북한 경제의 활성화와 한반도 평화를 위해 군사요충지인 개성에 2,000만 평 규모의 대규모 공단을 조성하기로 했던 개성공단이 10년이 지나도록 불과 30만 평 규모에 123개 기업이 입주해 겨우 명맥을 유지하고 지난 10년간 누적 20억 1,703만 달러의 부진한 실적을 올린 데에 대한 실망감에서 비롯되었다고 볼 수도 있다. 이를 확대 발전시킨다면 한반도 평화와 경제발전에 기여할 수 있음에도 불구하고 10년을 넘기지 못하고 폐쇄 위기에까지 몰렸었다.

북한이 '총화' 결과에 따라 작심하고 개성공단을 폐쇄했다는 이런 분석과는 달리 오히려 개성공단과 남북교류를 북한의 핵과 미사일 개발을 위한 외화벌이 수단으로 부정적으로 바라보는 한국 정부의 강경대응 결과라는 시각도 있다. 북한이 개

해 고 정몽헌 회장과 해주항 개방을 논의하고 고 노무현 대통령과 한반도 평화를 위해 서해 평화협력지대와 해주공업단지란 큰 밑그림을 그린 것을 박근혜 정부 들어 북방한계선 포기라고 정상회담 대화록을 까발리고14) 국방부 장관이 나서 인질구출작전 운운하며 북한을 인질범으로 몰고 개성공단을 북한 지도부의 비자금 운운한 데 대해 몹시 분개했을 것입니다. 정전협정 체결 이후 60년간 일관되게 미국과의 관계정상화를 요구하며 한반도 평화를 위한 징검다리로 한국과의 교류협력을 추진한 북한을 마치 핵과 미사일 개발을 위해 푼돈이나 뜯으려는 협박범 취급하면 북한과 대화할 수 없을 것입니다.

북한에는 핵과 미사일 이외에도 식량문제, 인권문제, 탈북자문제 등

성공단의 통행을 제한하고 북측 근로자 전원을 철수시킨 것은 미국이 최신에 전략무기들을 총동원해 한반도 위기상황을 고조시킨 데 반발해 1호 전투태세를 발동한 데 따라 군사요충지에 있는 개성공단 역시 준전시태세에 돌입한 데 불과했다. 한미합동 키리졸브·독수리훈련과 북한의 1호 전투태세의 종료에 따라 자연스럽게 해제될 상황을 한국 김관진 국방장관이 인질구출작전을 거론하며 한국 정부가 한국 측 근로자 전원철수를 밀어붙여 사태를 악화시켰다는 것이다. 그리고 미국이 한국 정부의 강경대응을 지지한 것은 개성공단이 북한에 대한 경제제재 조치의 효과를 상쇄시키기 때문이라고 본다. 한반도 위기상황이 고비를 넘기고 안정을 찾으며 북한이 개성공단 입주기업대표들에게 공단 재가동을 위해 협의하자는 제안을 했지만 한국 정부가 이를 불허하고 남북당국자회담 역시 수석대표의 격을 놓고 줄다리기를 하다 무산되자 한국 정부가 개성공단 재가동에 대한 의지나 북한과 대화 재개보다 너무 형식을 중시하는 것이 아니냐는 비난의 목소리가 높아졌다.

14) 노 대통령은 임기 말에 떨이로 넘기기 위한 흥정에 몰두해 약(북한 체제를 찬양하는 듯한 인상)을 팔았지만 개성공단이 영토 포기가 아닌 것처럼 서해 평화협력지대를 만들자는 것을 NLL 포기로 보기는 어렵다. 이 합의가 실현된다면 군사대치선 위에 공동어로구역이 들어서 NLL이 사실상 사라지게 되지만 이것을 영해를 넘겨준 반역으로 해석하는 것은 '억지 부리기'다. 김진국, ≪중앙일보≫, 2013. 7. 6.

수없이 많은 문제가 있습니다. 그중에서도 가장 근본적인 문제는 세계역사상 어디에서도 찾아볼 수 없는 기형적인 국가체제와 21세기 현대판 3세대 세습왕조입니다. 국가수반의 자리는 한 국가의 상징으로 단 하루도 비워둘 수 없는 자리입니다. 그럼에도 김일성 주석과 김정일 국방위원장의 사망 후 계속 주석과 국방위원장직을 공석으로 남겨두고 있는 북한을 결코 정상적인 국가라고 말하기 어렵습니다. 당과 정부의 직책이나 군 경력이 전무한 약관 20대의 청년이 정권의 핵심으로 부상할 수 있는 북한의 정치체제를 공산주의와 독재체제만으로 설명할 수 없습니다. 역시 북한이 세계 최강대국인 미국과 전쟁상태가 60년간 계속되고 있는 과도기적 현상이라 말할 수밖에 없습니다.

'끝나지 않은 한국전쟁'이 계속되는 한 국가안보와 체제수호가 북한 최고의 가치일 수밖에 없습니다. 세계 최강대국 미국과 국민소득이 수십 배[15]나 더 많은 한국과의 전쟁상태가 계속되는 한 나라를 지키기 위한 군부 통치는 계속되고 북한 체제 역시 붕괴하지 않을 것입니다. 준전시

---

15) 북한의 국민총생산(GDP)이나 1인당 국민소득에 대한 자료는 통계마다 달라 종잡을 수 없다. 한국은행이 2013년 7월 발표한 최신 통계에 의하면 북한의 국민총소득(GNI) 33조 5,000억 원으로 한국 GNI 1,279조 5,000억 원의 38.2분의 1이며, 1인당 국민총소득 137만 1,000원으로 한국 2,558만 9,000원의 18.7분의 1에 불과하다. ≪한국일보≫, 2013. 7. 13. 2011년 북한 GDP는 한국의 1/38, 1인당 국민소득 역시 133만 원, 1,200달러로 세계 150위권에 속한다. ≪노컷뉴스≫, 2013. 4. 10. 유엔 아시아태평양경제사회위원회가 발표한 2013 아태경제사회조사는 2011년 북한의 1인당 국민소득이 506달러로 아시아·태평양 지역에서 최저이며, 한국은 2만 3,000달러로 북한의 45배, 중국 역시 5,300달러로 북한의 10배에 달한다. ≪노컷뉴스≫, "숫자로 본 한 주간"(2013. 4. 13)은 2010년 한국의 GDP가 1조 114억 달러로 북한의 123억 달러의 82.5배라고 보도했다. ≪미국의 소리≫(2013. 4. 11)는 2011년 1인당 국민소득 한국 3만 2,400달러, 북한 1,800달러라고 보도했다.

〈표 5〉 2012년 세계 각국의 군사비 비교

단위: Current US Million Dollar

국가	군사비	국민총생산(GDP)대비
미국	682,478	4.4
중국	166,107	2.0
러시아	90,749	4.4
영국	60,840	2.5
일본	59,271	1.0
프랑스	58,942	2.3
사우디아라비아	56,724	8.9
인도	46,125	2.5
독일	45,785	1.4
이탈리아	34,004	1.7
브라질	33,143	1.5
한국	31,660	2.7
호주	26,158	1.7
캐나다	22,547	1.3
터키	18,184	2.3
이스라엘	14,638	6.5
콜롬비아	12,146	3.3
스페인	11,535	0.8
대만	10,721	2.3
북한	5,000(추정치)	25

자료: SIPRI(2013).

하의 북한에서 인권, 식량난을 비롯해 인민들의 희생이나 외부세계에서 도저히 이해할 수 없는 과도기적 현상은 계속될 것입니다. 식량 몇십만 톤, 비료 몇만 톤 보내는 것보다 북한이 국민총생산(GNP) 대비 25%의 막대한 군사비[16]를 지출하지 않게 도와주어야 합니다. 의약품 몇 컨테이너 보내고, 북한에 구멍가게 수준의 국수공장 차려놓고 인도주의 운운하는 것은 위선입니다. 경제를 희생하고 인민들의 자유와 인권을 제한할 수밖에 없는 북한의 현실을 바로 보고 준전시상태에서 잠시도 긴장을 늦출 수 없는 북한이 총을 내려놓고 인민들의 생활 향상에 노력하는 정상적인 국가 활동을 할 수 있도록 '끝나지 않은 한국전쟁'을 끝내야 합니다.

흡수통일에 대한 막연한 기대 속에 통일 이전 동서독의 사례를 거론하며 북한의 인권문제 해결을 위해 한국이 서독이 한 것과 같이 북한의 정치범을 사와야 한다는 주장도 있습니다. 그러나 우리가 독일 통일에서 배워야 할 교훈도 많지만 전쟁을 경험하지 않은 독일의 사례를 지금도 전시상태인 한반도에 적용하려는 오류를 범해서는 안 됩니다. 1974년 미국이 동독과 외교관계를 정상화함으로써 동독이 1990년 독일통일에 앞서 서독을 비롯한 자본주의 국가들과 15년 이상 정상적인 국가 활동을 지속했다는 점을 결코 간과해서는 안 됩니다. 한반도 정세 불안을 전적으로 북한 독재체제와 집권자의 탓으로 돌리고 외부적인 제재나 압박으로 체제변화를 시도하는 것은 가능하지도 바람직하지도 않습니다.17)

---

16) 스톡홀름국제평화연구소(SIPRI)에 따르면 2004년 1인당 국민소득: 한국 $22,543, 북한 $1,400으로 한국이 16배, 군사비: 한국 $155억, 북한 $27.9억으로 한국이 5.6배, 국민총생산대비: 한국 2.8%, 북한 25%로 북한이 8.9배 높다(SIPRI, 2005).
2011년 국방비로 한국은 국민총생산대비 2.8%인 260억 달러를 지출하는 데 비해 북한은 22%에 해당하는 82억 달러를 지출한다. ≪미국의 소리≫, 2013. 4. 11.
국제평화연구소의 자료에 따르면 2012년 세계 각국의 국방비 지출은 1위 미국 6,824억 달러, 2위 중국 1,661억 달러, 3위 러시아 907억 달러, 5위 일본 592억 달러, 12위 한국 361억 달러라고 보도했다(SIPRI, 2013).

17) 미국의 정책담당자들 중에 북한의 김정일 정권이 경수로 완공 때까지 살아남지 못할 것이라는 기대가 없지 않았지만 클린턴 행정부는 영변에 대한 제한 폭격 이외에 추가적인 군사행동에 의한 정권의 교체(Regime Change)는 고려하지 않았다고 당시 클린턴 행정부의 대북정책 담당자들은 주장한다. 그 이유는 ① 북한 정권이 핵무기의 보유, 사용 내지 이전하기 이전에 붕괴할 것이라는 보장이 없었다. ② 붕괴 직전의 북한이 핵을 가진 북한보다 더 위험할 수도 있다. 이미 확보한 플루토늄

고 김일성 주석이 "인민들이 이밥에 고깃국 먹는 것"을 꿈꿨던 것처럼 어린 시절 농구 황제 마이클 조던을 좋아했던 북한의 지도자 김정은 제1 위원장도 북한의 모든 어린이가 '만경대 유희장' 놀이공원에서 뛰노는 인민의 행복한 삶을 위해 고민하는 '사람'일 것입니다. 북한의 현 체제를 현실로 인정하고 평화협정과 관계정상화로 한국전쟁을 끝내는 것이 최선은 아니더라도 차선책일 것입니다.

평화체제 정착 이후 3년에서 5년의 조정기간을 거쳐야 비로소 정상적인 남·북한 간 교류협력이 본격적으로 시작될 수 있을 것입니다. 한국전쟁의 폐허에서 자력갱생과 계획경제로 일떠서 세기적인 대변혁과 자연재해를 고난의 행군으로 극복한 북한과 세계 10위권의 경제대국으로 성장한 한국의 자본주의 경험과 자본이 함께한다면 한강의 기적에 이어 대동강의 기적을 이룰 수 있는 그들도 우리와 꼭 같은 한 형제 한민족입니다. 통일 이후 북한 동포를 먹여 살릴 통일비용 걱정일랑 떨쳐 버리고 평화 체제 이후 내부적 변화에 의해 체제 변화와 경제문제, 인권문제를 스스로 해결하도록 인내심을 갖고 기다리는 것이 굶주린 북한 인민들을 돕는 길입니다. '끝나지 않은 한국전쟁'을 끝내는 것이 북한이 인민들의 인권을 보장하고 식량난을 극복할 수 있는 근본적인 해결방안입니다. 지난 60년을 이처럼 힘들게 버텨온 북한 체제가 무너지기를 기다리며 몇십 년을 계속 기다리는 것은 단지 북한 인민들의 고통만 더 심하게 하는 죄악

과 재래식무기로 북한의 지도부가 무슨 일을 할지 예측할 수 없으며, 북한 정부가 핵에 대한 통제력을 상실했을 경우 더욱 중대한 사태가 발생할 수도 있다. ③ 미국이 북한의 붕괴를 기도할 때 안보리 상임이사국인 중국의 지지를 얻기 어려우며, 오히려 중국은 식량과 에너지 지원으로 적극적으로 북한 정권의 수명 연장을 도울 것이기 때문에 북한의 정권교체는 성공하기 어렵다고 판단했다(Sigal, 1998: 155~161; Wit, Poneman, and Gallucci, 2004: 384; Ferguson and Potter, 2004: 61, 71)

입니다.

3. 북한은 언제 핵을 포기할까

미국과 한국의 압도적인 군사적 우위를 억지(방어)하기 위해 국가의 안전을 담보하는 마지막 보루로 핵과 미사일을 개발했다면 북한이 과연 핵을 포기할 것인지, 핵 포기 시점은 언제인지가 북한 핵문제 해결의 가장 중심적인 문제가 아닐 수 없습니다.

북한은 6자회담이 진전을 보이지 않자 2005년 2월 6자회담 참가 무기한 중단과 핵보유선언이란 강수를 두어 제4차 6자회담에서 9·19공동성명을 이끌어 냈습니다. 그럼에도 아들 부시 행정부가 공동성명 바로 다음날인 9월 20일 방코델타의 북한 측 은행계좌를 동결하고 '의도적 무시'를 계속하자 이에 대한 항의로 2006년 7월 대포동 2호를 발사해 대륙간탄도미사일 역량을 과시하고 10월 9일 1차 핵실험을 실시했습니다. 그 후 2007년 6자회담 2·13합의, 10·3합의에 따라 북한이 영변원자로 냉각탑을 폭파하는 핵불능화 조치를 취했지만 그 뒤 더 이상 진전이 없는 채 시간만 끌자 오바마 행정부의 출범에 맞춰 2009년 5월 25일 2차 핵실험을 실시했습니다. 그리고 2010년 말 우라늄농축시설 2,000개 보유를 미국에 공개하고 2011년 헌법 전문에 핵보유를 명기했습니다. 2012년 미국과 한국 대통령선거 중간인 12월 12일 역시 다단계 미사일 은하 3호로 인공위성을 성공적으로 궤도에 쏘아 올려 대륙간탄도미사일 개발 수준을 과시하고 역시 오바마 행정부 2기와 박근혜 정부의 출범에 맞춰 2013년 2월 12일 3차 핵실험을 실시했습니다.

북한의 이런 핵실험과 인공위성발사에 대해 한국 정부와 언론은 한반도 평화에 대한 중대한 도발이라 규탄하고 있습니다. 그렇다면 한국과 미국이 합동으로 팀스피릿(Team Spirit), 한미 연합전시증원연습(RSOI), 을 지프리덤가디언(Ulchi-Freedom Guardian), 키리졸브·독수리훈련 등을 1976년 이래 해마다 적어도 3회 이상 실시해 북한으로 하여금 전군에 비상경계령을 선포하고 연중 긴장을 늦출 수 없도록 압박해 국민총생산 대비 25%의 군사비를 지출하게 하는 것을 북한이 어떻게 받아들일지 생각해 볼 필요가 있습니다.

한미 합동군사훈련은 어디까지나 북한의 도발에 대비한 방어용이라고 합니다. 그러나 방어용 총과 공격용 총이 따로 있을 수 없는 것과 마찬가지로 방어용 훈련과 공격용 훈련이 따로 있을 수 없습니다. 1976년 처음 한·미 육해공군 합동으로 실시된 팀스피릿훈련은 1991년의 경우 27만 명이 참가함으로써 세계 최대 규모로 실시되었습니다. 남북대화의 진전을 위해 팀스피릿훈련을 일시 중단한 대신 1992년에 실시된 포커스렌즈 합동 군사훈련도 실병 기동훈련(FTX)이 아닌 지휘소훈련(CPX)이면서도 한국 측 12만 명, 미군 1만 4,000명이 투입된 대규모 훈련으로 패트리엇 미사일 1개 포대(7-8기), 미군지휘함 블루리지호(1만 5,000톤급), 조기공중경보기(AWACS)가 참여한 초현대적 입체훈련이었습니다.

태평양군총사령부의 주관으로 한미연합사령부와 합동으로 실시되는 모든 한미합동군사훈련은 '작전계획 5027'에 따라 실시되는데 그동안 계속 공격적으로 강화되었습니다.[18] 핵무기가 동원된 세계 최대의 군사훈

---

18) 한반도에서 실시되는 모든 군사훈련은 미국의 태평양군총사령부의 주관으로 한미연합사령부와 합동으로 '작전계획 5027'에 의해 실시된다. '작전계획 5027'의 구체적인 작전내용은 1974년 처음 입안된 이후 시대상황에 따라 계속 수정되어왔다. 1970년대 초반 미국의 전략은 북한 인민군이 남침하면 주한미군은 서울을 포기하고 비무장지대 남쪽으로 80km 정도 후퇴했다가 미 본토로부터 증원부대의 도착을 기다려 반격에 나선다는 작전이었다. 그러나 1974년에 입안된 '작전계획 5027-74'

련인 팀스피릿훈련, 포커스렌즈, 키리졸브·독수리훈련을 대북 핵공격 훈련으로 북한이 북침에 대한 두려움[19])을 갖는 것은 당연한 일일 것입니다.

부터 일시후퇴작전에서 전진방어(Forward Defense) 개념으로 수정되었다. 주한미군의 전차, 포병, 보병부대 대부분을 비무장지대로부터 8km 지점에 전진 배치하고 전쟁이 시작되는 즉시 핵무기를 투입해 북한 인민군의 서울 점령을 저지하고 곧바로 북한으로 공격해 들어가도록 바꿨다. 단번에 개성을 점령하고 전략폭격기 B-52로 24시간 폭격을 단행, 수일 내에 평양을 점령한다는 핵공격 전략이었다.

1990년대 들어 '작전계획 5027-92'는 전쟁 재발의 징후가 탐지되면 곧바로 미 본토의 미군 병력을 한국에 긴급 이송하고, 북한 인민군이 휴전선을 넘는 것과 동시에 북한의 전략거점을 강타하도록 더 공격적으로 수정되었다. 북한이 노동미사일을 실전 배치한 데 이어 1993년 대포동 1호의 시험발사 성공으로 개전 초기에 한국은 물론 일본에 있는 미군기지까지 엄청난 피해를 입을 수 있기 때문에 초반에 북한을 확실히 제압하기 위해서였다.

특히 '작전계획 5027-98'은 북한 인민군의 휴전선 남하를 작전개시 시점으로 삼았던 종전과는 달리 인민군이 실제 행동을 개시하기 전이라도 선제공격을 할 수 있도록 했다. 또 핵폭탄 투하를 명시하고 투입병력의 규모를 69만 명으로 늘렸다(Harrison, 2002: 197, 198, 200).

19) 북한이 조그만 틈이라도 보이면 미국이 북한을 공격할 것이라는 공포심을 갖는 것은 비단 공격적인 작전계획 5027과 선제핵공격 방침을 견지하기 때문만은 아니다. 통킹만사건, 파나마 대통령 노리에가납치작전, 이라크침공과 같이 미국이 선제공격을 실시한 역사적인 사건들이 북한에 대한 선제핵공격의 우려를 뒷받침하고 있다. ① 1971년 6월 ≪뉴욕타임스≫는 '1964년 8월 4일 통킹만사건 2차 교전은 NSA이 중간 간부들이 감청내용을 왜곡했고 정책결정자들은 허위보고에 근거해 정책결정을 내렸다'고 미국이 베트남에 대한 군사개입을 정당화하기 위해 조작한 것을 암시하는 기사를 보도했다. ② 1983년 카리브 해의 작은 섬나라 그레나다(Grenada)에 쿠데타로 새 정부가 들어서고 쿠바가 재정지원과 군사훈련을 받은 건설노동자들을 보내자 미국은 의과대학에 재학 중인 60여 명 미국 유학생의 안전을 이유로 선전포고도 없이 침공했다. 영국 등 동맹국을 비롯한 세계 각국의 비난 여론에도 불구하고 총병력 1,500명에 불과한 그레나다에 미군 7,000명과 동카리브 여러 나라에서 300~500명을 투입해 1985년까지 점령했다. ③ 1989년 미국은 파나마를 침공해 당시 파나마 대통령 노리에가를 체포, 미국으로 압송하고 친미정권을 수립했다. 노

2001년 9·11사태 이후 성조기를 휘날리는 보수주의자들의 애국주의 물결은 아무도 거슬릴 수 없는 대세였으며 아들 부시 행정부의 신보수주의자들은 초강경 자세로 급선회했습니다. 북한은 9월 12일 신속하게 9·11 테러에 대한 유감을 표하고 테러리즘에 반대한다는 성명을 발표했습니다. 그리고 평양주재 스웨덴 외교관을 통해 애도의 뜻을 표하고 즉시 '테러에 대한 재정 지원 금지 국제협약'과 '인질 반대 국제협약'에 가입했으며, '폭탄테러 억지를 위한 협약' 등 5개의 반테러 협약 가입 의사를 표명하는 등 성의를 보였습니다. 그러나 미국은 이를 일축하고 아들 부시 대통령은 2002년 1월 연두교서에서 북한을 이란, 이라크와 함께 '악의 축'으로 지칭하고 북한을 핵 선제공격의 대상국으로 분류했습니다. 아들 부시 행정부는 '작전계획 5027-02'에 북한의 지도자 김정일의 제거를 명시하고, 한국과 협의 없이도 선제공격을 할 수 있도록 했습니다.[20] 아마

　리에가는 미국에서 마약밀매, 공갈, 돈세탁혐의로 재판에 회부되어 20년형을 살고 2010년 4월 프랑스로 이송, 재판결과 7년형을 언도받았으나 2011년 10월 프랑스 항소법원이 본국 송환결정으로 22년 만에 파나마로 송환되었다. ④ 2003년 3월 미국 부시 행정부는 '이라크가 대량살상무기를 보유하고 있을 가능성이 있어 세계의 안보환경을 위협하고 있다'는 명분을 내세워 독일, 프랑스 등 동맹국들의 반대에도 불구하고 영국과 합동으로 이라크를 침공해 대통령 사담 후세인을 체포하고 5월 1일 전투행위를 종료했다. 후세인은 재판에 회부되어 처형되고 미국은 이라크에 민간정부를 수립했다. 그러나 승전 선포 후 미국이 파견한 조사단이 "이라크에 대량살상무기는 존재하지 않는다"는 보고서를 제출해 신빙성이 희박한 정보에 의해 전쟁을 시작한 것으로 정당성이 크게 훼손되었다. 이라크전쟁은 2011년 12월 오바마 대통령이 미군 전투요원의 철수를 선언함으로서 공식적으로 종료되었다.
20) '작전계획 5027-04'는 북한이 남침하거나 확고한 남침 징후가 포착된 우발상황에 '미국이 북한에 대한 폭격을 감행하고 북한이 보복에 나서는 상황'을 추가해 북한에 의해서가 아니라 미국이 주도적으로 전쟁을 시작, 북한 정권을 교체하는 계획까지 포함했다. 독일, 프랑스 등 동맹국들의 반대에도 불구하고 이라크를 침공한

도 아프가니스탄과 이라크전쟁이 속전속결로 마무리되었으면 힘으로 밀어붙인 부시 행정부는 거침없이 북한에 대한 공격을 실행에 옮겼을지도 모릅니다.[21]

미국은 작전계획 5027외에도 정권교체를 염두에 둔 '개념계획 5029'[22]

부시의 일방주의 외교정책을 반영한 것이다. 그리고 일본 정부가 채택한 미일 방위협력지침(New Guideline)에도 이런 내용이 반영되도록 했다. 1999년 3월 호세이 노로타(Hosei Norota) 일본 방위청장은 북한 미사일 위협에 관한 기자의 질문에 "일본은 위험이 명백한 상황에서 선제공격을 할 수 있는 헌법상의 권리가 있다"고 답변했으며 천용택 당시 국방장관은 "지극히 위험한 발상"이라고 즉각 반박하는 사건이 발생하기도 했다. 미국은 한반도 유사시를 대비해 해상 기뢰를 제거해 한반도로의 해상로 확보와 북한 내 일본인의 소개를 위해 자위대를 동원하는 등 주일미군과 자위대의 합동작전에 관한 '작전계획 5055'를 갖고 있다(Harrison, 2002: 122; 정욱식, ≪평화네트워크≫, 2005. 10.).

21) 신보수주의자들의 북한 정권교체에 대한 희망을 가장 잘 대변해주고 있는 것이 전 미 국방부 군변환국 자문관으로 『펜타곤의 새 지도(The Pentagon's New Map)』 (2004)의 저자인 미 해군대학의 토머스 바넷(Thomas P. M. Barnett) 교수가 '행동을 위한 청사진(Blueprint for Action)'에서 제시한 북한 정권교체 구상이다. '완전히 퇴화해 백해무익한 냉전의 꼬리뼈(tail bone)'인 북한 문제의 완전한 해소를 위해 미국은 중국, 일본, 한국, 호주, 뉴질랜드, 러시아로 구성된 국제연합군(coalition)을 구성해 2010년까지 북한정권을 교체해야 한다고 주장했다. 심지어 그는 한국이 동의하지 않을 경우에는 "거꾸로 세워놓고 한 대 쥐어박으면서 '이건 감정 때문이 아니라 순전히 비즈니스'라고 말해줄 필요가 있을 것"이라고 했다(Barnett, 2004: 181~189). 이와 같은 극단적인 북한 정권교체 구상은 미국의 강경 보수주의자들이 가장 선호하는 희망사항으로 결코 이들이 포기하지도 않겠지만 문제는 현실적으로 생각과 같이 쉽지 않다는 것이 이들의 고민이다.

22) '개념계획 5029'는 북한에서 비상사태 발생 시 난민구호와 군정 실시에 대비한 민사작전계획이었다. 그러나 부시 행정부는 북한정권이 대량살상무기에 대한 통제를 상실함으로써 테러집단의 손으로 넘어가는 것을 우려해 군사개입 시기를 앞당기는 방향으로 바꾸었다. 이에 대해 한국 정부는 북한이 군사도발을 하지 않았음에도 군사 개입해 북한의 정권교체를 겨냥한 작전계획의 성격을 띠는 데 이의를 제

을 비롯해 북한에 불안정한 사태 발생을 유도하기 위한 공격적인 각종 작전계획23)을 갖고 있습니다. 이처럼 '작전계획 5027'을 계속 수정·보완 했음에도 불구하고 대북공격 모의훈련(simulation)의 결과는 '한미연합군이 승리를 거둔다'는 결론에 도달했지만 그 대가는 한국과 미국의 피해가 엄청난 것으로 나타나 지금까지 실행에 옮겨지지 않았을 뿐입니다.

기했다. 한호석, ≪통일뉴스≫, 2005. 6. 30. 개념계획 5029는 ① 쿠데타 등에 의한 북한 내전 상황, ② 북한 내 한국인 인질 사태, ③ 대규모 주민 탈북사태, ④ 핵·생화학무기 등 대량살상무기의 반란군 탈취 방지, ⑤ 대규모 자연재해에 대한 인도주의적 지원 작전 등 다섯 가지 상황을 대비한 것이다. 유용원, ≪디지틀조선≫, 2005. 4. 17.

한미합동 군사훈련인 키리졸브훈련에 북한 내 한국인 인질구출작전이 포함돼 있으며 특히 2010년 천안함사건 이후 매년 8~9월에 실시되는 을지프리덤가디언(UFG) 연습 때 개성공단 폐쇄로 인한 한국 인력구출작전 상황을 상정한 훈련을 실시하고 있다.

23) '작전계획 5027' 이외에도 미국은 북한의 전쟁지도부와 핵·미사일·생화학무기 등 대량살상무기 및 시설 등에 대한 족집게식 공격을 통해 북한의 전쟁수행 능력과 의지를 무력화하는 '작전계획 5026'(1993년), 북한이 휴전선 일대와 한국의 도서 및 후방지역에서 국지적인 도발을 일으키는 상황을 가정한 '작전계획 5028', 북한에서 내란이나 소요가 발생해 북한 정권이 붕괴하고 대규모 탈북자가 발생하는 사태를 대비한 '개념계획 5027'(1999년)와 고속정찰기 RC130이 군사분계선 부근의 북한 영공을 비행으로 북한 전투기의 긴급발진을 유도해 북한 인민군의 연료를 소진시키는 '작전계획 5030'(2003년) 등의 훈련계획을 하고 있다.

특별히 북한을 겨냥한 것은 아니더라도 부시 행정부가 미국이나 우방들에 대한 대량살상무기(WMD) 공격 가능성이 있을 경우 각 지역 전투사령관들이 대통령에게 핵 선제공격 승인을 요청, 허용하는 핵작전교리 '개념계획 8022-02'를 작성한 것으로 밝혀졌다. 이 선제핵공격 계획은 9·11테러공격 경험과 부시 대통령의 선제공격 전략이 결합되어 만들어진 것으로, 북한과 이란 등을 겨냥해 2003년 11월 완성되었으며, 2004년 1월 럼즈펠드 국방장관과 부시 대통령에게 보고되어 승인받았으며 지하요새 파괴용 핵무기 사용도 포함되어있다. 유용원, ≪디지틀조선≫, 2005. 4. 17.

더욱 문제가 되는 것은 한민족의 운명을 좌우할 이러한 작전계획에 한국 정부나 한국군의 참여가 배제되었다는 점입니다.24) 형식적으로는 한미연합사를 통해 협력하는 형식을 갖추고 한국군이 모의 핵훈련에 참가하고 있으나 한미연합 핵전쟁계획은 아예 존재하지 않습니다.

미국의 이런 공세적인 한미합동군사훈련과 작전계획에 비해 핵무기와 대륙간탄도미사일(ICBM)이야말로 북한과 같은 약소국은 '사용할 수도, 해서도 안 되는 방어(억지)용'에 불과합니다. 세계 최강대국 미국의 B-52 전략폭격기, 핵추진 잠수함 샤이엔(6,900급), 스텔스 B-2 전폭기, 최신예 F-22랩터 등 최신 전략무기들을 동원한 한미합동군사훈련에 맞서 핵과 미사일 개발로 강성대국이란 자존심을 지탱하기 위해 안간힘을 쓰고 있는 북한을 바로 봐야 합니다. 북한의 계산된 핵실험과 미사일 발사 일정은 '의도적 무시'로 일관한 미국을 향해 긴장의 극대화로 주의를 환기시켜 평화협정 체결요구를 강하게 전달하려는 북한식 '날 좀 보소'라고 할 수 있습니다.

미국의 계속되는 '북침훈련' 공포로부터 벗어나는 길은 북한과 미국의

---

24) 한국 정부는 한국에 배치되어 있거나 한국에서 사용할 의도가 있는 핵무기의 숫자, 유형, 위치에 관해 아무런 정보도 갖고 있지 않았다. 미국은 영국, 캐나다, 그리스, 이탈리아, 터키 등 동맹국들과 상호협력계획(program of cooperation: POC)를 갖고 핵활동에 참가하는 요원들의 신뢰도를 점검(personal reliability program: PRPs)한 후 합동으로 역할을 분담한다. 그러나 동맹국 중 유일하게 한국과는 이러한 협약을 맺고 있지 않으며, 핵에 관한 정보를 공유하지 않고 있다. 한국은 공식적으로 미국의 핵무기가 배치된 유일한 동맹국이면서도 미국이 핵에 관한 정보를 공유하지 않는 유일한 종속국이다. 한민족의 의지와는 상관없이 미국의 일방적인 결정으로 한민족의 운명이 좌우될 수 있는 현실이다(Hayes, 1991: 118~120). 2013년 3월 핵전쟁으로 치닫던 한반도위기 당시 미국의 전략핵무기 B-52, B-2, F-22의 한국 파견에 한국의 대통령과 국방당국이 어느 수준으로 개입했는지 의문이다.

관계정상화 이외에 다른 대안이 없다는 점에서 평화협정과 비핵화를 함께 논의하자는 북한의 주장은 어느 정도 진지한 것으로 평가할 수 있을 것입니다.[25] 김정일 국방위원장은 생전에 '북한의 핵무장 포기와 미국의 핵우산 철거를 동시적으로 상응해 추진'함으로써 한반도의 비핵화를 실현하려는 새로운 세기의 요구에 맞게 핵문제를 해결할 정치적 의사[26]를 밝히고 비핵화는 김일성 주석의 유훈이라고까지 강조했습니다. 북한이 2013년 6월 16일 전격적으로 북미대화를 요청한 국방위원회 대변인 담화에서도 '조선반도 비핵화는 김일성, 김정일의 유훈이며 정책적 과제'임을 다시 언급했습니다. 이러한 북한의 주장과 핵문제 해결의지를 어떻게

---

[25] 2000년 10월 매들린 올브라이트 미 국무장관의 평양 방문 당시 평양주재 러시아 대사관에서 외교관으로 근무했던 알렉산드르 보론초프 러시아 동방학연구소 조선실장의 "클린턴 대통령의 평양 방문설이 불거져 나올 당시 반미감정이 하루아침에 친미감정으로 급변하면서 마치 북한이 미국의 우방으로 변한 듯 평양 전체는 축제 분위기에 휩싸였다"는 증언에서 이러한 북한의 사정이 잘 들어난다. 연합뉴스, 2005. 11. 13.

[26] 2002년 11월 북한을 방문한 미국 존스홉킨스 대학교 돈 오버도퍼(Don Oberdorfer) 교수와 뉴욕의 코리아협회(Korea Society) 회장 도널드 그레그가 북한 정부로부터 받아 백악관에 전달한 친서에서 김정일 국방위원장은 '북한의 핵무장 포기와 미국의 핵우산 철거를 동시적으로 상응해 추진'함으로써 한반도의 비핵화를 실현하려는 새로운 세기의 요구에 맞게 핵문제를 해결할 정치적 의사를 밝혔다. 그리고 2003년 4월 북한은 구체적으로 네 가지를 요구하며 네 가지를 약속하는 '새롭고 대범한 해결방도'를 제시했다. 네 가지 요구사항은 ① 미국의 대북 불가침조약 체결 및 북·미 관계정상화, ② 한국 및 일본과의 경제협력 방해 중단, ③ 경수로 제공 지연에 따른 전력손실 보상 및 ④ 조속한 경수로 제공이며, 네 가지 약속사항으로 ① 핵계획 포기 및 그에 대한 사찰 허용, ② 핵시설의 궁극적 해체, ③ 탄도미사일의 시험발사 보류 및 ④ 미사일 수출의 중지를 약속했다. 북한은 국가안보에 대한 확실한 보장과 함께 미국의 핵과 미사일의 포기 요구를 수용할 준비가 되어 있다는 것이다. 연합뉴스, 2005. 6. 23.

받아들일 것인가는 북한을 보는 시각의 차이에 따라 다를 수 있습니다. 그러나 우리의 상식으로는 이해하기 어려운 핵실험과 미사일 발사로 위기를 극대화하는 이런 북한식 행동양식은 비단 어제오늘의 일이 아니며 지난 60년간 일관된 평화협정 체결 요구의 연장선상에서 이해해야 할 것입니다. 나는 선이고 너는 악이란 의식구조를 탈피해 내가 하면 방어용 훈련이고 상대가 하면 공격용 도발이라는 논리는 극복돼야 합니다.

북한의 관점에서는 가장 확실한 군사적 억지력인 핵과 미사일이야말로 가장 값싼 체제유지의 수단이며 미국과의 협상에서 효과적인 지렛대일 것입니다. 북한이 이미 3차례 핵실험으로 사실상 핵보유국이 되었으며 이제 몇 개의 핵탄두만 가지고도 정치적으로 미국이 실전 배치한 5,000여 개 핵탄두를 억지하는 효과가 있습니다. 냉전시기에 핵무기 보유량이 곧 정치적 영향력으로 환산되었던 것과 달리, 테러와의 전쟁을 벌이는 '제2의 핵무기 시대'에는 핵무기 보유량보다 핵무기를 사용하거나 판매할 의지가 더 가공할 위력을 발휘하기 때문입니다. 미국과 러시아가 전 세계 핵탄두의 95%를 가지고 있으면서도, 미국과 세계가 나머지 5%의 핵탄두 때문에 고심해야 하는 이유이기도 합니다.

그러나 핵과 미사일을 최후의 보루로 생각하는 북한이 언제 핵개발을 포기할 것인가는 완전히 다른 문제입니다. 한국과 미국은 북한이 약속을 지키지 않는 믿을 수 없는 나라라고 하지만 북한 역시 한국과 미국을 믿지 못하는 것은 마찬가지입니다. 그 이유는 ① 정전협정 체결 후 3개월 이내에 외국군 철수와 평화협정 체결을 논의하기 위해 정치회담을 개최하기로 정한 정전협정 제4조 60항에도 불구하고 미국이 지난 60년간 북한의 평화협정 체결 요구를 '의도적 무시'로 일관했으며, ② 정전협정 제2조 13항을 무시하고 한반도에 핵무기를 비롯한 각종 최신 무기들을 배치했습니다. ③ 북한의 중수로 등 핵시설을 동결하는 대가로 경수로를 제공하기로 한 전임 클린턴 대통령의 약속을 후임 부시 대통령이 손바닥 뒤집듯 엎었고, ④ 한국의 역대 대통령과 여러 차례 맺은 각종 선언과 협약이 미국의 제동으로 번번이 지켜지지 않았기 때문입니다.[27] 만약 반대로 약소국인 북한이 미국처럼 약속을 뒤집었다면 세계 최강의 유일 패권국인 미국은 어떠한 희생을 무릅쓰고라도 벌써 북한을 지구 상에서 날려 보냈을 것입니다.

냉전해체 이후 대북적대정책을 수정했다고는 하나 미국이 아직도 북한의 선핵포기 방침을 쉽게 바꾸지 않고 있습니다. 그렇다고 북한이 쉽사리 모든 핵계획과 핵무기를 포기한다는 것도 사실상 기대하기 어렵습니다. 북한은 국가의 안전이 확실히 보장되기 전까지는 핵과 미사일을 포기하지 않을 것입니다. 이런 북한의 입장은 '조선반도의 비핵화가 김일성, 김정일의 유훈'이라고 핵문제를 논의하기 위한 6·16북미대화 제의에서도 '핵보유국으로서의 우리의 당당한 지위는······ 조선반도 전역에 대한 비핵화가 실현되고 외부의 핵위협이 완전히 종식될 때까지 추호

---

27) 미국은 한국과 북한이 화해와 협력의 계기를 마련할 때마다 독점적인 핵정보를 바탕으로 핵의혹을 제기해 한반도 평화의 물줄기를 되돌려 놓곤 했다. 그 대표적인 사례로 ① 한국과 북한이 1991년 12월 남북기본합의서와 한반도 비핵화 공동선언에 합의했으나 1993년 미국의 핵의혹 제기로 좌초했으며, ② 1997년 한반도에너지개발기구(KEDO)의 경수로 부지공사 착공 역시 1998년 8월 금창리 지하 핵시설 의혹 제기로 제동이 걸렸다. ③ 2000년 6월 15일 한국과 북한 정상의 역사적인 공동선언 발표에 이어 남북철도 연결, 북한과 일본의 평양선언, 북한의 의욕적인 내부 경제개혁 조치로 한반도에서 평화체제 구축을 위한 분위기가 고조되자 미국은 2002년 10월 또 다시 북한의 우라늄농축 의혹을 제기하고 나섰다. 한국의 정세현 전 통일원장관은 2005년 1월 24일 북한대학원대학교 강연에서 "미 네오콘은 한반도 갈등상황이 오래갈수록 미국의 국익에 도움이 된다고 본다. 미국은 남북관계가 호전될 때마다 절묘하게 북한 핵의혹을 제기했다"고 말했다.

의 흔들림도 없이 유지될 것'이라고 분명히 했습니다. 북한은 세계최강의 미국으로부터 안보를 보장받기 위한 수단으로 일정 기간 핵보유국 지위를 고수할 것이며 결국은 점진적인 군축과 비핵화의 마지막단계에서 핵을 포기하려 할 것입니다. 그러나 북한의 생존을 확실히 보장하는 방안이 한반도 평화체제 이외에 다른 어떤 방안도 있을 수 없다는 사실을 북한도 알고 있기 때문에 결국 북한의 국가안보와 핵과 미사일을 맞바꿀 수밖에 없을 것입니다.

북한이 동북아시아에서 주한미군의 역할을 공개적으로 인정한 현 시점에서 남·북한과 미국이 북한의 핵포기와 한반도 평화체제구축에 합의하는 데 가장 어려운 문제는 미국이 한국에 제공하는 핵우산을 어떻게 해결할 것인가입니다.[28] 한반도에 미국의 핵무기가 존재하지 않더라도

---

[28] 한반도의 비핵화의 범위와 관련해 미국이 한국에 제공하고 있는 핵우산(nuclear umbrella)의 포함여부가 중요한 쟁점이다. 2005년 9·19공동성명에서 미국은 '한반도에 핵무기를 갖고 있지 않으며', 한국은 '한반도 비핵화 공동선언에 따라 핵무기를 접수 및 배치하지 않는다는 약속'을 재확인하고 '한국 영토 내에 핵무기가 존재하지 않는다'는 것을 확인했다. '한반도 비핵화'에 한국의 핵시설 포함 여부에 대해 숀 매코맥(Sean McCormack) 미 국무부 대변인이 2005년 9월 29일 "6자회담에서 한국의 핵시설에 대한 사찰이 논의될 수 있는 문제"라고 이미 인정했다. 그러나 미국은 비핵화란 '북한의 모든 핵무기와 핵계획 폐기'를 의미한다는 입장을 고수해 미국의 핵우산은 제외하고 있다. 6자회담 미국 측 수석대표 크리스토퍼 힐 미 국무부 동아태차관보도 9월 28일 "북한이 한국에 대한 미국의 핵우산까지 제기했으나 한미동맹은 이 회담의 의제가 아니다. 미국의 한반도 내 핵 반입은 포함되지 않는다"고 말했다. 이는 '필요하다면' 핵무기 반입이 가능하다는 미국의 확대핵정책, 즉 핵우산의 계속적인 제공을 확인해준 것이다.
이에 대해 김계관 북한 외교부 부상은 제5차 6자회담에서 ① 한국에 핵무기가 없다는 것을 검증하고, ② 한국에 핵우산 제공을 중단하고, ③ 한반도에서 핵무기 통과 금지와 핵활동의 중단을 요구해 미국의 핵우산문제를 다시 제기했다. 즉 북한 핵문제뿐만 아니라 한국의 비핵화, 나아가 한반도 영토, 영공, 영해의 비핵지대화

미국은 언제라도 한반도에 핵무기를 비롯한 어떠한 무기라도 반입, 배치, 훈련, 사용할 수 있습니다. 비록 한반도에 핵무기를 반입하지 않더라도 핵잠수함이나 핵항공모함으로 북한에 대한 핵공격을 할 수 있습니다. 그렇지만 미국이 한국에 제공하는 핵우산을 포기하는 것은 한국의 보수를 비롯한 일반 국민감정과 거리가 있습니다. 따라서 현시점에서 한국전쟁을 끝내기 위해서는 '한반도의 현 상황을 인정'하는 바탕에서 양측이 합의하는 것이 유일한 해결방안입니다. 핵우산은 한국의 국방주권 회복을 전제로 한국과 미국이 한미동맹을 재조정하는 과정에서 협의하고 북한은 미국이 '북한에 대한 핵무기 사용을 하지 않는다'는 부정형안전보장

가 이뤄져야 한다는 것이다.

미국이 한국에 계속 핵우산을 제공하면서 북한의 핵폐기만 요구한다는 것은 형평상 맞지 않을 뿐만 아니라 한반도 핵문제의 근본적인 해결방안이 될 수 없다. 그렇다고 북한이 미국의 핵우산을 전면적으로 부인한다면 미국은 북한과의 대화를 전면적으로 거부할 것이다. 핵개발 포기와 관계정상화를 교환하자는 북한의 요구를 거부하고 미국이 대북적대정책을 계속하는 이유가 바로 동북아시아에서의 미국의 전략적 이해를 잃어버리지 않기 위해서이다. 따라서 한반도의 평화체제 구축의 일환으로 현행 한미상호방위조약을 개정해 한국이 '국방주권'을 회복하는 전제하에 미국이 한국에 제공하고 있는 핵우산에 대해서는 한국과 미국이 협의, 결정하도록 해야 미국이 북한과의 대화에 응할 것이다. 한미상호방위조약은 '미국이 한국 정부로부터 아무런 간섭도 받지 않고 주한미군의 배치와 무기, 장비, 시설을 반입, 배치, 사용할 수 있으며, 한국군의 작전통제권을 행사'하고 있는 핵우산 관련 현행 조항을 적어도 '미군의 일본 배치에 중요한 변경, 장비에서의 중요한 변경 …… 기지로서의 일본 국내의 시설 구역의 사용은 일본 정부와 사전협의의 주제로 한다'는 미일안보조약 수준으로 개정해야 한다. 그리고 '한반도 비핵화'는 ① 한국과 북한의 비핵화공동선언과 ② 미국의 한반도 핵무기부재선언과 이에 대한 검증, 그리고 ③ 미국의 북한에 대한 부정형 안전보장(NSA)에서 타협하고 '한반도 비핵지대화'는 동북아시아 비핵지대화라는 미래의 과제로 유보해야 할 것이다(조재길, 2006: 476~478).

(NSA)을 하는 선에서 타협해야 할 것입니다.

이제 시대가 바뀌었습니다. 탈냉전으로 한국과 중국, 한국과 러시아가 수교하고 일본도 북한과의 관계정상화를 원하고 있습니다. 미국 역시 핵문제를 매개로 북한과 대화를 시작해 제네바핵합의에서 관계정상화를 위해 노력하기로 합의한 바 있습니다. 핵문제 해결을 위해서는 신뢰회복이 절실히 필요합니다. 그러나 적대관계를 청산하기 전에 신뢰관계를 회복한다는 것은 논리적으로도 가능하지 않습니다. 오히려 서로 믿지는 못하지만 약속(commitment, 포괄적 합의)을 하고, 약속의 이행을 단계적으로 검증(trust, but verify)하는 '벽돌 쌓기 접근법(block building approach, 단계적 이행방안)'[29])을 시도해야 할 것입니다. 이제 미국과 북한은 '대북적대정책의 포기와 핵포기를 동시에 단행'해 평화협정 체결로 외교관계를 정상화하고 한국과 함께 동북아시아 경제협력에 동참해야 합니다.

4. 북한은 금지선상의 핵곡예보다 정치적 협상력 강화해야

북한 핵문제는 이제 우리 한민족에게 '핵전쟁이냐, 평화냐'의 선택을 요구하고 있습니다.[30]) 미국의 주관적인 판단에 따라 좌우되는 '최소억

---

29) 양측이 서로 자신의 요구를 제시해 상대측 대응을 유도하고 각자가 요구하는 쉬운 것부터 풀어가면서 벽돌을 쌓아가는 방법입니다. 북한이 요구할 수 있는 벽돌로는 ① 북·미 평화협정 체결을 통한 한반도의 전쟁상태 종식, ② 안전보장 특히 핵무기의 사용이나 위협을 하지 않겠다는 약속, ③ 핵시설 폐기에 따른 보상과 경제지원 등을 들 수 있다. 그리고 미국은 북한에 ① 핵확산금지조약의 복귀, ② 핵시설 사찰 허용과 폐기, ③ 미사일 등 대량살상무기의 수출 금지, ④ 인권문제 개선 등 현안문제의 해결 등을 요구할 수 있을 것이다.

지'와 '억지충분성'31) 사이의 금지선 위에서 북한은 한민족 모두의 운명

---

30) 북한과 미국에는 네 가지 선택이 주어져 있다. ① 북한이 핵과 미사일의 개발을 계속하지만 금지선을 넘지 않고 미국도 대북적대정책을 바꾸지 않는 현재와 같은 상황이 상당기간 계속될 수 있다. 핵을 보유한 북한과의 공존이 국제사회에서 미국의 패권적 지위를 크게 위협하지는 않겠지만 미국이 대동북아정책을 비롯한 국제정책을 수행하는 데 장애로 남을 수밖에 없다. 북한 역시 계속되는 경제적 어려움과 안보에 대한 위협에 시달릴 것이며, 한국 역시 핵문제에 발목이 잡혀 제약을 받게 될 것이다. 그렇다고 ② 북한이 미국의 계속되는 '의도적 무시'를 참지 못하고 금지선을 넘는 경우 미국은 어떠한 희생을 무릅쓰고라도 경제적·군사적 제재를 시도할 것이다. 중국과 러시아도 반대하지 않거나 기권을 할 수밖에 없다. 비록 중국과 러시아가 반대하더라도 직접 행동으로 반대하지 않는 이상 미국은 제재를 단행할 것이며 한국이 가장 어려운 입장에 처하게 될 것이다. 반대로 ③ 미국 행정부가 북한의 소위 '벼랑 끝 전술'에 굴복해 핵폐기에 대해 보상을 하고 관계정상화를 약속하게 되면 미국의 강경파가 패배로 간주하고 미 의회의 반발로 제네바핵합의의 전철을 밟을 수 있다. ②번과 ③번의 가능성보다는 ① 현재의 상황이 계속되거나 ④ 미국과 북한이 체제보장과 핵포기를 성실히 이행하는 최선의 선택을 할 수밖에 없을 것이다(조재길, 2006: 526).

31) 강대국을 상대로 한 약소국의 비대칭 억지전략은 '최소억지'와 '억지충분성'의 범위 내에서 매우 조심스럽게 다루어져야 한다. 비대칭 상황에서 강대국이 '의도적 무시'를 할 수 있는 광범위한 '무관심의 영역'이 존재한다. 약소국의 억지력이 '공격자가 부담해야 할 파멸적 위험부담을 설득할 수 있는 정도', 즉 '최소억지(minimal deterrence)' 이하로 떨어졌을 경우 강대국은 이를 무시하고 공격할 수 있다. 따라서 약소국은 강대국과의 긴장관계를 어느 수준 이하로 떨어지지 않도록 고의적으로 조성할 필요가 있다. 핵무기가 없거나 개발했더라도 미사일에 탑재할 수 있는 핵탄두의 개발에 미치지 못했다면 '최소억지'에 미치지 못해 북한의 협상력은 급속히 약화될 것이다. 미국이 북한을 상대하지 않으면 강제 효과가 없고 비록 상대하더라도 재래식무기의 감축, 인권문제 등 북한으로서는 더욱 견디기 어려운 요구들을 계속할 것이다.

'억지충분성'이란 상대방이 개입해 얻을 수 있는 이득보다 큰 피해를 안겨줄 수 있는 정도'를 말한다. 즉 자칫 억지에 충분한 정도를 넘어서 상대방이 '사활적 이해관계'에 대한 '임박한 위협(imminent threat to vital U.S. interest)'으로 간주하면 오히려

을 걸고 아슬아슬한 핵곡예를 벌이고 있습니다.

북한에 대한 미국의 경제적·군사적 제재가 쉽지 않을 뿐만 아니라 실효를 거두기 어려운 한계32)를 이용해 북한은 핵과 미사일을 내세운 비대칭전략을 적절히 구사해 미국을 몇 차례 대화의 장으로 이끌어 제네바핵합의를 도출해냈습니다. 그러나 합의는 지켜지지 않았으며 북한은 항상 원점에서 미국과 힘겨운 핵대결을 계속해야만 했습니다. 물론 북한은 그 사이 더 많은 플루토늄을 추출할 수 있었으며 핵과 미사일 기술 수준이 상당히 진보해 3차례 핵실험 성공으로 사실상 핵보유국이 되었습니다. 그러나 미국은 북한의 핵보유가 자신들의 전략적 이해에 부합하는 한도에서 '의도적 무시'를 할 뿐 결코 북한을 국제사회에서 핵보유국으로 인정하지는 않을 것입니다. 그리고 미국이 북한의 핵보유를 자신의 전략적 이해의 극대화를 위해 이용하면 '최소억지'에 해당하지 않을 수도 있어 북한의 핵과 미사일을 이용한 대미 비대칭전략에도 분명한 한계가 있습

결정적인 타격을 당하게 된다. 북한의 핵보유가 확인되고 미사일과 핵탄두의 개발 수준이 미국 본토를 타격할 정도로 확인된다면 오히려 '억지충분성'을 넘어 미국이 위협을 심하게 느끼고 즉각 선제공격에 나서 북한은 제2의 이라크가 될 수 있다(최용환, 2003: 104~111).

32) 북한에 대한 경제제재를 실시한다는 것이 쉽지 않고 실효를 거두기도 어렵다. 우선 ① 경제제재에 대해 중국, 러시아가 반대하거나 참여하더라도 제한적이면 실효가 없고 또 ② 미국의 지속적이고 광범위한 제재조치로 북한은 국제경제기구에 가입할 수 없었으며 북한의 경제구조를 더욱 폐쇄적으로 만들어 효과를 거두기 어렵다(Paik, Hwan Kee, 1999). ③ 세계적인 화해 분위기와 세계화로 경제제재는 더욱 실효를 거두기 어렵게 되었다. ④ 경제제재로 인해 어린이나 노인, 가난한 서민층 등 경제적 약자들이 더 큰 피해를 보기 때문에 미국이 도덕적으로 비난을 받을 수 있다. 따라서 경제제재란 단순히 북한에 대한 군사적 조치의 전단계로서 경종을 주는 이상의 효과를 기대하기는 어렵다.

니다.

총체적 국력에서 약소국이 강대국을 상대로 구사하는 비대칭전략에서 어느 정도 억지에는 성공할 수 있어도 강제력을 발휘하는 것은 결코 쉬운 일이 아닙니다. 핵보유만으로 북한이 강성대국[33])이 되어 자동적으로 강대국과 평등한 관계를 갖게 되거나 상대적 격차를 줄여주는 것도 아닙니다. 북한이 미국으로 하여금 불가침조약과 평화협정의 체결을 강제하는 정치적 효과를 거두는 것은 결코 쉬운 일이 아닙니다. 핵무기를 가져도 열등감은 여전히 해소되지 않고 국제적인 압력과 제재 속에 무리하게 핵개발을 계속하게 되면 그러지 않아도 어려운 북한의 경제가 파국을 맞을 수도 있습니다. 그리고 북한이 핵과 미사일의 억지력을 강조하면 불량국가 이미지만 점점 더 강해지고 핵전쟁의 위험성만 높아질 뿐입니다.

그렇다고 북한이 미국의 계속적인 '의도적 무시'를 참지 못하고 금지선

---

33) 1960년대에는 핵보유가 강대국의 상징이었으나 지금은 핵무기를 제조할 수 있는 기술을 확보하고서도 핵무장을 하지 않는 것이 오히려 일반적인 추세로 40여 개 잠재적 핵보유국이 있다. 따라서 핵과 미사일 보유로 국제사회에서 북한이 강성대국으로 공인되거나 위상이 올라갔다고 평가할 수 없다(블랙윌, 1997: 33). 윌리엄 팰런(William J. Fallon) 미 태평양사령관과 버웰 벨(Burwell Bell) 주한미군사령관이 2006년 3월 7일 미 상원 군사위원회에서 "미국은 북한의 미사일 발사 준비단계에서부터 모든 상황을 파악할 정도의 정보망을 갖고 있다"고 증언했다. 미사일방어망 구축을 위한 기술적인 문제점들이 해결된 상황에서 북한의 핵과 미사일이 미국에 대한 사활적인 위협이 될 수 없다.

마찬가지로 우주산업의 발달에 따라 세계 34개국이 우주인을 배출해 우주탐사에 참여하고 있는 현 시점에서 인공위성 발사 성공만으로 북한의 국제적 위상이 올라가는 것도 아니다. 1957년 구소련이 스푸트니크(Sputnik) 1호의 발사에 성공한 이후 미국(1958년), 프랑스(1965년), 일본(1970년), 중국(1970년), 영국(1971년), 인도(1980년), 이스라엘(1988년), 북한(2006년), 한국(2013년) 등 11개국이 차례로 인공위성을 궤도에 진입시키는 데 성공했다.

을 넘을 경우 한반도와 동북아시아는 물론 전 인류에게 엄청난 재앙을 초래할 수 있습니다. 핵보유의 억지력을 높이기 위해 긴장의 강도를 높여간다면 어느 순간에 '억지충분성'을 넘어 미국의 대규모 공격을 자초할 위험성이 높습니다. 그리고 북한의 어떠한 행동이 핵억지충분성을 넘는가는 전적으로 미국의 판단에 달려 있습니다.34) 북한이 핵을 사용하면 그날로 지구 상에서 사라질 수밖에 없는 가공할 힘에 직면할 것입니다. 핵무기는 그것을 사용하기 전에 협상의 수단으로서 더 의미가 있는 것이지 군사적 무기로 사용하는 상황에 이른다면 그것은 북한은 물론 한민족 모두에게 비극입니다.

미국의 정책대안이 그렇게 많지 않은 것이 북한으로서는 다행이기는 하지만 핵위기의 장기화는 북한에 불리할 수밖에 없습니다. 핵무장이 결코 북한의 안보에 대한 우려와 경제문제를 해소해주지 않습니다. 핵보유

---

34) 북한이 억지충분성 즉 금지선을 넘는다면 미국은 상당한 위험을 무릅쓰고서라도 북한의 핵능력을 제거할 것이다. 금지선은 ① 미국 본토나 주일·주한미군기지에 대한 북한의 공격, ② 북한의 선제공격 이전이라도 미국에 대한 군사적 공격의 가능성 등 중대한 위험이 임박했다고 판단되는 경우, ③ 테러집단에 핵물질이나 미사일을 제공하거나 ④ 쿠바, 베네수엘라 등 중남미 국가에 미사일 등 무기 판매-중동국가와의 거래와는 달리 중남미국가에 대한 무기 수출을 미국은 중대한 위협으로 받아들일 것이다 ⑤ 미국 본토에 도달할 수 있는 대륙간탄도미사일의 발사시험, ⑥ 핵탄두의 제작 능력을 입증할 수 있는 고도의 기폭장치실험 등 장기적으로 북한의 위협이 더욱 커질 것이라는 점이 명백해지면 미국은 국력을 총동원해 보복에 나설 것이며 북한은 물론 한민족 모두의 재앙이 될 것이다.
테러와의 전쟁은 테러분자들을 추적하는 외에도 '테러조직의 자금줄 차단', '테러조직을 지원하고 피난처를 제공하는 나라 추적' 등이 포함되어 장기전이 될 전망이다. 따라서 북한의 핵물질이 테러집단의 손에 넘어가거나 테러단체와의 강한 연계의혹은 '테러와의 전쟁에 대한 공식 초대장'으로 미국은 어떠한 대가를 치르더라도 군사적 제재에 나설 것이다(하스 외, 2002: 46).

를 위해서는 지속적인 국력의 뒷받침35)이 필수적인데 계속적인 경제난과 자생력의 결핍으로 어려움을 겪고 있는 북한의 현 상황으로는 적절한 정치력을 발휘하기 어렵습니다. 그렇다고 핵과 미사일이 결코 경제적 위기나 체제 내 모순을 해결해줄 수 없습니다. 북한 체제가 당장 붕괴하지는 않겠지만 경제적 위기를 해결하지 않고서는 미국의 대북적대정책과는 관계없이 위기를 맞게 될 것입니다. 식량난으로 붕괴한 나라는 없을지라도 경제난과 사회체제의 혼란으로 정권이 붕괴한 사례는 얼마든지 있습니다.

중국과 경제 협력을 유지하는 한 미국과의 협력이 급하지 않다고 생각할 수도 있습니다. 그러나 중국과 베트남도 미국과 관계 개선 이후에야 비로소 본격적인 개혁·개방을 추진할 수 있었다는 것을 알아야 합니다. 중국의 지원으로 체제를 유지할 수는 있으나 미국과의 대타협으로 핵문제를 해결하지 않고서는 결코 북한의 경제개혁이 성공할 수 없다는 것은 1990년대 나진·선봉 경제개발계획의 실패에서 이미 입증되었습니다. 핵문제가 해결되지 않으면 미국에 의해서든 북한에 의해서든 한반도는 끊임없이 핵전쟁의 공포에 시달릴 수밖에 없으며, 북한도 군비경쟁과 경제난의 악순환으로 체제 붕괴의 위험에서 벗어날 수 없습니다.

북한은 핵의 억지력보다 한국과의 교류와 협력을 더욱 활성화함으로

---

35) 북한의 개혁개방이 성공을 거두기 위해서는 ① 지도자의 국제 정세 인식과 개혁에 대한 의지가 중요하지만 이 외에도 ② 기술 관료와 지식인 집단 그리고 국민적인 협력이 절실하며, ③ 이를 뒷받침할 수 있는 국내외의 자본과 기술의 지원이 필요하다. 비록 1990년대 고난의 행군을 끝내고 회복기에 들어섰다고는 하나 북한의 국내 경제 여건상 국내에서 경제회복의 동력을 찾기 어려운 현실로 보아 대외관계의 개선으로 북한 경제의 돌파구를 마련할 수밖에 없을 것이다. 박영준, ≪중앙일보≫, 2006. 1. 19.

써 민족공조를 통한 대미 정치적 협상력을 강화해야 합니다. 미국의 북한에 대한 공격을 억지하는 것은 북한의 핵과 미사일이나 선군정치보다 전쟁으로 인해 입을 수 있는 미국의 한국에서의 전략적 손실이 북한을 공격해서 얻을 수 있는 이익보다 더 크기 때문입니다. 한국의 국력과 한국 국민들의 민족의식 변화, 그리고 6·15정상회담 이후 더욱 공고해진 민족공조가 큰 힘이 된다는 것을 알아야 합니다. 북한은 한국 정부와 국민들의 민족공조에 적극적으로 호응해 조속한 시일 내에 남·북한정상회담으로 핵문제 해결과 한반도 평화체제 구축을 위한 방안을 함께 모색해야 합니다.

그러기 위해 북한은 부정적인 이미지 개선을 위해 혁신적인 변화와 노력이 필요합니다. 북한은 그동안 놀라울 정도로 많이 변했습니다. 그러나 21세기 새로운 국제사회의 일원이 되기 위해서는 비록 아직도 세계 최강의 미국과 군사적 대결을 계속하고 있지만 이를 극복할 수 있는 새로운 시대를 열어야 합니다. 할아버지 김일성 주석의 주체사상과 아버지 김정일 국방위원장의 선군정치를 뛰어넘는 새로운 정책방향을 제시하고 이를 뒷받침할 수 있도록 국가체제를 일신해야 합니다. 냉전체제하의 군사적 대결구도와는 다른 차원의 새로운 시대를 열 수 있는 대폭적인 인적쇄신과 혁명적인 외교자세의 변화가 필요합니다. 우선 남북 대화와 국제무대에서 정당한 주장을 관철하기 위해서는 지난 세기 호전적인 욕지거리, 악다구니 말투와 거친 행동거지부터 고칠 필요가 있습니다. 한국과의 진정한 민족공조를 위해서는 북한을 부정적인 시각으로 바라본 국제사회와 한국 국민들에게 가시적인 변화된 모습을 보여주어야 합니다.

미국과 북한의 핵 줄다리기에 따라 한반도 상공에는 검은 핵구름이 오락가락하고 있습니다. 반세기 이상 한반도 상공을 맴돌고 있는 검은 핵구름을 태평양으로 완전히 쓸어버리지 않는 이상 우리 한민족에게 거듭해서 밀려오는 핵태풍이 어떤 재앙을 몰고 올지 아무도 단언할 수 없습니다. 북한은 한국과 손잡고 미국을 상대로 최선을 추구하기보다 최악을 피하고 차선·차악을 택하는 정치력을 발휘해야 합니다.

제5장
한국은 냉전체제 의식구조 탈피해야

1. 한국 정부 핵문제 해결에 주도적 역할 가능한가

　로스앤젤레스의 대표적인 보수인사 중에 저와 개인적인 인연으로 서로 생각의 차이를 넘어 각별한 사이로 지내는 분이 여러 분 계십니다. 북한이 핵실험을 하거나 미사일을 발사하면 어김없이 규탄대회를 열고 북한을 성토하는 이분들에게 북한 핵문제 해결방안을 여쭤보면 "미국과 중국이 압력을 가해 북한이 핵을 포기하게 해야 한다"고 답변하십니다. 결론은 별다른 방안이 없다는 말입니다.

　한국 정부는 정권에 따라 다소간 차이가 있었지만 냉전해체 이후 ① 북한 핵 불용, ② 대화를 통한 평화적 해결, ③ 한국의 적극적 역할이란 3원칙 아래 한반도 비핵화를 추진해왔습니다. 대체로 정권 초기에는 대북관계를 평화적으로 해결하기 위해 의욕적으로 북한과 대화를 추진하지만 결국 핵문제를 넘지 못하고 대결국면으로 돌아서기를 되풀이했습니다. 그리고 북한이 한국을 따돌리고 미국과의 직접대화에 집착하기 때문이라고 모든 책임을 북한에 돌리고 20년이 지난 지금껏 해결의 실마리를 찾지 못하고 있습니다.

그럼 왜 북한 핵문제를 대화를 통해 평화적으로 해결하려는 한국 정부의 적극적인 노력이 결실을 보지 못하고 20년간 다람쥐 쳇바퀴 돌리기만 거듭하고 있을까요. 그것은 북한 핵개발을 절대로 인정할 수 없다는 한국 정부의 강경한 자세와는 달리 한국이 핵문제를 해결할 수 있는 해결방안을 전혀 갖고 있지 못하기 때문입니다.

남·북한 사이에는 60년간 계속된 한국전쟁으로 첨예한 군사적 대결을 계속한 결과 서로 주고받을 연결고리가 없습니다. 냉전해체 이후 이산가족상봉, 남·북한 스포츠교류로 물꼬를 트고 김대중·노무현 정부를 거치며 금강산 관광을 비롯해 남·북한 간에 민간차원의 교류협력과 인도적 지원이 활발해졌지만 이명박 정부에 의해 남북관계는 다시 얼어붙었습니다. 그나마 명맥을 유지하던 개성공단이 박근혜 정부의 출범 이후 5개월간이나 폐쇄되는 위기를 맞으며 아직도 남북관계의 장래는 예측하기 어려운 상황입니다. 결국 북한 핵문제는 전 세계의 핵에 관한 정보와 기술을 독점하고 핵확산금지체제를 주도하는 미국의 손에 달렸습니다.

냉전해체 이후 전 세계적으로 핵문제는 전적으로 미국과의 우호관계에 따라 문제제기와 해법이 다릅니다. 심지어는 핵확산금지체제의 집행기관인 국제원자력기구마저 독자적인 정보나 자료를 갖고 있지 못하고 모든 사찰 결과를 미국에 건네주고 모든 분석을 미국의 기술에 의존하고 있습니다. 특히 북한 핵문제는 미국이 냉전해체에 따라 한반도에서 구소련의 팽창정책 저지와 한국 방어라는 '반공' 기치를 대신해 주한미군의 계속적인 한반도 주둔을 위한 구실로 제기한 '끝나지 않은 한국전쟁'의 소산입니다. 따라서 그 해결은 궁극적으로 주한미군의 주둔과 그 역할,

미국이 한국에 제공하는 핵우산과 밀접한 관계가 있습니다.

한국 정부가 주한미군과 핵우산 이 두 문제에 대해 실질적인 발언권을 행사할 수 있어야 독자적으로 북한과 핵문제를 놓고 대화할 수 있습니다. 국방주권이 없는 한국이 한국전쟁의 종전과 평화협정 체결이란 근본적 해결방안에 대한 언급이 없이 일시적인 교류협력과 경제지원의 대가로 북한이 국가안보의 최후 보루로 생각하는 핵개발 포기를 요구하는 것은 애당초 가능한 일이 아닙니다. 그리고 북한에 대해 실질적인 영향력을 행사할 수 있는 중국이 북한에 압박을 가하도록 매달리는 외에 다른 방법이 없습니다. 이처럼 전적으로 미국과 중국에 의존할 수밖에 없는 한계성으로 인해 '한국의 적극적인 역할'이란 결국 '미·중에 매달리기' 아니면 한낱 구호에 그칠 수밖에 없었습니다.

그럼에도 정작 북한 핵문제 해결의 열쇠를 쥐고 있는 미국이 남북관계 개선 우선이란 명분 아래 북한과의 직접 대화를 피하고 '국방주권'이 없는 한국을 앞세워 북한 핵문제 해결을 어렵게 하고 있습니다. 이런 미국의 2선 후퇴는 비약적인 경제성장으로 세계 10위권의 경제대국으로 성장한 동맹국 한국에 대한 예우 차원인 동시에 1991년부터 주한미군의 방위비 일부를 부담[1]하는 데 대한 배려라 할 수 있습니다. 그러나 미국이

---

1) 방위비분담금은 '주한미군주둔군지위협정(Agreement Under Article 4 of the Mutual Defense Treaty between ROK and USA, Regarding Facilities, and Area and the Status of United States Armed Forces in the ROK, Status of Forces Agreement: SOFA)' 제5조(시설과 구역)에 의해 2~5년 주기로 개최되는 한미협상으로 '인건비를 제외한 비인적 주한미군의 주둔비용'의 일부를 한국 측이 지원하는 금액이다. 1991년 1,073억 원을 시작으로 2012년 8,361억 원까지 한국 정부가 지불한 방위비분담금 총액은 12조 1,240억 원에 달한다. 2008년 제8차 방위비분담 특별협정에 따라 2009년의 분담비율을 42%로 조정하고 2013년까지 매해 전년도 총액에 전전년도 물가상승률(최대 4%)

북한과의 대화에 한국을 앞세우는 진심은 공고한 한미동맹을 강조하면서도 미국과 한국 사이에 북한 핵문제에 대한 기본적인 시각차이가 존재하는 현시점에 구태여 동맹국인 한국을 제치고 북한과의 대화에 나설 필요가 없기 때문입니다.

냉전체제하에서 대북정책은 미국의 주도하에 결정되었습니다. 공산주의와의 대결에서 동북아시아에서 소련의 팽창정책 저지라는 미국의 전략목표는 곧 북한의 남침으로부터 한국을 방어한다는 한국의 국가안보와 부합했습니다. 더욱이 한국이 국토방위와 경제개발을 미국의 원조에 의존하는 형편이라 미국의 결정을 추종하는 이외에 다른 선택의 여지가 없었습니다. 그러나 냉전해체 이후 한국의 국제적 위상 변화, 한미 두 나라의 국민정서, 대북정책의 목표와 정책결정 과정 등의 차이로 한미공조를 강조하면서도 한국과 미국의 대북정책 사이에 상당한 괴리가 생기기 시작했습니다.

냉전해체 이후 미국의 대한반도정책은 점차 군사적 요인보다는 미국이 한반도에 이미 확보한 기득권과 영향력을 유지, 제고함으로써 얻을 수 있는 경제적 이해 등 포괄적 국익[2]을 추구하는 합리적인 방향으로 바

을 반영해 책정하기로 합의해 2008년 7,415억 원이던 분담금은 2013년에 8,695억 원으로 자동 증가했다. 미국은 현재 40%대인 한국의 방위비 분담 비율을 제9차 방위비분담 특별협정에서 50% 수준으로 대폭 늘릴 것을 요구하고 있어 한국의 방위비 부담이 매년 총 1조 원이 넘게 될 것으로 보인다.
한국 정부가 매년 예산에 주한미군주둔경비예산으로 7,000억~9,000억 원을 책정하고 있으나 주한미군은 군사건설비로 받아 사용하지 않은 돈이 매년 늘어 2012년에는 7,611억 원이 넘었다. 분담금 과다책정 논란이 생기자 미국은 이 돈을 미국 측이 부담키로 한 2사단 이전경비로 돌렸다. 배명복, ≪중앙일보≫, 2013. 7. 9.
2) 미국이 한반도에 이미 확보한 기득권과 영향력을 유지, 제고함으로써 얻을 수 있는 포괄적 국익이란 ① 한국과 한반도 전체에 대한 미국의 정치적 영향력 지속, ② 러

뀌었습니다. 이에 따라 미국은 대북 핵정책을 수정하고 주한미군의 재배치와 역할의 재조정, 작전지휘권 이관, 한국에 제공하는 핵우산과 한미동맹의 재조정 등을 추진하고 있습니다. 반면에 한국은 여전히 냉전체제 하의 의식구조를 벗어나지 못하고 북한의 무조건 핵포기를 요구하며 군사적 대결구도를 강화하고 있습니다.

이런 한국과 미국의 대북정책의 차이에도 불구하고 북한과 냉전적 군사대치를 전제로 주한미군기지를 비롯해 미군의 연례적인 훈련에 필요한 기지의 무제한 사용, 한국에 최신형 재래식무기 판매,3) 주한미군기지 이전비용4)과 환경오염 정리비용5)을 한국 측에 부담시키는 것과 같이 막

시아, 중국, 일본을 견제해 한반도가 동북아시아의 안정과 균형을 유지하는 완충지대 역할 담당, ③ 경제적으로 성장한 한국에 미국의 금융 및 기업의 진출 촉진 등을 들 수 있다. 결국 탈냉전에 따른 미국의 국가이익을 군사 중심적 차원에서 비군사적 차원으로 전환하고 있다(임근춘, 2003: 26~27).

3) 스톡홀름국제평화연구소(SIPRI) 2013년 보고서에 따르면 한국은 2012년에 10억 8,000만 달러의 무기를 구매해 세계 7위의 무기 수입국으로 기록되었다. 그러나 1990년부터 2012년까지 13년간 총 285조 달러를 지출해 해마다 평균 12억 4,000만 달러어치의 무기를 수입했다. 한국은 인도(434억 8,000만 달러), 중국(384억 4,000만 달러)에 이어 세계 제3위의 무기수입국이다(SIPRI, 2013).

4) 용산 미군기지 이전을 위해 한국이 부담해야 할 이전비용은 부지매입비 1,919억 원, 건설비조로 3조 7,652억 원을 합해 총 3조 9,571어 원이 소요된다. 리언 러포트 주한미군사령관이 2005년 3월 미 하원 세출위원회에 제출한 보고서에 따르면 주한미군의 평택기지로의 이전비용은 총 80억 달러이며 이 중 6%(4억 8,000만 달러)만 미국이 부담하고 나머지는 75억 달러는 한국이 부담한다. 한국 정부는 그동안 주한미군 이전비용으로 53억 달러가 소요된다고 발표했다.

5) 2008년 7월 환경부는 29개 반환기지 중 오염된 26개 기지의 환경치유비용으로 1,205억 원, 국방부는 1,134억 원이 소요될 것으로 추산했다. 2008년 1월 황규식 당시 국방차관은 환경오염 복구비용으로 3,000억~4,000억 원이 소요될 것이라고 보고했다. 여기에는 현시점에서 측정이 가능하지 않은 오염된 지하수 치유비용은 포함되지 않

〈표 6〉 세계 10대 무기수입국

단위: Current US Million Dollar

순위	나라	1990~2012 무기수입액	연평균 무기수입액	2011 GDP	평균 수입액 2011 GDP
1	인도	43,487	1,891	1,847,982	0.10%
2	중국	38,443	1,671	7,318,499	0.02%
3	한국	28,507	1,239	1,116,247	0.11%
4	터키	26,667	1,159	773,092	0.15%
5	사우디아라비아	24,516	1,066	576,829	0.18%
6	일본	22,581	982	5,867,154	0.02%
7	그리스	21,446	932	298,743	0.31%
8	대만	20,979	912	903,500	0.10%
9	이집트	17,254	750	229,631	0.33%
10	파키스탄	17,082	743	211,092	0.35%

자료: SIPRI(2013).

대한 이득을 얻을 수 있는 미국이 구태여 한국을 제치고 앞장서 북한 핵문제의 해결을 서두를 이유도 없습니다. 이것이 바로 미국이 북한과의 직접 대화를 기피하고 핵문제 해결을 중국과 한국에 미루는 '전략적 인내' 내지는 '전략적 무정책'의 실상입니다.

게다가 대부분의 미국 정치인이나 외교정책 결정자들은 북한문제에 관여하기를 원하지 않는 경향이 있습니다. 이들에게 북한은 첩보위성을 통해서야 탐색할 수 있는 미지의 이해하기 어려운 나라였습니다. 북한을 방문[6]한 적도, 그들과 대화를 해본 적도 없을뿐더러 북한에 대해 별 관

았다. 그러나 환경전문가들은 정확한 산정이 불가능하지만 26개 기지의 정화비용만 3,500억 원이 들 것이며, 용산기지를 비롯한 나머지 30개 반환기지까지 포함하면 총 7,000억 원이 소요될 것으로 추정한다.

[6] 사실 클린턴 행정부에서 제네바핵합의를 이끌어낸 국무부 관리들 역시 북한에 대해

심도 없는 편입니다. 그러다 보니 미국에 대한 선제핵타격 위협에도 북한이 왜 저런 위협을 하는지 이해도, 관심도 없습니다. 그저 불량국가의 상투적인 도발로 어처구니없는 최후 발악을 한다는 정도로 치부하고 있습니다. 북한에 대해 적대적 감정을 노골적으로 드러내는 보수파 정치인들도 북한과 특별히 원한이 있어서가 아니라 한국과 친하고 한국 편을 드는 것이 미국에 이익이 된다고 생각할 뿐입니다.

북한 핵문제 해결을 위한 아무런 방안을 갖고 있지 못한 한국이 평화를 위한 북한의 절실한 요구는 외면한 채 한국의 경제지원과 교류협력에도 불구하고 핵실험을 강행했다고 비난하는 것은 공정하지 않습니다. 군사분계선을 사이에 두고 총을 겨누고 있는 상태에서는 진정한 경제협력이 이루어질 수 없습니다. 현재 한반도에 조성된 군사적 긴장관계의 근본적인 원인을 제거하지 않은 상태에서 한국 정부가 추진하고 있는 민간교류와 경제협력이란 결국 북한의 개방·개혁으로 체제 변혁을 촉진하겠다는 것 아닙니까. 북한으로서는 군사적 압력과 함께 실시되는 교류협력을 흡수통일을 위한 수단으로 받아드릴 것입니다.[7] 한국전쟁을 끝내고 한반도 평화체제를 구축하려는 의지가 없는 대화는 긴장 완화를 위한 일

모르는 것은 마찬가지였다 카터 미 전 대통령이 평양 방문에 앞서 북한에 대해 브리핑을 해준 국무부 관리들에게 "자네 북한에 몇 번이나 가봤나"고 물었을 때 대부분 "한 번도 못 가봤다"고 대답했다(Wit, Poneman, and Gallucci, 2004: 418).

[7] 박근혜 대통령은 2013년 5월 15일 언론사 정치부장단과의 만찬에서 "저는 반드시 통일되어야 한다고 생각하는 사람이다. 통일이 궁극적인 목표나 대한민국 국민이 누리는 자유와 번영을 북한의 주민들도 누릴 수 있어야 한다. 남북 공히 삶의 질이 높아지는 그런 것이 통일의 궁극적인 목표다"라고 했습니다. 그리고 중국 방문 중 "통일된 한반도가 중국에 이득이 된다"고 설득하기 위해 노력했습니다. 과연 어떠한 통일을 의미하는지, 혹시 한국에 의한 흡수통일을 지향하는 것은 아닌지 의문이다.

시적인 미봉책에 불과하고 한반도 평화에 아무런 도움이 되지 않습니다.

이제 한국은 냉전체제하에서 미국의 국익 우선이란 차원에서 결정한 대한반도정책을 무조건 추종하는 '냉전중독증'에서 벗어나 과연 무엇이 우리 민족의 이익에 들어맞는지 곰곰이 짚어볼 필요가 있습니다. 미국이 두 손을 놓고 있는데 한국이 북한 핵개발을 절대로 용인할 수 없다고 목소리를 높이는 것이 얼마나 이익이 되는지, 제네바핵합의에 따라 북한에 제공하기로 했던 경수로 지원비용8)을 고스란히 한국에 떠넘긴 미국이 평화협정 체결 이후 북한 핵개발 보상비용을 누구에게 부담시킬 것인지 생각해볼 필요가 있습니다. 평화를 위해 북한을 도와준 것을 '퍼주기'라고 비난하면서 북한과의 대결을 위해 미국과 중국에 '바치기'는 보지 않는 한국 국민의 편향된 사고방식은 심각한 문제입니다.9)

---

8) 2003년까지 제공하기로 한 경수로 건설공사는 한국형 경수로 공급문제로 논란 끝에 거의 3년이 경과한 1997년 8월 착공했다. 2000년 2월 겨우 본 공사를 시작 제네바핵합의에 명시된 2003년 10월이 되도록 종합공정의 약 33.4%밖에 진척되지 않았으며, 기반조성 공사도 마치지 못한 상태였다. 그동안 이 사업을 위해 약 15억 6,000만 달러가 투입되었으며 이 가운데 한국이 70%에 달하는 11억 3,700만 달러를 부담했다. 나머지는 일본(4억 700만 달러)과 유럽연합(EU, 1,800만 달러)이 냈으며, 미국은 경수로 완공 전까지 북한에 중유를 제공한다는 합의에 따라 2002년 12월까지 총 3억 8,000달러어치의 중유(356만t)를 제공했을 뿐 경수로사업 자체의 비용은 부담하지 않았다. 이계성, ≪한국일보≫, 2005. 11. 30; Sigal, 1998: 9.

9) 한반도 평화를 위해 세계 10위권의 경제력을 갖은 한국이 북한에 원조를 제공하는 것을 '퍼주기'라고 비난하는 목소리가 높다. 그리고 '퍼주기'가 핵과 미사일로 되돌아왔다고 김대중·노무현 정부의 햇볕정책을 비판한다. 이런 비판에 대해 2013년 3월 한반도 위기국면에 민주통합당은 "정전협정 무효화 선언 후 유가증권시장에서 실종된 주가 총액이 35조 원인 데 비해 김대중·노무현 정부 햇볕정책 10년간 북한에 포용정책을 위해 쓴 돈이 총 8조 원에 불과해 평화를 지키는 데 드는 비용이 평화를 잃음으로써 치르는 비용과 비교가 안 된다"는 성명을 발표했다.

"자유(Freedom)는 공짜(Free)가 아니다"는 말과 같이 평화를 지키기 위한 '평화비용'도 적지 않을 것입니다. 그러나 반대로 북한과의 군사적 대결을 위한 '대결비용'으로 얼마나 많은 돈을 지불하는지 대충이나마 꼽아 볼 필요가 있습니다. 실례로 몇 가지 들어보면 ① 1991년부터 시작된 방위비분담특별협정에 따라 한국이 2012년까지 지불한 방위비분담금 총액이 10조 7,553억 원, 2012년에만 8,361억 원을 지불했습니다. 앞으로 분담금 비율이 50%가 넘으면 해마다 1조 원을 지불하게 됩니다. ② 한국은 1990년부터 2012년까지 13년간 무기수입에 총 285억 달러, 해마다 평균 12억 4,000만 달러를 지출해 인도, 중국에 이어 세계 제3위의 무기수입국입니다. ③ 한국은 2012년 국방비로 316억 6,000만 달러를 지출했습니다. 한반도에 평화가 정착된다고 국방비를 지출하지 않는 것은 아니겠지만 상당한 액수가 줄어들 것입니다.

④ 주한미군의 평택기지로의 이전비용은 총 80억 달러, 이 중 6%(4억 8,000만 달러)만 미국이 부담하고 나머지 75억 달러를 한국이 부담합니다. 다른 주한미군기지의 재배치에도 엄청난 비용을 추가 지출할 것으로 예상됩니다. ⑤ 반환되는 주한미군기지의 환경오염 복구비용으로 국방부는 3,000억~4,000억 원이 소요될 것으로 추정하나 민간 환경단체들은 적어도 7,000억 원이 넘을 것으로 추산합니다. ⑥ 주한미군이 무상으로 사

6·15위원회 경기본부 홍보위원 한상진 씨는 한 칼럼에서 "주한미군이 한국방어가 아닌, 미국의 세계군사전략을 수행하기 위해 주둔하게 되었는데 왜 그 비용을 우리가 대야 합니까. 지난 10년간의 민주정부의 대북지원을 북한 퍼주기라 하지만 그 금액은 2조 366억 원(무상지원 1조 1,651억 원, 식량차관 8,715억 원)으로 쉽게 환산하면 우리 국민 1인당 1년에 짜장면 1그릇 덜 먹고 지원한 셈입니다. 하지만 같은 기간 미국에 직·간접적으로 퍼준 금액은 29조 150억 원이 됩니다. 무려 대북지원금의 14.2배가 됩니다. 이제 주지 맙시다. 줄 필요가 없습니다"고 주장했다.

용하는 주둔 기지 경비를 산정하기는 쉽지 않으나 연간 약 20억 달러로 추산합니다(Harrison, 2002: 188). 이 밖에 해마다 3차례 이상 실시하는 한미합동군사훈련을 위해 미군은 대한민국 영토를 무상으로 무제한 사용할 수 있는 권한을 갖고 있습니다. ⑦ 1994년 미국이 제네바핵합의에 따라 북한에 제공키로 한 경수로 제공 사업경비 약 15억 6,000만 달러 중 70%에 달하는 11억 3,700만 달러를 한국이 부담하고 미국은 총 3억 8,000달러어치의 중유(356만t)를 제공했을 뿐 경수로사업 자체의 비용은 부담하지 않았습니다.

이상의 직접적인 대결비용 이외에 한반도의 군사적 대치상황으로 파생되는 한국 경제와 국민들이 받는 정신적·경제적 불이익은 계산할 수 없는 천문학적 수치일 것이며, 만약 전쟁이 발생하면 승패를 떠나 남과 북 모두 회복하기 어려운 비극적인 결말을 맞게 될 것입니다. 이제 '끝나지 않은 한국전쟁'을 끝내고 한반도에 평화를 정착시키기 위해 한국이 나서야 합니다. "핵을 머리에 이고 살 수 없다"는 식의 선핵폐기와 같은 일방주의를 버리고 북한 핵문제 해결의 열쇠를 쥐고도 뒷짐을 진 채 물러서 있는 미국이 북한과의 직접대화에 응하도록 한국이 교량역할을 맡아야 합니다. 그리고 한국전쟁을 끝내고 한반도에 평화를 정착하기 위한 군축, 비핵화 그리고 교류협력을 위해 북한과의 대화를 바로 지금 시작해야 합니다.

2. 한국군 편제개편과 국방주권 회복

미국의 경제협력과 주한미군의 보호 아래 한국은 이제 세계 10위권의 경제대국으로 부상했습니다. 군사부문에서도 1980년대 이래 비약적인 경제성장에 따라 2012년 북한의 6배가 넘는 국방비 316억 달러를 사용하고, 지난 20년간 해마다 12억 4,000만 달러를 지출하는 세계 3위의 무기수입국으로 꾸준히 군 현대화를 추진해 병력 68만 명에 최신예 전투기, 구축함과 잠수함 등을 보유할 만큼 막강한 군사력을 유지하고 있습니다.

그럼에도 한국군은 아직도 유엔군사령부에 예속되어 한국 대통령이 전시작전지휘권을 갖지 못하고 주한미군 사령관의 지휘를 받고 있습니다. 그리고 미국이 한미상호방위조약 제4조 "미합중국의 군이 대한민국의 영토 내와 그 부근에 배치하는 권리를 대한민국은 이를 허여하고 미합중국은 이를 수락한다"는 규정에 따라 한국 영토 내 필요한 지역들을 무제한 무상으로 이용할 수 있는 권한을 갖고 있습니다. 주한미군은 이에 따라 대한민국의 영토 내에서 아무런 제한을 받지 않고 자유롭게 핵무기를 비롯한 대량파괴무기들을 반입, 배치하고 훈련, 작전수행 및 철수할 수 있으며 한국군의 작전지휘권을 행사하고 있습니다. 이로 인해 한국군은 현대전에서 가장 중요한 역할을 하는 정보 수집과 방공망을 미군에 의존하고 있어 독자적인 작전능력을 확보하지 못해 자주국방의 한계를 드러내고 있습니다.

미국이 한국 정부로부터 아무런 제재를 받지 않고 한국 영토 내에서 무제한 무상으로 필요한 작전을 수행할 수 있는데도 대한민국이 영토주권을 가진 '완전하고 자주적인 주권국가'라고 할 수 있습니까. 국가급 정보자산을 보유하지 못하고 미국의 방공정보망에 전적으로 의존해 독자적인 작전수행이 불가능한 한국군이 자주국방을 말할 수 있습니까. 한국전쟁 초기 한국군의 전투력 부족으로 미군이 95% 이상인 UN군에 의존해야 했으며, 전비의 99%를 미국이 부담하는 상황에서 한국군이 미군 장성의 지휘를 받는 것은 어쩔 수 없는 선택이었습니다. 그러나 세계 10

위권의 경제대국인 대한민국 60만 대군이 60년이 넘도록 온전한 '국방주권'을 갖지 못한 채 미군 장성의 지휘권 아래 전 세계 분쟁지역에 용병으로 파견된다면 독립된 주권국가로서 참으로 부끄러운 일입니다.

그럼에도 지난 60년간 계속되어온 한반도의 군사적 대치상황으로 아직도 냉전시대의 의식구조에서 벗어나지 못한 한국 군부의 변화에 대한 저항으로 국방주권 회복과 한반도 평화체제 구축의 역사적인 전기가 무산될 위기를 맞고 있습니다. 노무현 정부가 미국과 2012년에 완료하기로 합의했던 전시작전권 이관을 이명박 정부에서 2015년으로 연기한 데 이어 박근혜 정부 출범과 함께 다시 재검토해야 한다는 목소리가 높아지고 있습니다. 여기에다 한미합동군사훈련과 선제핵공격 능력을 강화하려는 미 국방부와 주한미군사령부의 지원으로 사태의 심각성을 더해주고 있습니다.[10] 2013년 4월 21일 버웰 벨 전 주한미군사령관이 공개서

---

10) 2005년 10월 1일 노무현 대통령이 국군의 날 기념사에서 "국방개혁이 성공적으로 이루어지면 작전통제권 행사를 통해 스스로 한반도 안보를 책임지는 명실상부한 자주군대로 거듭날 것"이라고 '전시작전통제권' 환수에 강한 의지를 표명하고 2006년 1월 신년 기자회견에서 "올해 안에 한미동맹의 장래에 관한 연구와 한국군 전시작전권 환수 문제를 매듭지을 수 있도록 미국과 긴밀히 협의해 나갈 것"이라고 언명했다. 노 대통령의 기자회견 바로 다음날인 2006년 1월 26일 리언 러포트 주한미군사령관이 "전시작전통제권이 어느 시기에 이양될지에 대해서는 앞으로 연구 토의가 이뤄진 뒤 결정되어야 한다"면서 "전시작전통제권의 이양은 한국군이 그런 군사능력을 갖출 때 이양될 수 있을 것"이라고 말했다. 이것은 바로 전날 있었던 노 대통령의 언명을 정면으로 맞받아치는 발언이었다. 이런 주한미군사령관의 발언에도 불구하고 "무슨 소리냐, 우리 군대는 스스로 전시작전권을 행사할 능력이 있다"고 나서는 한국군 장성이 한 사람도 없다는 것은 한심한 일이다. 그렇다면 현역이든 예비역이든 한국군의 장성들은 모두 작전통제권도 행사할 수 없는 화자(火者, 고자) 장성인가. 이활웅, ≪통일뉴스≫, 2006. 1. 31.
2013년 4월 21일 버웰 벨 전 주한미군사령관도 공개서한을 통해 "북한 핵보유에 따

한을 통해 '전시작전권 전환 무기한 연기'를 언급한 것도 그동안 주한미군사령부를 통해 한반도에서 정보를 독점하고 대한반도정책을 주도해왔던 미 국방부가 대북화해정책으로 선회한 국무부에 대한 견제라고 해석할 수도 있습니다.

한국이 독자적인 전시작전지휘권을 행사하기 위해서는 한국군 편제 전반에 걸쳐 전면적인 개편이 불가피합니다. 특히 작전수행에 필수적인 방공정보망을 전적으로 미국에 의존해 독자적인 작전수행이 불가능한 공군과 제한적인 연안방어 임무를 수행하는 해군을 대양해군으로 개편 등 어려운 문제들이 제기됩니다. 2015년 전시작전지휘권 이관 이후에도 주한미군이 여전히 한국 공군과 해군에 대한 전시작전권을 행사하는 것으로 유보된 이유이기도 합니다. 이처럼 기형적인 육군중심의 한국군 편제에 대한 대대적인 수술이 예상되는 데 따라 육군 기득권의 저항도 예상됩니다.

전시작전권 환수문제는 결국 한반도의 군사적 대결구도를 계속할 것인가, 지난 60년간 '끝나지 않은 한국전쟁'을 끝내고 한반도에 평화를 정착시킬 것인가입니다. 한국은 한반도에서의 군사적 대결을 전제로 북한의 핵보유에 대비해 군사력을 증강할 것인지, 북미 평화협정으로 한국전쟁을 끝내고 한반도에 평화체제를 정착시킬 것인지, 주한미군이 한미동맹의 기본 전제인 대북억지력을 넘어 동북아시아 및 중동지역의 분쟁에 신속 전개하는 신속기동군 역할을 할 때 한국이 세계의 모든 분쟁에 자동적으로 개입할 것인지 결정해야 합니다. 박근혜 대통령의 선제재, 후

라 남한이 전쟁이나 협상에서 절대적 열세에 있을 수밖에 없다"는 사실을 공론화하고 '전시작전권 전환 무기한 연기'를 통해 북핵 위협을 실제로 감소시키려면 한국군 전략 및 전력 보강 등도 함께 추진되어야 한다고 지적했다.

지원 북핵 해결 원칙에다 군부 기득권을 대표하는 4명의 육군참모총장 출신이 내각에 포진한 강성이미지의 새 정부 안보팀이 과연 전시작전권 이관에 대해 어떤 결단을 할지 주목됩니다.

2013년 60주년을 맞는 한미동맹은 '외부로부터의 무력공격에 대해 그들 자신을 방위하고자 하는 공통의 결의를 공공연히 또한 정식으로 선언'한 한미상호방위조약[11])에 근거해 북한의 위협으로부터 대한민국을 지켜준 한국과 미국의 젊은이들의 '피'로 맺은 혈맹관계입니다.

문제는 냉전해체 이후 한국과 미국 두 나라 사이에 한반도전략 구상에서의 시각 차이가 크게 벌어지고 있다는 점입니다. 미국은 전 세계 — 동북아 — 한반도의 순으로 군사전략을 짜는 반면, 한국은 역으로 한미동맹의 우선순위를 한국의 방위에서 출발합니다. 미국의 세계전략의 일환으로 주둔하고 있는 주한미군을 한국은 마치 한국의 방위를 위한 주둔으로 인식하고 있습니다. 더욱 문제가 되는 것은 주한미군이 이미 대북억지력을 넘어 동북아시아 및 중동지역의 분쟁에 전개하는 신속기동군의 역할을 하고 있다는 점입니다.[12]) 이에 따라 ① 한반도 안보를 한국군이 책임

---

11) 한미상호방위조약 전문(일부). 제3조 : 각 당사국은 타 당사국의 행정관리하에 있는 영토 또한 금후 각 당사국이 타 당사국의 행정관리하에 합법적으로 들어갔다고 인정하는 영토에 있어서 타 당사국에 대한 태평양 지역에 있어서의 무력공격을 자국의 평화와 안전을 위태롭게 하는 것이라고 인정하고 공통한 위험에 대처하기 위해 각자의 헌법상의 절차에 따라 행동할 것을 선언한다.

12) 박건영, ≪평화네트워크≫, 2005. 11. 14; 정욱식, ≪한겨레21≫, 2005. 12. 14. 찰스 캠벨(Charles Campbell) 미8군사령관이 이미 2004년 5월 25일 "한미 연합군은 인도주의 작전뿐만 아니라 동북아 평화유지군으로 활동할 수 있을 것"이라고 주한미군만이 아니라 한국군의 동반파병에 관해 언급했다. 이에 대해 한국 정부는 분쟁지역에 투입되는 대상은 주한미군이며, 파견 근무 중인 카투사를 포함한 모든 한국군은 포함시키지 않는다는 입장을 갖고 있다. 그러나 동북아 유사사태에 주한미

지는 문제, ②다른 분쟁지역에 투입되는 주한미군의 한국 내 기지사용 문제, ③주한미군의 해외파병에 따른 한국군의 동반 파병 여부, ④제35방공포여단 본부가 주둔하고 있는 오산기지를 비롯한 수원, 군산, 광주의 공군 및 패트리엇미사일 기지가 중국을 겨냥한 미·일 미사일방어체제에 포함되는 문제, ⑤501증원지원여단 창설로 한국이 세계의 모든 분쟁에 자동적으로 개입하게 되는 문제 등은 심각하고, 복잡하며, 중대한 문제들이 발생합니다. 따라서 한국과 미국은 이러한 문제들을 해결하고 주한미군이 한반도 밖의 작전수행을 위해 차출될 경우 한국 정부와 사전에 협의하는 법적·제도적 장치를 마련하기 위해 한미상호방위조약의 개정을 본격적으로 논의해야 합니다.

지난 반세기 동안 한국군은 전적으로 주한미군의 지휘 아래 남북대결이란 소극적 임무를 수행해왔습니다. 그러나 더 이상 냉전을 전제로 '강대국에 의한 보호'[13]라는 한국과 미국의 관계가 한국이 중국, 러시아와 관계정상화를 이루고 협력을 강화해가는 21세기에 그대로 적용될 수 없게 되었습니다. 국방개혁으로 한국군이 전술지휘통제능력을 갖춘 정상적인 군대가 되기 위해서도 국방주권의 회복이 시급히 요청됩니다. 그동

군이 동원될 경우 한미상호방위조약에 따라 한국군이 피동적으로 개입되는 가능성도 전혀 배제할 수 없다. 이러한 동맹의식의 차이는 이라크 파병 및 주한미군 재배치에서 크게 부각되었다. 주한미군의 한강 이남으로 재배치로 인계철선의 역할이 변화되고 신속기동군으로 개편해 한반도 이외의 지역으로 출동시키는 것과 같이 주한미군의 지위에 대한 근본적인 변화는 바로 한미상호방위조약에 의해 성립된 한미동맹체제의 근본적인 변화를 가져오게 된다.
13) 약소국이 독립을 유지하는 것은 기본적으로 세 가지 유형이 있다. ①강대국 간의 세력균형, ②패권적 지위를 갖고 있는 국가와의 보호관계, ③강대국이 흥미를 갖지 않는 경우인데 한국과 미국과의 관계는 두 번째 유형에 해당한다(이삼성, 2003: 8).

안 진행되어온 주한미군의 지위와 한미동맹의 재조정 논의를 본격적으로 추진해 새로운 국제질서에 맞게 한국전쟁을 끝내고 평화협정 체결과 남·북한의 군축, 비핵화로 연결된다면 한반도와 동북아시아의 평화에 적극적으로 기여하는 자랑스러운 대한민국의 국군으로 거듭날 수 있습니다.

전시작전지휘권의 완전한 환수와 한미동맹을 재정의하는 것은 이념의 문제가 아니라 국방주권 회복이란 대한민국의 자존심을 회복하는 것입니다. 전시작전지휘권의 환수와 함께 한미연합사로 이루어진 연합지휘체계도 주권국가 간의 군사협력구조로 전환되어야 합니다. 주한미군 전력은 거의 배제된 채 대부분 한국군 전력으로 이루어진 기형적인 한미연합사를 해체하고 한미 양국의 독자적인 작전기구가 서로 협력하는 협동전력구조(joint forces structure)14)로 전환되어야 합니다. 한국의 대통령-국방장관 예하의 합참의장이 미국의 대통령-국방장관-합동참모본부장-육군장관-태평양군총사령관-주한미군사령관이란 층층시하의 일개 지역사령관을 상대하는 현행 지휘체계도 조정되어야 합니다. 그리고 주한미군의 입·출입에 대해서는 사전협의 수준을 넘어서는 더욱 적극적인 방식

---

14) 미국이 외국과 체결한 군사동맹의 지휘체계는 ① 주둔지 국가와 통합된 군사기구를 형성하는 통합형과 ② 독립된 군사기구를 유지하는 협력형의 두 가지가 있다. 북대서양조약기구(NATO)는 NATO군총사령부 예하에 각국의 군 지휘체계가 일원화된 통합형인 데 비해 일본, 호주 등은 미국과 각국이 독립된 병렬체계를 유지하는 협력형이다. 이와 관련해 북대서양 조약 기구 소속 국가들이 한국과 유사하게 전시작전통제권을 NATO군사령관인 미군 장성에게 부여하고 있는 예를 들어 한미연합지휘체제로 미국에 종속되거나 주권이 심각하게 침해받는 것이 아니라는 주장도 있다. 김은지, ≪국방저널≫, 2005. 10. 5. 그러나 대등한 주권국가 간의 조약에 의해 구성된 북대서양조약기구와 대표적인 불평등조약인 한미상호방위조약에 의거한 주한미군을 비교한다는 것 자체가 불합리한 것이다.

으로 한국 정부가 통제권을 행사할 수 있도록 제도화해야 할 필요가 있습니다. 이것은 주한미군에게 기지와 방위비분담금을 제공하고 있는 한국 정부의 당연한 권리행사입니다.

한미동맹이 한국의 민주주의와 시장경제의 성공을 보장해왔고 한국 경제의 성장에 따라 한국의 자주성과 안보를 동시에 가져다준 것은 인정됩니다. 그러나 탈냉전 이후 세계화와 화해분위기, 이에 따른 동북아의 국제질서 변화 그리고 한국 국민의 민족의식 고조 등 변화된 정세에 맞지 않는 반자주적·반민족적·폐쇄적인 동맹인 점을 인정해야 합니다. 대북억지력에 근거해 미국에 철저히 순종하는 동맹은 21세기 한국의 위상에 맞지 않습니다. 군사력 위주의 패권적 대결이란 전통적 세력균형을 탈피하고 외교적 노력과 국제협력이란 새로운 연성균형을 이루기 위해서는 하루속히 북한 핵문제를 해결하고 한반도의 군사적 긴장 상태를 해소해야 합니다. 그리고 한국이 국방주권을 회복함으로써 미국과 대등한 주권국가로서 한미동맹관계를 재조정할 때 한미동맹도 더 건강하게 발전할 수 있을 것입니다.

3. 핵주권론: 한국도 핵무장해야 하나

최근 북한이 3차례 핵실험에 성공해 핵보유국의 지위를 갖게 되자 일부에서는 한국도 비핵화를 철회하고 핵개발 선언을 하자는 군사적 의미의 핵주권론에다 평화적 의미의 핵주권론, 전술핵 재반입론, 조건부 핵무장론 등 각종 주장이 제기되고 있습니다. 그러나 이러한 주장은 경제는 물론 군사, 외교에 이르기까지 국제적 대외의존도가 높은 한국으로서는 미국과 국제사회의 제재로 인한 외교적·경제적 손실을 감당하기 어렵다는 점에서 전혀 현실성이 없는 자기과시형 정치적 주장에 불과합니다.

'핵의 평화적 이용'과 '핵주권 확보'에 관한 논의는 1991년 '한반도비핵화 공동선언'에서 비롯되었습니다. 세계적인 긴장 완화의 분위기에 따라 한국과 북한 간의 대화가 급진전되어 처음으로 한반도 비핵화에 합의 (1991.12.31)한 것은 한반도의 평화를 위한 진전이라 평가할 수 있습니다. 그러나 비핵화선언이나 비핵지대조약이 실효를 거두기 위해서는 선언이나 조약의 당사국의 안전이 보장되어야 하고 따라서 주변 핵보유국들이 핵무기를 사용하거나 위협하지 않는다는 보증이 필수적입니다. 그런데 한미상호방위조약에 의거해 한국에 핵우산을 제공하는 한반도 핵문제의 책임 있는 당사자인 미국이 참여하지 않아 '한반도비핵화 공동선언'은 처음부터 선언적인 의미 외에 실질적인 효력을 기대할 수 없었습니다.

'한반도비핵화 공동선언'은 전적으로 북한 핵개발을 저지하기 위한 전략의 일환으로 한반도 비핵화에 아무런 의미가 없는 원천적으로 무효입니다. 한국이 말하는 '한반도 비핵화'란 그저 '북한 핵포기'를 의미할 뿐입니다. 미국의 핵우산 아래 보호를 받고 있는 한국이 북한에 '나는 우산을 쓰기만 하고 만들지는 않겠으니 너는 우산을 쓰지도 만들지도 말라'는 주장은 억지입니다. 그런 의미에서 '한반도비핵화 공동선언'에서 핵의 평화적 이용을 위한 핵주권을 일방적으로 포기한 것을 비판한다거나 북한 핵개발이 이 선언을 위반한 것이라고 비난하는 것 자체도 무의미한 논쟁에 불과합니다.

북한의 핵보유에 대응해 미국의 전술핵을 재배치토록 촉구해야 한다는 주장도 있습니다. 그러나 전술핵 재배치논의는 은행금고를 마치 자기 것인 양 떠벌리는 것과 같은 과대망상에 불과합니다. 우선 1991년 9월 아버지 부시 전 대통령의 해외주둔 미군의 전술핵무기 철수선언은 주한미군만이 아니라 전 세계 미군기지를 대상으로 한 것입니다. 따라서 이를 번복하고 전술핵무기를 다시 배치하는 경우 미군이 주둔하고 있는 다른 국가들의 반발이 예상된다는 점에서 미국이 쉽게 결정할 수 있는 문제가 아닙니다. 또 미국의 새로운 세계전략에 따라 주한미군기지가 대규모 병력과 군사 장비를 유지하며 영구적으로 주둔하는 해외중추기지(Power Projection Hurb: PPH)에서 전략적 지휘통제체제를 갖추고 장기적으로 주둔하는 해외전략거점(Main Operation Base: MOB)으로 격이 낮아져 미국으로서는 전술핵무기를 배치하기에 적합하지 않습니다.

전술핵무기 철수선언 이전에 미국은 한국에 배치되어 있거나 한국에서 사용할 의도가 있는 핵무기의 숫자, 유형, 위치에 관한 정보를 공유하지 않아 당시 한국 정부는 전술핵무기에 관해 아무런 정보도 갖고 있지 못했습니다. 정보조차 공유하지 않는 전술핵무기를 한국이 천만금을 준다고 해도 미국이 이전해줄 리 만무합니다. 그것은 핵확산금지체제의 가장 중대한 위반사항이기 때문입니다. 더욱이 핵잠수함이나 항공모함 등에 장착된 핵미사일과 핵폭격기로 세계 어느 곳이든 타격할 수 있는 미국으로서는 구태여 동맹국들의 반발이 예상되는 전술핵무기를 다시 배치할 이유가 없습니다.

북한이 핵무기를 보유한 마당에 한국도 핵확산금지조약에서 탈퇴하고 핵무장을 해야 한다는 목소리도 높아지고 있습니다. 북한과 마찬가지로 핵확산금지체제 밖에서 핵개발을 하는 것은 그 자체로는 국제법상 전혀 문제가 되지 않습니다. 다만 국제원자력기구와 유엔의 제재를 현실적으로 극복할 수 있느냐의 문제입니다. 미국의 핵우산을 믿지 못하기 때문에 미국이 반대해도 핵을 보유해야 한다는 이런 주장은 듣기에는 굉장히 '애국적'인 주장같이 들립니다. 그러나 이런 주장은 '한국의 핵은 한반도 평화를 위한 방어용이고, 북한의 핵은 평화를 위협하는 공격용'이라는 논리적 모순에 빠집니다. 그리고 '미국의 핵 위협 때문에 자위를 위한 핵개발'이라는 북한의 입장을 대변해주는 핵불감증 환자의 자기부정에 불과합니다. "핵을 머리에 이고 살 수 없다"고 한 박근혜 대통령의 발언 역시 한국전쟁 당시 미국의 핵위협에 이어 천여 기의 주한미군 전술핵무기를 머리에 이고 40여 년 살아왔으며 오늘도 미국 핵우산의 공포 아래 떨고 있는 북한의 입장을 정당화해주기는 마찬가지입니다.

핵개발 초기에는 핵보유를 마치 강대국의 상징처럼 여겨 경쟁적으로 핵개발에 착수하는 경향이 있었습니다. 따라서 핵기술의 세계적인 확산을 막기 위해 미국을 비롯한 핵강대국들이 주도해 핵확산금지체제가 출범했습니다. 그러나 점차 핵기술의 보편화로 한국을 포함해 일본, 서독, 캐나다 등 세계 20여 개 국가가 핵개발 능력을 보유하면서도 핵무기 개발을 하지 않는 것이 국제적인 추세입니다. 국제사회에서 핵보유가 더 이상 강대국의 기준이 되지 않습니다. 다만 안보상의 특별한 동기가 있는 이스라엘(아랍 세계와의 대결), 인도(중국, 파키스탄과의 국경분쟁), 파키스탄(인도와 국경분쟁)과 북한(미국과 적대관계) 등 일부 국가가 경제적인 불이익을 감수하고 핵개발을 강행하고 있습니다.

한국이 북한의 핵보유에 열등감을 가질 이유는 전혀 없습니다. 한국은 이미 23기의 핵발전소가 가동 중이며 한국형 경수로를 개발, 자체적으로 핵발전소를 건설하고 해외 원전 수주에 참여하고 있습니다. 이제 겨우 5MW 원자로에 100MW 경수로 하나를 건설 중인 북한과 비교가 되지 않는 풍부한 인적자원과 고도의 핵능력을 보유하고 있습니다. 한국은 북한이 최초로 플루토늄을 추출한 것으로 의심받는 1989에서 1991년 사이보다 훨씬 앞서 이미 1982년 4월 원자력연구소에서 플루토늄 추출에 성공했으며 2000년 1~2월에는 대덕연구단지에서 인광석에서 추출한 천연우라늄을 핵무기개발에 사용할 수 있는 정도인 77%의 고농축에 성공했습니다. 한국이 실시한 우라늄농축실험은 북한이 사용한 가장 초보적인 기체원심분리농축과는 차원이 다른 '원자핵 증발 레이저 동위원소 분리 우라늄 농축실험'이란 고도의 첨단 기술입니다. 경비가 너무 많이 들어 상용화에는 적합하지 않으나 설비와 공정을 은폐하기 쉬워 오히려 비밀리에 핵개발을 추진하기에는 적합한 기술입니다.[15] 이처럼 한국의 핵개발 수준은 정부의 정책적 결정 후 6개월 이내에 핵무기 보유가 가능한 것으로 평가받고 있습니다.

핵개발을 위해서는 기술, 자본, 의지 등 세 가지 요소가 필요한데 한국은 기술과 자본에서 북한과 비교할 수 없는 월등히 높은 수준을 이미 확보하고 있습니다. 문제는 미국과 국제원자력기구의 감시와 제재를 피해 핵개발을 감행하려는 의지입니다. 북한의 핵보유는 미국과 한국의 전면적인 공세를 억지하는 전략적 효과와 강성대국이란 내부용 이미지 상승 이외에 하등의 전술적 효과를 발휘하지 못하고 오히려 국제적 제재만 가중시켜 북한을 세계 최빈국 수준으로 전락시켰습니다. 더군다나 국제적

---

[15] 한국이 2차례 핵물질 실험을 실시한 것은 명백히 핵확산금지조약을 위반한 것이다. 이는 1차 북핵위기의 쟁점이 된 북한이 핵확산금지조약 가입 이전에 플루토늄 추출한 것을 자진 신고한 것이나, 2차 북핵위기의 구실이 된 원심분리기 제조에 사용될 수 있는 특수 알루미늄 수입과는 차원이 다른 중대 사안이다. 따라서 많은 의혹이 제기되고 있다. 즉 ① 1982년 당시 미국은 플루토늄 추출 정보를 파악하고 한국 정부에 즉시 중단할 것을 요구하고, 전두환 대통령은 1983년 11월 한국을 방문한 레이건 미 대통령에게 중지를 약속했음에도 미국은 왜 국제원자력기구에는 정보를 제공하지 않았는가. ② 우라늄 농축실험은 국제원자력기구의 환경표본조사로는 밝혀낼 수 없는 정보인데 미국은 2004년 그 정보가 언론에 유출될 때까지 왜 묵인했는가. ③ 미국에 의해 장기간 은폐돼온 우방국에 불리한 정보를 누가, 왜 2004년 9월이란 시점에 '넬슨 리포트'라는 전자언론매체에 제공했는가. ④ 국제적으로 민감한 문제를 야기할 우라늄 농축실험을 과연 학자들의 학문적 호기심만으로 실시했는가, 한국 정부는 왜 정기사찰을 거부하면서까지 이들의 연구 활동을 감추려 했는가(한호석, 2004).

으로 대외의존도가 높은 한국의 핵개발은 한미동맹과 한국경제의 근간을 흔들 수 있는 대단히 위험한 결정입니다.16) 2012년 23기의 원자력발전소를 가동해 총 전력수요의 34.6%의 전력을 생산,17) 공급하면서도 핵연료를 전적으로 외국에서 수입해야 하는 한국으로서는 핵연료 공급중단이란 사소한 제재 하나만으로도 산업시설의 가동중단으로 경제기반이 붕괴될 것입니다. 핵개발이란 결국 미국을 비롯한 국제사회의 제재와의 싸움인데 60년간 계속된 경제제재를 견뎌온 북한과 달리 한국은 사소한 경제제재도 흡수할 수 있는 여력이 없습니다.

한국은 북한과의 대결로 핵개발 동기가 큰 것으로 의심18)을 받기 때문

---

16) 국제원자력기구(IAEA) 사찰에 따라 유엔 안전보장이사회와 총회의 결의로 국제법상 제재를 가할 수 있다. 제재에는 크게 ① 외교단절 등 정치, 외교적 제재, ② 경제제재 등 비군사적 제재와 ③ 군사적 제재로 나눌 수 있다. 그러나 국제원자력기구가 세계적인 핵정보를 독점하고 있는 미국이 제공하는 정보에 의존할 수밖에 없는 제한성으로 인해 핵사찰 활동은 제도상의 문제점이 있다. 핵사찰에 따른 제재는 결국 미국과의 동맹관계에 의해 좌우되고 국가안보를 전적으로 한미동맹에 의존하고 있는 한국으로서는 치명적인 문제이다.

17) 1962년에 처음 연구용 원자로 Triga Mark-II(100kW)를 도입한 한국은 1978년에 고리 1호기가 상업용 발전을 시작한 이래 고리 1~4호기, 신고리 1~2호기, 한울(울진) 1~6호기, 월성 1~4호기, 신월성 1호기, 한울(영광) 1~6호기 등 23개의 발전용 원자로와 3개의 연구로가 2012년 현재 가동 중이다. 총 시설용량 20GW 이상의 원자력발전소에서 총 전력수요의 34.6% 전력을 생산, 공급하고 있는 한국은 9개의 원자력발전소를 추가로 건설 또는 추진해 원전 비율을 높일 예정이다. 다만 핵개발 의혹 때문에 미국의 제재로 우라늄 농축이나 사용후 핵연료의 재처리시설을 갖고 있지 못하다(Harrison, 2002: 245).

18) 사용후 핵연료의 상태에 따라 이를 재처리해 추출할 수 있는 플루토늄의 양은 일정하지 않다. 대체로 1,000톤의 사용후 연료에서 5톤 정도의 플루토늄을 추출할 수 있는 것으로 추산한다. 핵무기 1개 생산에 최소 8kg의 플루토늄이 소요된다는 계산에 따라 미 언론인 셀리그 해리슨은 2001년 한국이 3,375개의 핵무기 생산이 가

에 핵연료재처리시설19)마저 허용하지 않을 정도로 국제원자력기구의 특별 감시대상으로 분류되고 있습니다.20) 사용후 핵연료의 중간저장시설21)이 포화상태에 이른 한국으로서는 핵의 평화적 이용을 위한 사용후 핵연료의 재처리시설 확보로 핵연료 주기를 완성하는 것이 더 시급한 과제입니다. 한국이 핵개발 동기를 의심받지 않기 위해서는 한국전쟁을 끝내고 한반도에 평화가 정착돼야 합니다. 한반도에 평화가 정착되지 않고서는 우주산업의 첫걸음인 미사일 개발(Harrison, 2002: 256),22) 에너지산

능한 27톤의 플루토늄을 추출할 수 있는 사용후 핵연료를 저장하고 있다고 했다 (Harrison, 2002: 246).

19) 우라늄 농축과 재처리시설은 원자력의 평화적 이용을 위해 중장기적으로는 필수적인 과제이다. 우선 농축 공정은 핵연료 주기의 핵심 부분으로 이것이 없이는 핵연료 공급의 자립이 불가능하다. 천연 우라늄에 우라늄235가 0.7%인 것을 3% 이상으로 농축해 핵연료로 사용하는데 사용후 핵연료는 1.2~1.5%의 우라늄235를 포함하고 있어 그 자체가 소중한 자원이다. 특히 플루토늄과 우라늄의 혼합 경수로용 산화핵연료(Mixed Oxide Fuel of Plutonium and Uranium: MOX)를 생산해 재활용하기 위해서는 재처리가 불가피하다.

20) 핵사찰은 국가별 등급에 따라 사찰의 강도를 달리한다. A급인 핵보유국은 민간용 원자력발전소에 한해 자발적으로 사찰을 받고 군사용은 일체 사찰대상에 포함되지 않는다. 비핵보유국 중 핵투명성이 인정된 B급으로 분류된 일본 등은 사소한 사찰은 해당국에 위임하고 국제원자력기구는 특정부분만 담당한다. 그 밖에 핵개발 동기가 의심스러운 C급으로 분류된 비핵보유국은 엄격한 감시와 통제를 받는데 한국은 북한과 함께 C급으로 분류된다.

21) 한국은 해마다 260톤 이상의 사용후 핵연료를 배출하고 있어 폐기물 처리에 어려움을 격고 있다. 특히 한국은 사용후 핵연료를 재활용할 것인지 영구 처분할 것인지에 대한 국가정책이 결정되지 않아 중간저장 중인데 저장능력 9,803톤에 6,985톤을 비축하고 있어 2016년이면 포화상태에 달할 것으로 예상되어 대책 마련이 시급한 실정이다. 사용후 핵연료의 저장문제를 해소하는 데 큰 도움을 줄 수 있는 재처리와 농축시설의 보유를 일방적으로 포기한 정책은 잘못된 결정이란 비판이 있다.

업의 활로인 시베리아 송유관시설과 마찬가지로 핵연료 주기 완성에 필수적인 사용후 핵연료의 재처리시설도 그림의 떡에 불과한 것입니다. 60년간 계속되고 있는 한국전쟁이 바로 세계로 뻗어 가는 21세기 한민족의 비상을 가로막고 있다는 사실을 명심해야 합니다.23)

---

22) 한국은 2013년 1월 최초의 위성 발사체인 KSLV-1(Korea Space Launch Vehicle)이 과학기술위성 2호를 탑재하고 전남 고흥 외나로도 우주센터에서 발사에 성공해 세계에서 11번째 인공위성 자체발사에 성공한 국가가 되었다. 비록 미국의 엄격한 통제 아래 핵과 미사일 개발의 제한을 받아 러시아가 1단 추진체의 제작을 맡았으나 한국의 핵시설과 미사일 기술 수준은 북한과 비교되지 않을 정도로 높은 수준으로 핵무기와 운반수단인 탄도미사일의 개발을 위한 기술과 재정적인 능력을 충분히 갖추고 있다. 다만 주한미군의 작전통제 아래 국방주권을 갖지 못하고 있어 개발 제한을 받고 있을 뿐이다.

23) '핵의 평화적 이용'과 '핵주권 확보'를 추구하는 것은, 핵무기는 개발하지 않으면서 핵공학기술을 발전시킨다는 뜻이다. 석유자원의 고갈, 50년을 넘기지 못할 천연우라늄 등 자원이 부족한 현실에서 사용한 플루토늄보다 더 많은 플루토늄을 생산하는 '꿈의 원자로' 고속증식로는 에너지 부족 문제의 해결을 위한 하나의 방안이 될 수 있다. 그러나 핵공학기술은 핵무기 개발의 가능성 때문에 국제사회의 의혹을 불러일으키는 '불씨'다. 또 사용후 핵연료의 재처리에는 경제적 측면도 고려되어야 한다. 플루토늄 이용이 경제성이 있으려면 우라늄 가격이 현재보다 열 배 정도 올라야 하기 때문에 지금 당장 시급한 것은 아니다. 황주호, ≪중앙일보≫, 2005. 11. 22. 핵주권은 주권국가로서의 자존심과 관련되는 사항이기는 하나 힘의 원리가 지배하는 국제정치의 현실을 무시할 수 없다. 핵주권의 고수보다는 플루토늄 이용에 대한 국제적인 동의를 확보할 수 있는 국가적인 위상을 인정받아야 한다. 한반도에서 전쟁상태가 지속되고 한국과 북한 모두 핵개발의 동기가 큰 것으로 의혹을 받는 현 상황에서 국제적 동의를 얻는다는 것은 가능한 일이 아니다. 핵투명성에 대한 신뢰를 얻기 위해서는 먼저 한반도에 평화체제가 구축되어야 한다. 그리고 새로운 핵협력협정에서 핵연료 주기 완성을 위한 우라늄농축, 재처리시설의 확보와 고속증식로를 건설할 수 있는 핵주권을 회복하도록 노력하는 것이 순리이다 (Harrison, 2002: 274).

4. 냉전의식 탈피하고 동북아시아를 넘어 세계로, 우주로

　북한이 안고 있는 모든 문제가 바로 '끝나지 않은 한국전쟁'에서 비롯된 것과 마찬가지로 한국이 안고 있는 모든 문제의 출발점도 바로 '끝나지 않은 한국전쟁'입니다. 지난 60년간 계속된 '끝나지 않은 한국전쟁'으로 인해 아직도 냉전시대의 의식구조를 탈피하지 못하고 대미 종속적인 편향된 사고와 사회·정치·경제 전반에 걸친 구조적인 문제로 진통을 겪고 있습니다.

　해방 후 좌우익논쟁에서 시작된 이념대결이 반세기 이상 계속되면서 악성 '냉전중독증'이 한국 사회 전반으로 전이되어 극단적인 대결양상과 각종 사회문제가 발생하고 있습니다. 남북 분단에 이어 동서 대립에다 보수와 진보의 대립은 극우-극좌, 꼴통보수-좌빨이란 극한적인 대결로 국론 분열과 세대 간, 계층 간의 대립을 불러일으키고 있습니다. 편향된 사고의 틀에 갇혀 상대방의 의견을 존중하기보다 이해하려는 노력조차 하지 않는 한국인의 자세는 21세기 세계로 도약하는 한민족에게 가장 큰 걸림돌이 되고 있습니다. 세계로 나가면 흑과 백만 있는 것이 아니라 노랑, 빨강, 파랑에다 온갖 잡색이 뒤죽박죽 뒤섞여 함께 살아갑니다. 흑백 대결구도에 갇혀 내가 원하는 것만 보려는 편협한 사고로는 한민족이 21세기 새로운 세계에서 살아남을 수 없습니다.

　대외적으로는 대미 종속적인 자세로 인해 냉전시대 유물인 미국의 대북적대정책의 틀에서 헤어나지 못하고 있습니다. 지난 세기 한반도는 자본주의와 공산주의란 이데올로기에 함몰된 채 한민족의 운명은 전적으로 미국에 의해 결정되었습니다. '반공'이란 구호 아래 주한미군은 한국을 보호해주는 혈맹으로 가장 믿음직한 존재로 인정되었습니다. 미국은 냉전해체 이후 반공의 전초기지로서의 전략적 가치를 상실한 한반도에서 더 이상 '반공'을 말하지 않습니다. 그 대신 평화협정 체결로 인한 주한미군의 철수를 막고 동북아시아에서 미국의 전략적 이익을 보호하기 위한 새로운 명분으로 '북한 핵문제'를 제기했습니다.

미국에 대한 비판은 무조건 '좌빨'로 매도되는 사회 분위기로 인해 주한미군 철수는 그동안 거론조차 할 수 없는 성역으로 치부되었습니다. 한반도 평화를 위해 전 국민이 짜장면 한 그릇 덜먹고 북한을 도와준 것은 '퍼주기'라고 입에 거품을 물면서 민족의 생존을 위협하는 군사적 대결을 위해 미국에 수십, 수백 배 '바치기'는 보지 못하고 있습니다. 이런 한국 국민의 편향된 사고는 아편보다 더 심각한 '냉전중독증'이 아닐 수 없습니다. 이러한 사회 분위기 때문에 미국은 '북한 핵문제'란 새로운 깃발 아래 주한미군의 영구 주둔을 위한 새로운 기지를 평택지구에 건설하고 있습니다. 미국으로서는 주한미군의 재배치 비용과 북한 핵개발 보상 비용을 한국에 떠넘기기 위해서라도 북미 평화협정 체결 때까지 한반도에서 안보 불안이 지속될 필요가 있습니다.

냉전해체 이후 미국에 이어 한국도 그동안 적대관계였던 중국, 러시아와 수교한 지금 미국의 국익이란 차원에서 결정된 세계군사전략을 무조건 추종하는 것은 바람직하지 않습니다. 새로운 국제질서와 세계적 군사전략에 따라 미국이 한반도에서 주한미군의 재배치, 전시작전지휘권 이관을 추진하고 주한미군이 대북억지력의 범위를 넘어 전 세계 분쟁지역으로 출동하는 신속기동군의 역할을 담당하는 데 따라 한미동맹을 재검토할 필요성도 제기되고 있습니다. 그럼에도 한국의 보수는 이 문제들을 김대중·노무현 정부의 햇볕정책과 진보세력의 반미감정과 연계시키고 한미동맹을 위태롭게 하는 것으로 잘못 이해하고 있습니다.[24] 동북아시아에서 미국의 전략적 이익의 극대화, 즉 대중국 견제에 활용하기 위해 미국이 한반도의 안보불안을 지렛대로 이용하는데도 한국은 대미 종속적인 자세와 대북적대정책의 틀에서 벗어나지 못하고 있는 것은 바람직하지 않습니다.

냉전의식을 탈피하지 못한 이러한 국민 정서와 사회적 분위기는 정치와 정책결정에 그대로 반영되어 한반도는 21세기 국제 정세의 변화를 따라가지 못하고 있습니다. 지난 60년간 세계 최강 미국과의 군사대결을 위해 선군정치를 표방하는 군부통치하의 북한은 물론 민간인 출신 대통령의 당선에도 불구하고 한국 역시 군에 대한 문민지배가 확립되지 않아 아직도 준군사정부[25]의 틀을 벗지 못한 채 남북관계를 군사적 대결로 몰아가고 있습니다.

2013년 3월 남북관계가 위기로 치달을 때도 통일부장관은 보이지 않고 전투복 차림의 국방부 장관이 원점 지휘부 타격, 개성공단 인질 구출, 김일성·김정일 동상 파괴 등을 외치며 북한의 도발에 수위를 맞춰 진두지휘하는 활약상이 연일 지면을 장식했습니다. 준전시하의 준군사정부 국방장관의 이런 강경 대응이 적절했는지를 떠나서 과연 한국군이 독자적으로 원점 타격을 할 장비와 능력이 있는지 의문입니다.[26] 우선 타격

---

24) 한국의 보수 세력이 김대중·노무현 정부의 대북정책을 잘못 이해하고 있기보다는 개혁정책에 대한 저항수단으로 반북의 정치(anti-North politics)를 활용하고 있다 (이삼성, 1995: 156).

25) 민주주의 국가에서는 민간인 출신 국방장관을 통해 대통령의 국군통수권이 보장되나 한국은 건국초기에서 제2공화국 시절과 예외적인 사례를 제외하고 전통적으로 군 출신 특히 육군참모총장 출신 국방부장관을 정점으로 한 군부의 막강한 영향력으로 아직도 대통령의 군 통수권 행사에 한계가 있는 것이 현실이다. 특히 김장수 안보수석, 남재준 국정원장, 김병관 국방장관에다 장관급으로 격상된 박흥렬 경호실장을 포함해 4명의 육군참모총장 출신이 각료에 포함된 박근혜 정부의 안보팀이 주목된다. 한국에서도 하루속히 군 출신이 아닌 민간인 출신이 국방부장관에 임명될 수 있는 한반도 평화체제가 확립되어야 하겠다.

을 하려면 타격할 표적을 획득할 수 있는 정보가 있어야 하고, 타격할 수 있는 장비를 갖춰야 합니다. 그리고 효과적으로 타격을 실행하고, 결과를 확인한 후, 예상되는 적의 반격에 대비할 수 있어야 합니다. 가장 중요한 것은 누구의 명령으로 미국의 최신예 전략폭격기들이 한반도로 출격했으며, 한국의 대통령과 국방장관이 북한 지휘부 타격을 결심하고 명령을 내릴 수 있느냐입니다.[27] 아무리 정권교체기라 하지만 한국 정부의 독자적인 위기관리 능력의 문제점을 여실히 드러냈습니다.

한반도는 지금 60년간 계속된 불안정한 전쟁상태가 계속되고 있어 아

---

[26] 2012년 12월 북한이 은하 3호를 쏜 뒤 한국 국방부에서는 한국이 북한 문제에 주도권을 쥐고 있지 못하고 항상 북한이 한반도 정세를 주도했다는 데 대한 반성이 있었다. 김관진 장관 주도로 이에 대한 대책회의가 이어지면서 선제타격, 북한 지휘부 궤멸, 김일성·김정일 동상 파괴 등 강경 흐름으로 논의가 전개되고 김관진 장관이 원점·지휘부 타격, 개성공단 인질 구출 발언 등 강경 발언을 쏟아내면서 문제가 커졌다. 2013년 4월 초 예비역 장성들의 모임인 성우회 모임에서 김관진 장관이 말하는 원점 타격이 화제에 올랐다. 장성들의 얘기는 "원점 타격을 한다면 어떤 무기 체계로 할 수 있는가"였다. 수단이 없다는 것이다. ≪한겨레신문≫, 2013. 4. 30. 북한의 경우는 모든 것이 베일에 싸여 있어 '말 폭탄'을 쏠 수 있다. 그렇다고 한국 국방부 장관이 대북 억지를 위해 미국의 전략무기들만 보여줄 수밖에 없는 약점을 덮기 위해 있지도 않은 장비와 정보로 이런 대응책을 내놓는 것은 바람직하지 않다. 그리고 과연 김일성 주석 동상 파괴 후 청와대를 향해 날아오는 미사일에 대한 요격체계나 전면전쟁으로 비화되는 데 대한 충분한 검토가 있었는지 의문이다.

[27] 필자는 1968년부터 1972년까지 4년간 한국 공군본부에서 참모총장 서한장교(speech writer)로 근무했다. 1970년 6월 한국 해군 방송선 한 척이 북한 경비정에 의해 납북되어 공군 참모총장이 책임을 지고 퇴임하는 사건이 발생했다. 사건 당시 한국 공군의 전투기들이 현장에 출동해 발사명령 대기상태였으며 참모총장이 모든 상황을 통제하고 있었으나 작전지휘권이 없어 우물쭈물하는 사이에 해군 방송선은 북방한계선을 넘어 납북되고 상황은 종료되었다. 바로 작전지휘권이 없는 한국군의 적나라한 모습이었다.

무리 적은 충돌일지라도 한순간에 전면전으로 확대되고, 핵전쟁으로 민족이 파멸할 최악의 위기에 서 있습니다. '끝나지 않은 한국전쟁'을 의식하지 않는 전쟁불감증, 핵불감증을 극복하지 못하고 준군사정부 아래 군사적 대치를 계속한다면 한반도는 핵전쟁으로 그동안 이룩했던 성과가 하루아침에 불바다가 될 수 있습니다. 일시에 핵폭풍에 의한 열과 방사능으로 수백만 명의 사상자가 나고 화재, 낙진, 사회체제의 붕괴에다 핵겨울로 '산 자가 죽은 자를 부러워하는 세상'[28]을 맞게 될 것입니다. 전쟁의 승패를 떠나 남과 북을 막론하고 한민족은 앞으로 백 년 이내에 다시 일어설 수 없는 종말을 맞게 될 것입니다.

'끝나지 않은 한국전쟁'의 후유증은 비단 군사적 대결구도만이 아닙니다. 한국이 안고 있는 현안 중 가장 심각한 것은 비무장지대로 가로막힌 한반도가 세계적인 한국 기업들의 발목을 잡고 있는 한국경제의 구조적

---

28) 가공할 핵무기들이 사용되었을 때 인류의 문명은 말살되고 지구의 종말이 온다는 것은 의심할 여지가 없다. 대피소나 동굴 속에 피신한 사람들과 폭발로부터 멀리 떨어져 있는 사람들은 생존할 가능성도 있다. 그러나 핵폭발의 제1파 폭풍, 열, 방사선 등과 제2파 화재, 낙진, 사회체제 붕괴 등을 모면하더라도 핵겨울이라는 제3파를 모면할 수 없다. 1983년 터르코(R. P. Turco), 툰(O. B. Toon), 애커먼(T. P. Ackerman), 폴락(J. B. Pollack), 사간(C. Sagan) 등 5명이 '핵전쟁 후의 세계'라는 학술대회에서 발표한 '핵폭발이 대기와 기후에 미치는 영향에 관한 보고서'는 미국과 소련이 보유한 핵무기의 10분의 1만 사용되어도 인류의 문명은 종식될 것이라고 예언했다. 핵폭발로 발생한 분진과 낙진 등으로 99%의 햇빛이 차단되어 지구는 암흑세계로 변하고 영하 수십 도의 혹한이 몇 개월 동안 지속된다. 모든 녹색식물과 해양생물도 죽게 되어 땅과 바다는 죽음의 세상이 된다. 태양을 가렸던 분진들이 땅에 떨어져 하늘을 다시 보게 되면 이번에는 오존층의 파괴로 인한 자외선 침투로 각종 암에 걸리게 된다. 생태계의 파괴로 인해 비록 생존자가 있다 하더라도 방사능 오염과 추위로 죽어간다. 이들은 핵겨울을 "산 자가 죽은 자를 부러워하는 세상'이라고 묘사했다(김태우, 1994: 35).

인 문제입니다. 삼성, 현대가 더 이상 50년 전의 설탕 공장이나 토목회사가 아닌데 철조망으로 가로막혀 50년 전이나 똑같이 내수시장에 갇혀 있습니다. 경제단위 내부에 소비시장이 확보되지 않는 경우 기업은 대외시장에서의 경쟁력 확보만 염두에 두고 국내경제와 노동자들의 희생만을 강요하는 비정상적인 기업 활동과 과대 이윤만 추구하게 됩니다. 한반도 비무장지대 남단의 제한된 내수시장이 세계적인 일류 기업으로 성장한 한국의 대기업들을 뒷받침해주지 못해 지나친 대외 의존과 문어발 성장이란 악순환을 거듭하고 있습니다. 한반도의 허리를 옥죄고 있는 철조망을 걷어내고 한국의 자본과 기술이 북한을 거쳐 동북3성, 몽골, 연해주와 시베리아를 넘어서 유럽대륙으로 나아가는 활로를 열어야 합니다.

지난 두 세기에 걸쳐 외세에 짓눌리고 냉전의 희생물로 한민족은 둘로 갈라져 서로 강대국의 비위나 맞추는 앞잡이가 되고 말았습니다. 이처럼 파괴되고 뒤틀린 정신적 혼돈을 바로잡기 위해서는 끊어진 한반도의 허리를 다시 잇고 새로운 역사로 나아가기 위한 혁신적인 정신운동이 필요합니다. 이런 정신적 각성은 개인이나 지도자의 리더십에 의해 이루어질 수 있는 차원이 아니라 민족의 내부로부터 폭발적으로 분출되어야 합니다. 지금 우리 한민족 모두의 심연을 흔들어 놓을 수 있는 원동력은 바로 민족의 시원, 대륙에 대한 민족적 향수에서 찾을 수 있습니다. 동북아시아는 우리 한민족에게는 민족적 긍지와 자부심을 불러일으키는 역사적으로 밀접한 관계를 가진 지역입니다.

신라에 의한 삼국통일 이후 우리 한민족은 한반도에 갇혀 대륙으로의 진출이 좌절된 채 반도 민족으로 거의 천 년을 살아왔습니다. 그러나 한민족의 발원지이며 선조들의 활동 무대였던 만주와 시베리아 대륙에 대해 우리는 항상 고향을 떠난 사람의 향수와 같은 민족 감정을 간직해왔습니다. 동북아시아, 광활한 만주와 시베리아 대륙은 한민족이 새롭게 역사에 도전할 수 있는 힘의 원천이 될 것입니다. 이것은 '만주는 우리 땅'이란 편협한 민족주의와는 차원이 다른 21세기 세계로, 우주로 비상하는 한민족의 기개입니다. 미사일기술통제체제의 족쇄를 풀고 자체기술로 개발한 나로호에 화성탐사선을 싣고 우주로 나가는 추진력이 될 것입니다.

제6장
동북아 비핵지대와 경제·안보협력체제

1. 21세기 동북아 정세 변화와 한반도 핵문제

21세기를 흔히들 아시아-태평양 시대라고 합니다. 19세기 산업화시대를 유럽이 선도했다면 20세기는 미국이 세계사를 주도했습니다. 이제 21세기가 지구 상에서 경제적으로 가장 빠르게 성장하고 역동적인 아시아-태평양 시대가 되리라는 데 아무도 이의를 제기하지 않습니다. 그러나 아시아-태평양 시대의 도래가 반드시 아시아 민족에게 기회와 행운이라고 단언할 수는 없습니다. 탈냉전 이후 국제 정세는 전반적으로 긴장 완화로 나아가고 있습니다. 그러나 세계는 아직도 평화의 시대를 맞은 것이 아니며, 세계적인 불안정성과 미래에 대한 불확실성으로 경제적·정치적·사회적 혼란이 계속되고 있습니다.

한반도를 둘러싸고 있는 동북아시아의 정세는 냉전해체 이후 화해나 긴장 완화와는 아직도 상당한 거리가 있습니다. 동북아시아의 불안정성은 미국의 패권적 지배 전략에 따라 동북아 질서 재편을 주도하고 있어 더욱 복잡합니다. 미일동맹이 일본의 대중국, 대북정책을 지배할 뿐 아니라 한국의 대북정책 역시 민족의 이해보다는 미국의 국익에 맞게 결정되어 왔습니다. 한·일 국교정상화는 두 민족 간의 진정한 화해에 근거한 것이 아니라 미국에 의해 마련되고 조정된 군사, 경제중심의 불균형 관계였습니다.

동북아시아에는 중·러, 중·일, 일·러 간의 영토분쟁과 한반도의 군사적 대결, 대만 귀속문제 등 분쟁의 소지가 상존하고 있는데도 유럽안보협력회의(Conference on Security and Cooperation in Europe: CSCE)와 같은 안보협력기구가 존재하지 않아 불안정한 정세가 지속되고 있습니다.[1] 게다가 빠른 경제성장은 결과적으로 군비강화에 필요한 경제력을 뒷받침해 세계적인 군비축소의 새로운 기운에도 불구하고 동북아시아에서는 오히려 군비경쟁이 과열되고 있습니다.[2] 더욱이 21세기 들어 수위를 높

---

1) Cheon, Seongwhun, 1997: 392.
2) 냉전체제의 해소와 더불어 세계 각국의 군사비는 감소했다. 그러나 1987~1988년을 정점으로 줄어들던 세계 군사비 총액은 1998년을 기점으로 늘어나기 시작해 2004년에는 9,750억 달러로 냉전 당시 최고액에 비해 불과 6% 못 미치는 수준으로 늘어났다. 9·11사태 이후 테러와의 전쟁, 아프가니스탄과 이라크에서의 전쟁으로 미국이 해마다 6%씩이나 추가지출을 했기 때문이다.
스톡홀름국제평화연구소(SIPRI)에 따르면 2012년도 미국의 군사비는 무려 6,824억 달러로 전 세계 군사비 총액(1조 7,500억 달러)의 39%에 달한다. 동북아시아의 모든 국가들도 군비 확장에 열을 올리고 있어 정치, 경제면의 변화에 못지않게 군사적인 긴장감이 고조되고 있다. 미국에 맞서 아직도 세계 제2위의 군사력을 유지하고 있는 러시아를 비롯해 동북아 6개국 모두 세계 10위권 안에 드는 군사 강국들이다. 2012년 중국(1,661억)이 군사비 지출 순위에서 러시아(907억, 3위)를 제치고 2위로 올라섰으며, 일본(562억, 영국에 이어 5위), 한국(316억, 12위), 대만(107억, 19위), 북한(50억, 추정치)도 엄청나게 증가했다(SIPRI, 2013).

여가고 있는 동북아시아의 군비경쟁이 핵경쟁을 수반하고 있어 핵전쟁의 위험성이 높다는 점에서 더욱 우려하지 않을 수 없습니다.

냉전체제하에서는 핵보유국 미국과 소련이 직접 분쟁에 휘말리지 않아 핵전쟁의 재앙을 피할 수 있었습니다. 그리고 탈냉전 이후 계속된 지역분쟁에서도 핵보유국이나 잠재적 핵보유국이 직접 관련되지 않아 핵무기가 사용되지 않았습니다. 그러나 동북아시아에는 미국, 러시아, 중국은 물론 북한도 2005년 2월 핵보유를 선언한 후 3차례 핵실험에 성공해 사실상 핵보유국이 되었습니다. 일본과 한국 역시 정책적 결단만 내리면 9~12개월 이내에 핵개발을 할 수 있는 잠재적인 핵능력을 갖고 있습니다.[3] 이처럼 사소한 분쟁이 곧바로 핵전쟁으로 비화될 가능성이 높은 동북아시아에서 새로운 전쟁이 발생하면 핵무기를 실전에 사용하는 인류 최초의 핵전쟁 마당이 될 가능성이 높습니다.

21세기 동북아시아의 급변하는 정세 변화 중에서도 북한 핵개발 문제가 태풍의 핵으로 주변국 모두에게 가장 시급한 현안으로 부각되었습니다. 우선 북한과 국경을 접하고 있는 중국은 비록 혈맹관계에 있지만 한국과 더불어 가장 직접적인 관련 당사국입니다. 북한의 핵보유가 동북아시아 최강의 군사 강국[4]이며 세계 제3위의 핵강국[5]으로 21세기 미국과

---

[3] 북한의 핵보유로 동북아시아에서 핵도미노 현상을 우려한다. 그러나 이런 일반적인 견해와는 달리 미 국무부 군축담당 차관이었던 존 볼턴(John R. Bolton)은 2003년 한 인터뷰에서 "북한이 핵을 가지면 일본과 한국도 가지게 될 것이니 중국이 나서서 해결해주지 않겠느냐"는 질문에 "일본은 이미 사실상의 핵강국인데 새삼 핵을 만들어 세계의 눈총을 받을 이유가 없고, 한국은 그럴 입장에 있지 않다. 반면에 중국은 북한의 핵을 그리 큰 위협으로 보지 않고 오히려 그런 북한이 더 쓸모가 있다고 볼지도 모른다"라며 "단연코 아닐 것"이라고 대답했다. 김희상, ≪코리아모니터≫, 2011. 4. 15.

4) 중국은 1993년 최초로 75억 달러의 군사비를 공개한 이래 해마다 10% 이상을 증액해 2012년에는 미국(6,824억 달러)에 이어 세계 2위의 군사비 1,661억 달러를 지출했다. 그러나 아직 국민총생산 대비 2%에 불과해 계속적인 군비증강이 예상된다. 육·해·공군과 제2포병(전략 미사일 부대)으로 구성된 중국군은 세계 최대의 226만의 병력에 최신예 J-10, SU-30을 포함한 1,700여 대의 항공기, S-300 지대공미사일은 물론 사정거리 1만 3,000km에 달하는 대륙간탄도미사일(DF-5A)을 보유한 군사 강국으로 발돋움했다. 중국 해군은 원자력 잠수함과 구축함 21척과 호위용 소형 구축함 45척을 갖춘 대양해군으로 성장했다. 특히 2012년 9월 중국 최초의 항공모함 랴오닝함(구소련이 1985년 6만 톤 급으로 건조를 시작한 구형 항공모함 바랴크가 약 70% 건조된 상태에서 1991년 구소련의 붕괴로 우크라이나를 경유, 중국이 인수해 완공한 미국 미드웨이급 중형 항공모함)을 공개했다. 랴오닝함 외에 6척의 항공모함을 더 건조할 것으로 알려져 머지않아 태평양에서 미국의 군사력을 위협할 것이다.

공군은 2012년 1월 최신예 J-20 스텔스전략폭격기의 시험비행을 실시했다. 미국의 우주독점에 도전하는 우주군사력 개발, 미·일·유럽 등에서 적극 추진 중인 군사혁신(RMA) 방안도 도입하고 미 첩보위성에 달라붙어 교란시키는 '기생위성'과 군사위성을 요격하는 위성요격체계(ASAT)도 개발했다. 유용원, 《디지틀조선》, 2004. 8. 29; 김학준, 《인터넷한겨레》, 2005. 8. 30; 김종찬, 2005: 174; SIPRI, 2013.

5) 중국은 미국과 러시아에 이어 세계 3위의 핵강국이다. 1964년 첫 핵실험에 성공, 1990년대 초 90kt 이하의 다양한 핵탄두를 실험, 경량화, 다탄두화 등 기술적 진보를 이루었다. 현재 약 30~450개의 핵탄두를 보유한 것으로 추정되는데 핵탄두와 운반수단인 미사일을 통합, 운영하는 제2포병은 총병력 12만 명으로 지린(吉林), 푸젠(福建) 등 7곳에 군단급 기지를 배치해놓고 있다. 이들 부대는 동풍 DF-4·5·31 등 대륙간탄도미사일(ICBM), DF-11·15·21 등 중·단거리 미사일들을 보유하고 있다.

평화적 핵이용 분야에서 중국은 아직 9개의 원자력발전소(시설용량 4.5GWe)에서 전체 전력수요의 2.2%인 660만kWe을 생산, 공급하는 데 불과하지만 15년 이내에 40기로 늘려 2020년까지 전력수요의 4%에 해당하는 4,000만kWe까지 늘릴 예정이다. 자체적으로 핵발전소의 설계, 시공, 운용능력을 갖추고 핵보유국으로 우라늄농축, 핵연료 전환시설을 가동하고 있으며 사용후 핵연료의 재처리시설도 건설 중이다. 중국은 특히 미국의 미사일방어체계(MD)에 대항하기 위해 다탄두미사일(MIRV) 개발에 역점을 두고 2002년 11월 시험 발사한 이동식 DF-31(사정거리 8,000km)은 고체연료를 사용, 발사 시간을 단축시켰다.

패권을 겨룰 중국에 대한 도전일 뿐 아니라 한국, 일본 및 대만의 군사력 증강과 핵무장의 구실을 제공하기 때문입니다. 북한의 핵과 미사일로 인해 일본이 미국과 미사일방어체제를 서두르게 했으며 미사일방어체제가 한국과 대만으로 확장되는 것을 우려하고 있습니다. 그러나 중국으로서는 역사적으로 깊은 혈맹인 북한의 생존과 확고한 우호관계가 우선인 만큼 유엔에서 북한에 대한 제재에 찬성하면서도 미국과 국제사회가 과도한 압력을 행사하지 못하도록 방패 역할을 하고 있습니다. 북한의 3차 핵실험 이후 중국 지도부의 일부 발언이나 인터넷상에 나타나는 중국 인민들의 여론 변화를 들어 최근 중국의 입장이 변한 것으로 보는 견해가 있으나 중국 정부나 학자, 여론 주도층은 북한의 합리적인 안보 우려를 미국이 인정하고 포괄적 해결방안을 수용하라는 입장을 견지하고 있습니다.6)

중국은 2005년 10월 유인우주선 선저우 5호 발사 성공에 이어 2013년 6월 5번째 유인 우주선 10호를 발사했다. 여성우주인을 포함한 3명의 우주인은 실험용 우주정거장 톈궁 1호와의 도킹을 비롯한 각종 실험을 실시했다. 2020년 미국과 러시아가 주도한 우주정거장 ISS가 퇴역하면 중국이 세계 유일의 우주정거장 보유국이 된다(Pan Zhenqiang, Shen Dingli, Bruce Blair, and Sun Xiangli, 2005; Bazhanov, Evgeniy P. and James Clay Moltz, 2002: 171).

6) 핵문제는 미국의 대북적대정책과 이에 맞서는 북한의 핵개발에 의해 발생한 것이므로 중국은 직접적인 당사자는 아니지만 ① 북한 핵문제가 지니고 있는 국제성, ② 북한과 중국이 국경을 접하고 있는 특수한 이해관계, ③ 한국전쟁의 참전국으로 정전협정의 한 당사국이며, 무엇보다도 ④ 양국의 역사적 혈맹관계로 인해 중국은 한국과 더불어 가장 직접적인 관련 당사국이다. 중국은 제1차 북핵위기 당시에는 공개적으로 북한을 버리지도 않았지만 그렇다고 노골적으로 편들지도 않았다. 위기의 전 과정을 통해 '긍정적인 역할'을 강조하면서도 중국은 제재에 대해 회의적인 논평만 계속 발표했으며, 1993년 5월 안보리 의장 성명서의 채택을 반대하지 않았다.
6자회담에서 중국은 중재자로서 상당히 중요한 역할을 수행하고 있다. 중국은 적극 한국과 더불어 북한의 미사일 사정거리 안에 있는 일본은 북한의 핵과 미사일의 확실한 인질 중의 하나로 가장 민감한 반응을 보이고 있습니다. 일본이야말로 인구, 정치, 산업의 중추가 극히 소수 대도시에 집중되어 구조적으로 미사일 공격에 취약합니다. 1998년 8월 북한이 발사한 대포동미사일이 일본 열도를 지나간 사건은 미국인들이 소련의 스푸트니크발사에서 받은 충격에 비유됩니다.7) 일본은 이런 북한의 위협을 패전 이후 자신들을 제약했던 평화 헌법의 틀에서 벗어나 미일동맹 강화와 자

적인 중재역할로 중국, 북한, 미국의 3자회담에서 한국, 북한, 중국, 미국, 러시아, 일본의 6자회담으로 발전시켰으며, 9·19공동성명의 합의로 한반도의 긴장국면을 완화시키고, 동북아 평화와 안전을 위해서 건설적인 역할을 해왔다. 미국이 북한에 대한 압박 수단의 하나로 중국을 개입시켰지만 중국은 독자적인 전략적 입장에서 영향력을 행사하고 있다. 중국의 북한 핵문제에 대한 기본 전략은 ① 한반도의 평화와 안정 유지, ② 한반도의 비핵화, ③ 외교와 대화를 통한 북한 핵문제 해결을 기본원칙으로 한다. 즉 중국은 북한의 핵개발에 동의하지 않지만 미국의 군사적·경제적 제재조치에 부정적이며, 평화적인 방법으로 해결해야 한다는 것이다(Wit, Poneman, and Gallucci, 2004: 98~199; 문흥호, 2003; 서진영, 2000).

7) 일본은 1998년 북한의 대포동 1호 발사 이후 1999년 미국과 함께 미사일방어계획을 위한 연구를 시작, 2003년 회계연도에는 19억 엔(1,600만 달러)을 책정하기 시작해 미국형 MD의 도입을 위해 4년간 900억 엔을 투입, 2004년부터 2007년 사이에 미국이 개발한 이지스함 발사형 요격미사일 SM-3, 지상 발사형 패트리엇미사일(PAC-3)을 도입해 배치하기 시작했다. 미일 양국은 MD배치를 2007년 3월까지 완료하고 일본의 신형 감시레이더인 FPS-XX, 이지스함 레이더와 미국의 조기경계위성, 이동식 조기경계레이더 등의 정보와 지휘체계 등을 네트워크화해 적의 탄도미사일 발사정보를 즉각 파악, 대처하기로 했다(박건영, 2004). 미사일 공격에 대비해 선제공격을 할 수 있도록 하자는 성급한 논리가 튀어나오는가 하면, 일본의 핵무장론까지 고개를 들고 있다. 일본은 북한의 위협을 오히려 제2차 세계대전 패전 이후 자신들을 제약했던 평화 헌법의 틀에서 벗어나 미일동맹을 강화해 보통국가로의 야망을 실현하는 데 이용하고 있다. 박철희, ≪한국일보≫, 2004. 6. 21.

위대의 군사력 강화에 활용하고 있습니다. 그러나 일본은 이러한 안보상의 갈등에도 불구하고 기본적으로는 북한과의 비공식관계를 계속 유지하며 북핵문제의 평화적 해결을 추구하고 있습니다. 일본의 북한 핵문제에 대한 이런 유연한 자세는 비록 핵무장을 하지 않고 있지만 미국, 러시아에 버금가는 핵8)과 미사일9) 수준을 보유하고 있는 잠재적 핵능력에서

---

8) 일본은 미국이 독자적인 재처리시설들을 가질 수 있도록 약속할 때까지 핵확산금지조약 가입을 보류하다 1970년 3월에서야 서명하고 미국과 국제원자력기구가 예외적으로 우라늄농축을 허용한 후에야 1976년 비준했다. 일본은 2005년 현재 56기의 원자력발전소(시설용량 47GWe)가 가동되고 있어 미국과 프랑스에 이어 세계 제3위의 원전보유국으로 부상했다. 1967년 미국이 일본에 핵개발의 핵심인 핵연료 재처리시설의 건설을 허용한 이래 이미 1977년부터 가동 중인 도카이무라의 재처리공장(연간 210톤)을 비롯한 전국의 핵단지에 18개의 우라늄 농축, 플루토늄 추출, 핵연료 혼합시설 등을 건설해 세계 정상급의 기술과 시설이 있다. 미국의 특별대우로 일본은 세계 최대의 아오모리 현 롯카쇼무라(Rokkasho-mura) 재처리공장이 2013년 10월에 완공되면 연간 800톤의 사용후 핵연료를 재처리해 9톤의 플루토늄을 확보할 것으로 예상한다.
일본은 1986년 5월에 플루토늄을 핵연료로 사용하는 고속증식로 몬주(MONJU, 714MWt/ 280MWe 출력)의 건설에 착수해 1994년 4월에 완공, 8월에 시험 가동을 시작했으나 1995년 2차 냉각장치에서 나트륨(sodium)이 새는 결함이 발견되어 가동을 중단한 상태이다. 2005년 5월 일본 최고재판소가 주변 주민 32명이 제기한 설치 허가 무효 확인 소송의 상고심 공판에서 주민들의 청구를 기각해 2007년 재가동을 위한 준비에 착수했다. 2010년 5월 16년 만에 운전을 새개했으나 방사선 가스 감지기 오작동으로 다시 가동을 중단해 2013년 본격적인 가동을 목표로 하고 있다.
일본은 이미 1993년에 이미 3.8톤의 플루토늄을 비축해 구소련(120~140톤), 미국(100톤), 프랑스(5톤), 중국(4.5톤), 영국(3톤)에 이어 세계 제5위의 플루토늄 보유국이었으나, 2000년에 32.8톤, 2005년에 45톤으로 플루토늄의 보유량을 급격히 늘려가고 있다. 게다가 롯카쇼무라의 재처리공장이 가동되면 145톤의 플루토늄을 보유하게 되어 미국(100톤)을 제치고 세계 제1위의 플루토늄 보유국이 될 것이다. 이처럼 세계 최정상급의 핵능력, 특히 플루토늄 생산능력을 가진 일본은 민수용 핵시설에서 6개월 이내에 핵무기를 만들 능력이 있는 것으로 평가하고 있다. 고속증식로가

오는 자신감의 발로이기도 합니다. 최근 "일본은 핵개발 의도가 없다"는 아베 총리의 발언 역시 이런 자신감의 표시인 동시에 핵개발을 할 수도, 할 필요도 없는 일본의 현실을 반영한 것입니다.[10]

2013년에 가동되고 재처리시험시설(Recycling Equipment Test Facility: RETF)이라는 특수시설까지 건설하게 되면 일본은 미국과 러시아에 이어 명실공히 세계 제3위의 핵강국이 될 것이다(Harrison, 2002: 231~240; 이준규, ≪평화네트워크≫, 2005. 8. 31; 효도 케이지, ≪평화네트워크≫, 2005. 11. 14.).

9) 일본은 핵무기의 운반수단인 대륙간탄도미사일을 보유하지 않고 있으나 1964년에 이미 3단계 로켓을 개발해 1970년에 인공위성 오수미(OHSUMI)를 지구 궤도에 진입시켜 세계에서 4번째 인공위성 보유국이 되었다. 1969년부터 일본은 미국과 정부 차원 및 민간 부문의 우주산업 협력으로 이미 대륙간탄도미사일 생산으로 전환할 수 있는 기술과 시설들을 확보, M-5 로켓(미국의 대륙간탄도미사일 MX Peacemaker급 사정거리 7,400마일), J-1 로켓(Minuteman 3급 사정거리 8,000마일)을 개발했다. 일본은 1985년에 우주탐사선 사키가케(SAKIGAKE)를 발사한 이래 1995년 무인 우주선의 궤도 진입과 회수에 성공함으로써 미사일 유도장치 개발의 문제점을 극복했다. 1998년 화성탐사선 노조미(NOZOMI)를 발사하고 2010년 세계 최초로 달 이외의 천체(소행성 25143)의 물질을 채취해 지구로 귀환에 성공하여 핵무장과 동시에 탄도미사일도 대량생산이 가능한 기술과 시설을 갖고 있다. 특히 일본은 북한의 광명성 1호 발사에 자극되어 2003년 3월 정찰위성 H-2A의 발사로 위성 정보 수집능력을 보강해 독자적인 군사 정보 수집능력을 갖게 되었다. 일본 우주항공연구개발기구는 2005년 10월 음속의 2배로 나르는 차세대 비행기의 시험비행에도 성공했으며 공대공미사일 AAM-3, 4를 자체개발해 항공자위대에 실전 배치했다. 11.5m의 시험용 비행기를 로켓에 실어 발사한 후 72분 만에 1만 8,000km의 상공에서 분리에 성공한 이 실험은 비록 초음속 여객기 제작을 위한 것이라고는 하나 일본의 미사일 개발을 위한 기술 수준을 증명한 것이다(Harrison, 2002: 233).

10) 일본은 미국과 프랑스가 중단한 고속증식로(Fast Breeder Reactor, FBR) MONJU(시설용량 280MWe, 발전용량 246MWe)를 계속 추진하고 막대한 양의 플루토늄을 비축해 세계 3위의 핵능력을 보유하고 있다. 현재 일본의 핵능력을 감안할 때 북한의 핵무기 개발이 일본의 핵무장을 유도할 것이라는 말은 무의미하다. 핵실험을 실시한 인도, 핵보유에 대한 일체의 언급을 회피하는 '지하실 핵탄 형태'의 불확실 핵정

러시아는 한반도 비핵화라는 대원칙에는 동의하면서도 북한에 대한 국제적 제재에는 반대하는 일관된 자세를 견지하고 있습니다. 북한 핵개발 초기 핵기술을 제공한 러시아는 1차 북핵위기 당시 이미 북한이 한두 개의 핵폭탄 제조에 필요한 플루토늄을 보유하고 있는 것으로 판단하면서도 강제 사찰을 반대하고 협상에 의한 평화적 해결을 주장했습니다. 한국과 수교한 러시아는 한국과 북한이란 양손의 떡을 쥐고 동북아시아에서 영향력 행사를 원하지만 중국과 달리 북한에 대해 별다른 제재방안을 갖지 못해 큰 영향력을 행사하지 못하고 있습니다.11)

직접 당사국인 한국은 "한반도 평화와 남·북한의 공동 번영을 추구함으로써 평화통일의 기반 조성과 동북아 경제중심 국가로 발전"이란 바람

책을 구사하는 이스라엘과 달리 일본은 핵의 평화적 이용이란 명분 아래 실리적인 입장에서 'N-t핵정책'을 표방하고 있다. 즉 핵무기를 직접 보유하는 'N-th 핵정책'에서 마지막 h자, 즉 핵탄조립과정만을 핵무장선택권(nuclear option)이란 진공포장에 넣어 따로 보관, 언제든지 필요할 때 핵무장을 할 수 있는 핵잠재력을 축적하고 있다. 이처럼 일본은 핵무기 개발에 요구되는 기술과 자금, 그리고 핵물질을 거의 완벽하게 구비했다(Harrison, 2002: 231~240).

11) 러시아의 이러한 입장은 북한을 보는 기본적인 시각이 미국과 근본적으로 차이가 나는 데서 비롯된다. 대부분의 러시아인은 북한의 지도자를 기본적으로 이성적인 인물로 보는 시각을 갖고 있다. 그리고 북한이 전체주의라는 것을 이해하고 자신들의 역사적 경험으로 인해 그러한 제도를 좋아하지는 않지만 그렇다고 외부의 개입을 통한 정권교체나 혹은 북한으로의 '민주주의 혁명의 수출'은 반대한다는 입장이다. 그보다는 현재 평양에서 진행 중인 경제적 자유화와 정치적 억압의 완화를 촉진시키면 북한의 전체주의 체제도 사라질 것으로 보고 있다. 따라서 러시아는 대화촉진에는 기꺼이 조력하겠지만 러시아가 미국의 대리인이 아니라는 점을 분명히 하고 있다. 러시아가 한반도에서 자신의 발언권을 포기하지 않고 중국에 더해 미국의 대북정책에 동의하지 않는다면 미국의 정책대안은 보다 제한될 것이다(이지수, 2003; 우평균, 2003; 여인곤, 2000).

직한 대북정책의 기본적인 목표에도 불구하고 불량국가 북한의 비핵화라는 냉전시대 미국의 대북적대정책의 틀을 벗어나지 못하고 있습니다. 이런 한계로 인해 한반도의 정세 불안이 60년간 계속된 한반도의 군사적 대결 상황에서 비롯되었다는 근본을 외면해 독자적인 핵정책을 갖지 못하고 있습니다. 북한의 핵을 인정할 수 없다는 강경한 입장에도 불구하고 전적으로 미국과 중국에 매달릴 수밖에 없는 한계성으로 인해 한국의 적극적인 역할은 한낱 구호에 그칠 수밖에 없습니다. 그리고 북한 핵문제를 대화를 통한 평화적 해결을 주장하면서도 각 정권마다 국제 정세의 변화에 따라 대화와 강경 대응 사이를 오가는 극단적인 정책 변화로 북한과의 대화에서 성과를 거두지 못하고 있습니다.

북한 핵개발이 핵무기 없는 세계를 구현하려는 핵확산금지체제에 대한 도전이며 동북아 정세의 안정을 위해 북한의 비핵화가 실현되어야 한다는 데 모든 주변국이 동의하고 있습니다. 그리고 대화를 통해 평화적으로 한반도 문제를 해결해야 한다는 데도 의견이 일치합니다. 북한도 미국이 평화협정 체결로 북한의 국가안보를 보장하면 핵개발을 포기하는 데 동의하고 있습니다. 동북아시아의 모든 당사국이 북한의 핵포기와 한반도 평화 중 어느 것이 먼저냐는 우선순위만 다를 뿐 한반도와 동북아시아의 평화와 번영이란 대전제에 합의하고 있습니다. 그럼에도 어렵게 마련된 6자회담마저 미국의 '전략적 무정책'과 한국의 '냉전중독증'으로 공전을 거듭하며 북한 핵문제 해결의 실마리를 찾지 못해 안타깝습니다.

탈냉전 이후 한반도와 동북아시아에서 진행되고 있는 이 같은 역동적인 변화가 올바르게 관리되지 않는다면 위험한 상황이 도래할 수도 있습니다. 미국과 일본 그리고 중국과 러시아가 한반도를 사이에 두고 벌이는 역동적인 경제협력과 핵무기와 첨단 장비를 동원한 군비경쟁이 어떻게 조화를 이루어 나갈지 자못 주목됩니다. 일순간에 수십, 수백만 명을 무차별적으로 살상할 수 있는 인류가 만들어낸 가장 파괴적이고 비인도적인 핵무기의 짙은 먹구름이 동북아시아는 물론 인류를 핵겨울로 몰아넣어 인간의 종말을 맞게 할지도 모릅니다. 21세기 아시아-태평양 시대는 아시아인에게 기회일까요, 위기일까요. 기회인 동시에 재앙이 될 수도 있습니다.

2. 한반도를 둘러싼 소리 없는 창과 방패 싸움

한반도 위기가 최고조에 달했던 2013년 4월 존 케리 미 국무장관은 12일 한국에서 박근혜 대통령과 면담 후 북한과의 직접 대화와 특사파견 용의를 표명하고 곧바로 중국을 방문했습니다. 13일 양제츠(杨洁篪) 중국 외교담당 국무위원을 만난 뒤 기자간담회에서 "위협이 사라진다면 미국에도 강화된 방어체제를 갖춰야 할 긴급성이 존재하지 않게 된다"고 말했습니다. 해외언론은 이를 미국이 서태평양에서 강화해온 미사일방어망을 축소할 수 있음을 시사한 것으로 해석했습니다. 그렇다면 왜 케리 미 국무장관은 한반도 위기상황에서 중국에서 미사일방어체제에 관해 언급했을까요.

미국과 소련은 핵무기에 대한 지나친 신뢰로 냉전 절정기에 3만 기 이상의 핵탄두를 보유할 정도로 전 인류의 운명을 볼모로 위험하기 끝이 없는 핵무기 경쟁을 벌였습니다. 어느 한쪽이 상대에게 핵공격을 가할 때 상대방이 즉각 '대량보복'을 할 수 있다면 공격은 곧 동반자살을 의미하기 때문에 핵전쟁을 일으킬 수 없다는 '상호확실파괴전략(mutually Assured destruction: MAD)'[12]에 따른 것입니다. 한편 어느 한쪽이 우세하거나 방어능력을 갖추면 상대방을 공격하고 싶어진다는 논리, 즉 양쪽이 '취약성을 공유하는 상태(mutual vulnerability)'가 핵전쟁 억제에 유리하다는 판단에 따라 미국과 구소련은 1972년 요격미사일금지조약(Anti-Ballistic Missile Treaty: ABM)을 맺어 미사일방어망을 서로 갖지 않기로 합의했습니다.

그런데 냉전체제가 붕괴하고 미국이 국제사회에서 유일 초강대국이 되면서 '소규모 공격에는 소규모로 대응하고 대규모이면 대규모로 대응함으로써 대규모 전쟁과 소규모 국지전을 모두 억지한다'는 '유연반응전략(flexible response)'13)에 따른 미국의 핵패권정책으로 핵전쟁의 위험성은

---

12) 핵무기가 제2차 세계대전의 승패를 결정함에 따라 핵무기는 전쟁을 가장 확실하게 예방, 종결시키고 국가의 안보를 확실하게 담보할 수 있는 '절대무기(absolute weapon)'로 인식되기 시작했다. 핵전쟁에서 '재래식무기와 핵무기의 대결에서는 핵무기를 보유한 국가가 승리'하고, '핵보유국 간에는 제2차 타격능력(second strike capability)을 보유한 국가'가 승리한다. 그러나 '제2차 타격능력을 보유한 국가 간의 전쟁에서는 공멸한다'는 핵전쟁이론에 따라 핵무기의 대량보유가 오히려 핵전쟁을 억지한다는 억지이론(Theory of deterrence)이 등장했다(강성일, 2003: 265~266). 제2차 타격능력이란 적으로부터 1차 공격을 받은 이후에도 살아남아서 적에게 감당할 수 없는 피해를 입힐 수 있는 능력을 말한다. 어느 한쪽이 상대에게 핵공격을 가할 때 상대방이 즉각 '대량보복'을 할 수 있다면 공격은 곧 동반자살을 의미하기 때문에 핵전쟁을 일으킬 수 없다는 '상호확실파괴전략(MAD)'이다(최용환, 2003: 37). 즉 핵균형(Nuclear Parity)이란 '공포의 균형(balance of terror)'으로 '비이성적 이성(Rationality of irrationality)'이란 궤변이다. 결국 상호확실파괴전략에서 핵무기는 '핵전쟁을 억제하기 위한 무기', 즉 '사용할 수도, 해서도 안 되는 무기(No-Use weapon)'다(김재두·김태우, 2003: 94).
13) 핵개발 기술 수준의 발전으로 소규모의 '전술핵무기'들이 개발됨에 따라 핵전략의 수정이 불가피하게 되었다. 적의 소규모 공격에는 소규모로 대응하고 대규모이면 대규모로 대응함으로써 대규모 전쟁과 소규모 국지전을 모두 억지한다는 '유연반응전략(flexible response)', 즉 '핵전투전략(Nuclear Warfighting)'이 1960년대 초반에 북대서양조약기구(NATO)에 의해 채택되었다. 이후 전장에서 실제로 사용하는 것을 전제로 한 전술핵무기들이 대량으로 생산되어 배치되기 시작했다. 핵전투전략에서는 전쟁에 승리하기 위해 우세한 핵군사력을 추구하고, 적의 미사일을 요격하

더욱 고조되었습니다. 미국과 대등한 핵공격력을 보유했던 구소련과는 달리 제한적인 미사일 능력을 보유한 '불량국가'들의 핵공격 방어라는 명분하에 미국은 1차 이라크전쟁에서 패트리엇 방공망의 실전 배치 후 전역미사일방어망(Theater Missile Defense: TMD)의 확대를 위해 2001년 12월 요격미사일금지조약을 탈퇴했습니다. 여기에 북한의 다단계 탄도미사일 발사실험은 불량국가의 핵미사일이 미국 본토에까지 위협이 될 수 있다는 것을 설득하는 데 이용되어 결과적으로 서태평양 상에 미사일방어망을 구축하려는 부시 행정부에 힘을 실어 주었습니다.

앞에서 북한이 한국, 일본과 괌에 있는 미군기지를 향해 발사한 수십 발의 미사일이 미국의 미사일방어망을 뚫지 못하고 무력화되는 가상 시나리오를 살펴봤습니다. 이런 결과는 중국이 일본과의 도서분쟁으로 미국·일본과 군사적 충돌이 발생할 경우에도 꼭 같이 적용될 수 있습니다. 북한을 향한 미사일방어망의 각도만 조금 바꾸면 그대로 중국의 미사일을 겨냥하기 때문에 미국 본토를 공격할 수 있는 동풍(DF-5, DF-21, DF-31) 대륙간탄도미사일 약 30~400기 정도인 중국의 전략핵무기들은 미국의 미사일방어체제 앞에서 역시 무력할 수밖에 없습니다. 중국이 미국의 미사일 방어에 맞서기 위해서는 미국에 맞먹는 수준, 즉 적어도 2,000기 이

는 방어시스템을 구축하려고 노력한다(최용환, 2003: 38). 1980년대 초 레이건 대통령의 주창에 의해 시작된 소위 별들의 전쟁, '전략핵방어계획(Strategic Defense Initiative: SDI)'은 구소련이 대규모 핵공격을 시작하면 우주에 설치된 레이저 무기 등으로 날아드는 미사일들을 요격해서 떨어뜨린다는 것이다. 이를 위해 미국은 요격무기를 장착한 인공위성 300여 기를 우주에 배치하려고 했다. 그러나 대형위성들은 소련의 위성파괴무기(Anti-Satellite Weapon: ASAT)에 취약하다는 점 때문에 수천 개의 극소형 위성무기를 우주에 띄운다는 '찬란한 자갈계획(Brilliant Pebble)'을 제기했다(김재두·김태우, 2003: 64).

상으로 핵무장을 강화해야 하지만 현 중국의 경제수준으로서는 한계가 있을 수밖에 없습니다. 더욱이 중국은 아직도 경제발전을 위해 미국과의 협력이 절대적으로 필요한 형편입니다.

미국이 일본을 미사일방어체제에 끌어들여 서태평양 상에 미사일방어망을 구축하는 것을 중국은 자신들을 겨냥한 것으로 보고 한국과 대만의 동참 여부에 민감할 수밖에 없습니다. 이런 상황에 2013년 4월 박근혜 대통령과의 정상회담 후 오바마 대통령이 기자회견에서 "양국 간 공동 비전에 따라 방어역량과 기술, 미사일방어망 등에 투자하고 있으며, 이는 두 나라 군의 공동 운영을 가능하게 하고 있다"고 발언해 그동안 미국 정부가 요구해온 한·미·일 3국 통합미사일방어체제 참여에 한국이 동의한 것 아니냐는 추측이 제기되었습니다. 한국 정부가 미국의 미사일방어체제 참가를 부인하고 있지만 미국이 요격미사일 PAC-3를 한반도에 배치하는 데 한국 정부의 동의가 필요하지 않습니다. 미국은 언제든지 한반도의 패트리엇미사일 기지를 대중국 미사일방어와 전진기지로 활용할 수도 있습니다. 게다가 북한 미사일 탐지라는 명분으로 추적거리 3,000km 해상배치 SBX레이더를 서태평양 상에 배치하고 TPY-2를 한국에 배치하면 중국 전역이 미국의 감시망 안에 들어가게 됩니다. 또 북한 핵위기를 이유로 고고도요격미사일 THAAD를 괌에 고정 배치하면 중국 미사일 모두가 정밀 요격 범위에 들어가게 되어 중국의 창이 미국의 방패를 뚫지 못해 중국으로선 긴장할 수밖에 없습니다.

이것이 바로 북한 핵문제와 한국의 미사일방어망 참여를 놓고 미국과 중국이 벌이는 복잡한 계산입니다. 사실 불량국가 북한의 핵개발은 표면상의 이유에 불과하고 냉전해체 이후 미국의 중요한 전략 목표의 하나인 중국이 미국의 패권에 도전하기 이전에 서태평양 상에서 미사일방어체제 구축의 명분과 기회를 제공하고 있습니다. 즉 한반도 핵문제의 실체는 북한의 핵개발이 핵심이 아니라 냉전해체 이후 동북아시아에서 벌어지고 있는 미국과 중국의 정치, 경제, 군사, 안보의 종합적인 힘겨루기입니다.[14] 2012년 국민총생산이 7조 달러를 넘어서 일본(5.8조 달러, 3위)을 제치고 미국(14.9조 달러)에 이어 세계 제2위로 올라선 중국이 21세기 중반 미국과 패권을 겨루게 되면 21세기 동북아시아에서는 해양세력과 대륙세력의 대치라는 새로운 대결 구도가 펼쳐질 것입니다. 중원에서 불어오는 황색 회오리바람과 태평양을 건너오는 거센 파도가 21세기 동북아시아에 어떤 태풍을 몰고 올지 염려하지 않을 수 없습니다.

20세기 미국의 동북아정책은 큰 구도로 보면 중국과 일본이라는 지역 파트너 사이의 '시계추 전략'이라 표현할 수도 있습니다.[15] 1905년 러일

---

14) 미국과 중국이 벌이는 경쟁과 협력관계는 미국의 봉쇄(Containment)와 포용(Engagement)이란 이중적인 '봉쇄적 개입정책(Congagement)'에서 비롯되고 있다. 1999년 미국의 랜드연구소가 경제 분야에서는 중국을 포용해야 하지만 군사적으로는 주변국과 협력해 봉쇄할 것을 권고한 데서 비롯되었다.

15) 21세기 들어 미국의 동아시아 전략의 시계추는 두 가지 흐름이 공존하면서 교차하는 중간에 위치하고 있다. 대두되는 중국에 대한 군사적 억제와 전략적 관여, 군사와 외교 경제적 이해, 미·일 동맹 강화와 미·중 간의 전략적 협조 등이 복잡하게 어우러지고 있다. 관료 기구로 보면 국방부와 국무부의 갈등, 네오콘 군부 강경파와 현실주의자 및 재계 연합 사이의 다툼, 정책적으로는 중국을 겨냥한 미사일방어 등 군사대항체제와 중국을 포함한 동북아 안전보장체제 사이의 갈등이다. 미국의 대한반도정책은 이 두 흐름의 사이에서 종속적·유동적이며, 따라서 한국의 외교적 입지와 선택은 크게 제약된다. 이종원, ≪인터넷한겨레≫, 2005. 8. 1.

미국의 대중국정책은 냉전해체 이후 미국의 국제정책의 중심과제로 부상하고 있다. 미국은 1971년 키신저 국무장관의 중국 방문 이래 전략적 동반자관계를 표방하고 있지만 중국 경제의 급성장과 함께 신보수주의자들은 주기적으로 '중국위협론'을 제기하고 있다. 탈냉전으로 구소련이라는 '전략적 경쟁자'를 상실한 미국의 강경파들은 급기야 중국을 '미국의 주요 도전'으로 받아들이기 시작해 부시 정부에 들어서 동북아 정책의 초점이 '전략적 경쟁자' 중국에 대한 경계에 맞춰지고 있다.

전쟁까지는 일본, 그 이후 1945년까지는 중국, 1945년 이후 1970년대까지는 일본, 1970년대 이후에는 클린턴 행정부의 미·중 간 전략적 파트너십, 부시 정권의 미·일 동맹 강화처럼 미국의 국익에 따라 더욱 빈번하게 시계추가 움직여왔습니다. 미국이 미·일과 중·러의 대결적 전선을 전제로 동북아전략구도를 운영하면 동북아시아에 항상 긴장이 감돌고, 한국전쟁, 베트남전쟁과 같이 불행한 일이 생길 수 있습니다. 반대로 중·러를 포함해 동북아시아에 유럽연합과 같은 공동체 질서가 형성되면 동북아시아의 평화와 번영은 물론 미국도 더 큰 이익을 얻게 될 것입니다.

이런 차제에 존 케리 국무장관이 북한과 중국을 겨냥한 미사일방어체제의 축소를 시사한 것은 미국의 동북아시아 전략의 시계추가 중국을 겨냥한 '군사적 대결체제'와 중국을 포함한 '동북아안보협력체제'란 두 가지 흐름이 공존하는 중간으로 이동한 것을 암시한 것으로 볼 수 있습니다.16) 오바마 행정부가 부시 정권의 미·일동맹 강화에서 클린턴 행정부

≪이코노미스트≫는 1992년 말 "중국이 깨어나면 세계를 흔들 것"이라는 특집기사를 게재했다(장재건, 2001: 6). 2006년 2월 3일 발표한 4개년 국방전략보고서 (QDR)에서도 중국을 '세계적으로 중요한 이해관계보유자(stakeholder)이면서 미국에 대한 잠재적 위협'으로 분류했다.

16) 냉전해체 이후 미국은 동북아정책에서 '군사적 대결체제'와 '동북아안보협력체제' 사이를 시계추처럼 오고 가기를 되풀이 하고 있다. 미국의 동북아시아정책의 기본은 주한미군, 주일미군과 같은 강력한 군사력과 일본과의 동맹관계다. 그러나 다른 한편으로 예방안보 차원에서 미국이 동북아 국제질서의 개편 과정에 중국과 협력할 것을 고려하고 있다. 그리고 중국과의 협력을 위해 ① 중국과 안보협력을 강화, 확대해야 하며, ② 하나의 중국정책을 확고하게 지지해 대만문제를 안정시키고, ③ 한반도와 일본 등 지역문제에 중국과 서로 협력하고, ④ 중국을 대량파괴무기의 확산방지, 테러와의 전쟁에 동참하도록 유도하기 위해 노력하고 있다. 미국이 북한 핵문제 해결을 위해서도 중국과 협력해야 한다는 이러한 주장은 이미 1994년 7월 국무부 동아시아·태평양 담당 부차관보를 지냈던 로버트 매닝(Robert

의 미·중 간 전략적 파트너십으로 복귀함으로써 북한 핵문제 해결과 진영구도의 해소로 동북아시아에서 경제적 협력구도 위에서 다자안보체제까지 가기 위한 청신호라고 할 수 있습니다. 미국의 동북아시아 지역의 재편 속에서 한반도는 냉전구도를 해체할 수 있는 기회인 동시에 강대국 중심의 질서에 매몰될 수 있는 위기가 될 수도 있다.

3. 동북아 비핵지대와 핵무기 없는 세계

한반도를 위시한 동북아시아 지역은 미국, 중국, 러시아 등 공인 핵보유국들의 이해가 상충할 뿐 아니라 한국, 북한, 일본, 대만 등 지역 내 모든 국가가 핵개발 능력을 갖추고 있습니다. 사실상 핵보유국인 북한의 핵개발이 여타 잠재적 핵보유국들의 핵무기 경쟁을 불러일으킨다면 동북아시아야말로 핵전쟁의 위험이 가장 큰 지역이 아닐 수 없습니다. '과연 인류는 21세기에 핵전쟁을 피할 수 있을까?' 이 질문이 바로 21세기를 맞아 한반도와 동북아시아가 해결해야 할 화두입니다.

한국의 노태우 전 대통령은 1991년 11월 "한국과 북한이 핵무기의 제조, 실험, 배치, 사용을 하지 않는다"는 '한반도 비핵화와 평화체제 구축을 위한 대통령선언'을 발표해 비핵보유국인 한국과 북한이 핵확산금지

Manning)이 북한 핵문제 3단계 해법을 제시하며 '협력 안보'라는 개념을 사용하는 데서 시작되었다. 즉 ① 미국이 취할 조치들 가운데 한국, 북한, 미국, 일본, 중국, 러시아가 참여하는 동북아 6개국 회담을 개최해 지역 긴장을 해소하고, ② 협상 창구로 다자간 안보 기구를 창설해 ③ 북·미 평화협정 체결 문제, 두만강개발 사업 문제 등을 추진할 것을 건의했다(Perry and Carter, 1999: 105).

조약에 가입하고 서로 핵무기를 개발하지 않기로 선언하자고 북한에 촉구했습니다. 이런 한국의 '한반도 비핵화(Denuclearization)' 주장에 대해 북한은 비핵화선언과 더불어 한반도 내에 다른 핵보유국들의 핵무기 반입, 배치, 사용은 물론 핵무기를 적재한 함정과 항공기의 입·출항, 영공통과를 금지하는 '비핵지대화(Nuclear Weapon Free Zone: NWFZ)'를 주장했습니다.[17] 한반도에서 핵보유국들의 핵무기 사용을 금지해야 한다는 북한의 요구에 미국 핵우산의 보호를 필요로 하는 한국은 한반도 비핵화를 거듭 주장했습니다.[18] 주한미군의 핵무기에 대해 전혀 발언권을 갖지 못한 한국으로서는 미국이 자국의 이해에 부합하는 경우를 제외하고 전 세계 어디에서도 미군의 배치나 핵무기를 탑재한 함선과 항공기의 입출

---

[17] '비핵화'란 해당 지역 내 비핵보유국들이 핵무기의 개발, 제조, 배치 등을 포기하는 소극적 핵주권 행사로 1991년 브라질과 아르헨티나가 4자보장협정(quadripartite Safeguard Agreement)을 체결하고 국제원자력기구로부터 상호 사찰을 받도록 한 것이 그 대표적인 예이다. 1992년 1월에 발효한 한국과 북한의 '한반도비핵화공동선언'도 이에 해당한다. 그러나 '비핵화'선언이나 조약은 핵보유국들이 핵무기를 해당 지역 내로 반입, 수송, 배치하는 것을 금지하지 않고 있어 비핵화의 실질적인 효력이 발생할 수 없다. '비핵지대화'는 특정지역의 비핵보유국들이 집단적으로 자신들의 핵주권을 포기하는 대신에 핵보유국들의 핵을 배제하는 형식으로 핵주권을 적극적으로 행사하는 것이다. 모든 핵보유국이 해당지역 내의 비핵보유국에 대해 '소극적 안전보장'을 해줄 때 비로소 비핵지대조약은 실질적인 효력이 발생하고 형평의 원리에 맞는다.

[18] 미국은 지금까지 미국의 항공기나 함정의 입출항을 금하는 비핵지대조약 참가를 거부하고 있다. 예외적으로 미국의 이해에 부합하는 중남미지역을 대상으로 한 트라텔로코조약(Tlateloco Treaty)만 비준했다. 트라텔로코조약은 1979년 러시아가 마지막으로 비준해 모든 핵보유국이 서명, 비준을 완료해 실효성을 갖춘 유일한 비핵지대조약이다. 미국은 전략적인 이해관계에 따라 중남미 지역과 아프리카의 비핵지대화는 찬성을 하면서도 유럽, 동남아시아, 한반도의 비핵지대화에는 반대를 하고 있다(Cirincione, 2002: 350; 블랙윌, 1997: 48).

항을 제한하는 협정이나 조약에 동의한 적이 없어 어떠한 결정도 할 수 없기 때문이었습니다. 따라서 1991년 12월 한국과 북한이 '한반도의 비핵화공동선언'에 합의했으나 한반도 핵문제의 원인을 제공한 미국의 참여가 없는 한반도 비핵화란 사실상 아무런 의미가 없는 것입니다.

그렇다고 한국과 북한의 비핵화선언에 더해 주한미군 핵무기의 반입과 배치를 금지해 한반도의 비핵지대화에 합의한다 하더라도 특별한 의미가 있는 것이 아닙니다. 한반도가 핵보유국인 중국과 러시아 핵무기의 사정권 안에 들어 있는 상황에서 한반도라는 좁은 지대만을 비핵지대화한다고 핵전쟁의 위협에서 해방되는 것은 아니기 때문입니다. 동북아시아 비핵지대화를 실현하지 않는 한반도의 비핵지대화는 한국과 북한만 불이익을 당하는 것으로 무의미한 것은 마찬가지입니다.

한국과 북한은 물론 일본, 중국, 러시아를 포함한 동북아 비핵지대를 구성하자는 제안이 냉전 해소 이후 제기되기 시작했습니다. 1995년 3월 미국 조지아 공대 국제전략기술정책센터의 존 엔디컷(John Endicott) 등이 한반도 비무장지대를 중심으로 반경 2,000km의 원을 그려 그 안을 비핵지대로 하자고 제안한 '원형지대안'을 시작으로 일본 '피스데포'의 대표인 우메바야시 히로미치(梅林宏道)의 '3+3 비핵지대안' 등 많은 동북아시아 비핵지대안이 제시되었습니다.[19] 그러나 이런 동북아시아 비핵지대화에 대해 대체로 '러시아와 중국은 동북아 비핵지대화로 해군의 태평양 진출 거점을 상실하기 때문에 참가하지 않고 러시아와 중국이 참여하지 않는 경우 일본이 참가하지 않을 것'이기 때문에 실현가능성이 없다고 비관적으로 전망합니다(Dingli Shen, 1997: 421).

---

19) 동북아 비핵지대에 관한 다양한 기존 제안은 조재길, 2006: 500~591 참조.

그러나 북한의 핵개발을 막지 못하는 경우 상당한 수준의 핵능력을 가진 한국과 일본 그리고 대만이 국제원자력기구의 사찰을 거부하는 명분을 제공해 동북아시아에서 핵무기 경쟁을 촉발시키는 핵도미노 현상을 우려하지 않을 수 없습니다. 일본이 평화 헌법을 개정해 군대를 보유한 '보통국가'가 되는 것을 주변국들이 막을 수는 없다 하더라도 군사대국화와 핵무장을 막지 못한다면 동북아시아에서 진정한 의미의 평화는 없습니다.[20] 일본은 물론 한국과 북한의 핵무장에 대한 유혹을 차단하고 동

---

[20] 일본의 지배세력이 핵무장 야망을 품고 있는 것은 어제오늘의 일이 아니며, 핵무기 개발에 요구되는 기술과 자금, 핵물질을 거의 완벽하게 구비했다. 그러면서도 일본이 핵무장에 나서지 못하는 까닭은 일본의 자제력 때문이 아니라 일본에 대한 미국의 통제력이 강하게 작용하기 때문이다. ① 미국은 핵우산 제공이란 지렛대를 이용해 지금까지 일본의 핵무장을 제어하고, ② 일본을 미사일방어체계에 끌어들였다. ③ 주일 미군의 전력을 증강·배치해 주일 군사기지를 미국의 태평양 지배를 '방어'하는 해외중추기지인 이른바 '전력투사근거지(Power Projection Hub)'로 만들고, ④ 일본 '자위대'의 무력증강과 군사작전범위의 해외 확대를 용인했다. 미국은 일본이 '평화 헌법'을 개정해 '자위대' 간판을 정규군으로 바꾸고 교전권을 갖도록 일본 정부에 촉구하고 있다. ⑤ 미국이 일본의 유엔 안전보장이사회 상임이사국 진출을 지원하고 있다.
그러나 이러한 미국의 노력에도 불구하고 언제까지 일본의 핵무장을 제어할 수 있다는 보장은 없다. ① 미국의 미사일방어체계는 아직까지 기술적으로 완벽한 것은 아니다. ② 일본열도 전략요충지의 주일미군기지는 북한 중거리미사일의 사정권 안에 놓여 있어 미국의 태평양 지배체제를 방어하는 전력투사근거지로서의 기능을 상실하게 될 것이다. ③ 일본 '자위대'의 무력증강과 군사작전범위의 해외확대는 북한, 중국, 러시아를 크게 자극해 동아시아의 정치적·군사적 긴장을 고조시킬 것이다. ④ 일본의 유엔안전보장이사회 상임이사국 진출은 북한, 한국, 중국이 일본의 '과거사'가 청산되지 않은 것을 이유로 반대하고 러시아가 러·일 평화조약을 체결하지 않은 것을 문제 삼아 반대해 현실적으로 실현되기 어렵다. 이런 이유로 일본의 핵야망을 언제까지 제어할 수 있을지는 의문이다.
일본의 핵무장은 제2차 세계대전에서 이미 경험한 바와 같이 동북아시아의 안전

북아시아에서 핵확산을 막는 가장 확실하고 안전한 방책은 한반도의 비핵화와 함께 동북아시아 비핵지대화를 실현하는 것입니다. 그리고 ① 일본은 비핵3원칙[21]을 유지하고 있으며, ② 한국과 북한도 1991년 '한반도 비핵화공동선언'에 합의했고, ③ 중국은 1992년 3월 핵확산금지조약에 서명할 때 비핵지대화에 대한 지지 입장을 천명했으며, ④ 러시아도 동북아 비핵지대화를 원칙적으로 지지하고 있어 동북아시아 비핵지대를 위한 상당한 기반이 이미 마련되었습니다. 미국 역시 제네바핵합의에서 '북한에 대해 핵무기를 포함해 무력을 행사하지 않을 것'을 공식적으로 보장한 바 있습니다.

그리고 2005년 9월 제4차 6자회담에서 채택된 9·19공동선언에 '6자는 동북아시아의 항구적인 평화와 안정을 위해 공동으로 노력할 것을 공약했다 …… 6자는 동북아시아에서의 안보협력 증진을 위한 방안과 수단을 모색하기로 합의'함으로써 한반도 비핵지대화를 넘어 동북아시아 비핵지대화를 위한 계기가 마련되었습니다. 앞으로 한반도에서 평화체제가 안정되면 중장기적으로는 동북아지역의 '핵군축'을 포함한 전반적인 군축으로 동북아시아의 안보협력과 평화보장을 위한 국제기구의 설립과

을 위협할 뿐만 아니라 전 세계적인 재앙이 될 수도 있다. 특히 우려되는 사태는 바로 미국의 지원 아래 일본의 우경화, 군사대국화가 추진되고 언젠가 미국이 일본의 핵무장을 부추길 수도 있다는 점이다. 동북아시아 비핵지대의 가장 큰 장애는 핵패권국인 미국을 비롯한 중국과 러시아의 핵무기이며, 21세기에 더욱 심화될 것으로 예상되는 미·일 군사동맹과 중국 사이에 전개될 것으로 예상되는 동북아시아 패권경쟁이다(조재길, 2006: 505~507).

21) 1960년대 광범위한 반핵운동으로 미국의 지상핵무기들이 괌과 한반도로 이전 배치된 후 1971년 사토(佐藤) 전 일본 총리는 '핵무기를 생산, 보유하지 않고 일본 영토 내에 반입하지 않는다'는 비핵3원칙을 발표했다.

비핵지대화를 위한 노력이 시작될 것입니다. 그리고 군비경쟁을 촉진시킬 위험성을 제거하고 지역 차원의 안보협력을 강화하기 위해 6자회담 사무국을 경제협력은 물론 지역 안정을 위한 안보협력기구로 전환할 수 있을 것입니다. 이런 의미에서 동북아시아의 잠재적 핵보유국의 비핵화를 위해 미국도 동북아 비핵지대를 적극적으로 검토할 필요가 있습니다.22)

---

22) 동북아 비핵지대는 하나의 이상이며 가까운 장래에 실현되기 어렵다. 우선 핵강대국들이 비핵보유국에 대한 소극적 안전보장과 비핵지대 내의 항공기와 군함의 기항, 기착을 금지하는 조항에 찬성하지 않는 현 상황에서 동북아시아 비핵지대조약을 체결한다는 것은 거의 불가능한 실정이다. 특히 역내 핵보유국인 중국과 러시아가 반대할 것이 분명하다. 또 대만의 동북아시아 비핵지대조약 참가는 우선 대만의 국가로서의 지위문제와 중국 통일문제와 연관해 문제가 복잡하다. 그렇다고 이미 핵보유를 선언한 북한과 상당한 핵능력을 갖고 있는 잠재적 핵보유국인 한국이 비핵화선언으로 무장 해제하고 핵2류 국가(nuclear second-class status)로 머물면서 핵무기를 탑재한 핵강대국들의 함정, 항공기들이 자유롭게 한반도의 영공, 영해를 드나드는 불평등조약을 언제까지 감수하지도 않을 것이다.
그러나 다른 한편으론 지금이야말로 동북아시아의 안보협력과 비핵지대화를 위한 논의를 시작할 가장 좋은 기회이다. 첫째, 지역 내 3개 핵보유국과 3개 비핵보유국이 함께 핵문제와 지역안정을 위해 진지하게 논의하는 6자회담이란 장이 마련되고 북한 핵문제를 평화적으로 해결하기로 합의했다. 둘째, 세계 제3위의 핵능력과 인공위성발사능력을 갖고 있는 일본은 물론 한국도 북한도 모두 핵능력을 갖고 있는 잠재적 핵보유국들이다. 셋째, '미국, 러시아, 중국 등 세계 패권을 다투는 강대국들이 지금과 같이 좋은 분위기에서 협력과 우호 관계를 유지한 적이 없었다. 지금 동북아시아에는 과거 냉전의 이념 대결을 지양하고 새로운 협력의 시대를 여느냐 아니면 해양세력과 대륙세력의 21세기 새로운 갈등과 대결의 시대를 맞느냐의 기로에서 있다. 인류를 멸망으로 몰아갈 수 있는 '끝없는 삼각 의심구도(never-ending triangular cycle of suspicion)' 속에 진행되고 있는 동북아시아의 핵경쟁을 막기 위해서는 핵보유국들이 진지한 자세로 동북아시아 비핵지대화를 위한 대화와 연구에 응해야 할 것이다. 이장희, ≪한국일보≫, 2005. 10. 27; Kihl, Young Whan and

동북아 비핵지대를 위해서는 이 지역 내 비핵보유국, 즉 한국, 북한, 일본, 몽골은 핵무기 제조, 배치, 사용, 반입의 금지를 약속하고 핵보유국들은 비핵보유국으로부터 2,000km 이내의 자국 영토에 있는 핵무기를 다른 지역으로 이전해야 합니다. 그리고 미국은 아시아의 전진기지인 한국, 일본과 미국령 괌도의 미군기지에 있는 핵무기들을 미국 본토로 철수해야 진정한 의미의 동북아 비핵지대라 할 수 있을 것입니다. 이러한 이상의 실현에는 많은 장애요인이 있겠지만 아무리 어려운 문제라도 시간을 갖고 진지하게 노력한다면 해결하지 못할 문제도 없습니다. 한꺼번에 해결하기 어려우면 단계적으로 풀어가야 할 것이며, 그러한 노력은 지금부터 시작해야 합니다.

제1단계는 북한 핵문제 해결로 한반도의 평화체제를 구축하고 6자회담 사무국의 설치로 동북아시아 안보협력을 위한 협의기구를 구성하고, 제2단계는 한국, 북한, 일본, 몽골의 비핵화선언과 미국, 러시아, 중국이 비핵보유국에 대해 핵사용 및 핵위협을 하지 않는다는 부정형안전보장(NSA)으로 동북아 비핵지대를 출범시킵시다. 제3단계는 미국, 러시아, 중국은 동북아 비핵지대(비핵보유국으로부터 2,000km 이내) 내의 핵무기와 지상 미사일 기지(사정거리 300마일 이상)를 역외의 자국 영토로 이전하고 비핵보유국과 맺은 상호안전보장조약에서 확대 핵억지 조항을 삭제해 동북아시아 비핵지대에서 핵우산을 제거하고, 다만 미국령 괌도와 러시아, 중국의 해군기지는 일단 비핵지대에서 제외합니다. 그리고 마지막으로 제4단계는 해군기지를 포함한 동북아시아 전 지역에서 핵무기를 제거함으로써 완전한 비핵지대화를 실현하도록 단계적으로 노력해야 할 것입

Hayes, 1997: 377, 430; Harrison, 2002: 246.

니다. 아마도 제4단계에서 완전한 비핵지대화를 이루기까지는 많은 장애가 있을 것이며 오랜 시간이 소요될 것입니다.

20세기 냉전체제하에 핵전쟁을 모면했던 것은 우리 인간의 이성에 의해 제어되었다기보다는 하나의 행운이었을 따름입니다. 냉전해소에도 불구하고 오히려 군비경쟁과 핵경쟁이 치열해지고 있는 동북아시아야말로 21세기의 화약고라 할 수 있습니다. 또다시 행운을 기대하기보다는 인류의 미래를 위해 불가능에 가까운 동북아 비핵지대를 실현시키도록 최대한 노력해야 합니다. 그리고 동북아 비핵지대의 실현은 아마도 '핵무기 없는 세계'라는 인류의 이상이 실현되는 바로 그 날일 것입니다.

4. 21세기 골드러시 동북아시아: 세계경제의 새로운 활로

북한 핵문제가 갖고 있는 국제적인 성격으로 인해 그 해결은 한반도 평화체제 구축은 물론 동북아시아의 비핵지대화와 함께 경제·안보협력 체제를 실현시킬 수 있는 기회를 제공해 동북아시아와 세계의 평화와 번영에 기여하게 될 인류의 미래를 위한 중요한 과제입니다.

1990년대 북한이 시장경제체제 도입과 경제개방의 모델로 적극적으로 추진했던 '나진·선봉 자유경제무역지대 개발계획'은 유엔개발계획(UNDP)의 주도하에 중국이 1980년대 초 이 지역개발에 관심을 갖은 미국을 움직여 시작된 '두만강개발계획(Tumen River Area Development Plan: TRADP)'의 일환입니다. 중국 옌볜의 훈춘, 러시아 연해주의 하산지구(크라스키노, 포시에트 및 자루비노)와 북한의 나진·선봉을 잇는 두만강 하구 약 1,000㎢의 삼각지역에 국제자유무역지대를 설립해 동북아 물류, 교통, 관광의 중심지로 개발하기로 합의한 것입니다. 1991년 7월 몽골 울란바토르에서 개최된 유엔개발계획 회의에 중국, 러시아, 몽골, 일본과 한국, 북한 등이 참여하고 유엔개발계획(프로젝트 매니저 미국인 John Whalend)을 사실상 주도했던 미국도 적극성을 보였습니다.

울란바토르 회의에서 북한이 예상을 깨고 한국이 두만강개발계획에 참여하는 데 반대하지 않음으로써 남·북한 모두 이 계획에 참여했습니다. 그 후 범위를 확대해 옌볜조선족자치주의 수도인 연길과 연해주의 군항 블라디보스토크 그리고 북한의 청진을 잇는 대(大)삼각지대의 개발로 확대되어 동북아시아의 새로운 경제 중심지로 부상할 것으로 주목을 받았습니다. 이에 따라 1991년 12월 북한이 나진·선봉지역을 자유무역경제지구로 선포하고 1992년 러시아도 블라디보스토크 항과 하산지구를 개방하고 중국 역시 훈춘지역을 대외적으로 개방했습니다.

중국은 동북3성의 태평양 진출 관문인 훈춘으로부터 동해까지 15km의 뱃길을 트기 위해 도문에 영사관을 설치한 이래 가장 적극성을 띠었으며, 이미 러시아로부터 훈춘과 크라스키노를 연결하는 철도 건설과 포시에트 항의 사용권을 확보하고 이 계획을 추진했습니다. 그러나 두만강 하구를 준설하더라도 겨우 3,000톤 정도의 선박만이 항해할 수 있는 데 비해 청진 등 북한 측 항구들은 난류의 영향으로 러시아 항구처럼 결빙하지 않는다는 점에서 나진·선봉과 청진 등이 더 각광을 받게 될 것입니다. 일본은 북한과의 수교협상 중단, 러시아와 북방 4개 도서반환문제 미해결, 미진한 과거 청산에 따른 중국의 반일감정 등으로 정부가 직접 나서지 못하고 있으나 '환일본해 경제운동'을 전개해온 민간기업인들이 적극적으로 참여했습니다.

2005년 9월 3일 중국 지린(吉林)성 창춘(長春)에서 개최된 한국, 북한, 중국, 러시아, 몽골 등 5개국 경제부처 차관을 수석대표로 하는 두만강개발계획(TRADP) 제8차 위원회는 2005년 말로 종료되는 이 계획을 10년간

〈그림 1〉 두만강개발계획도

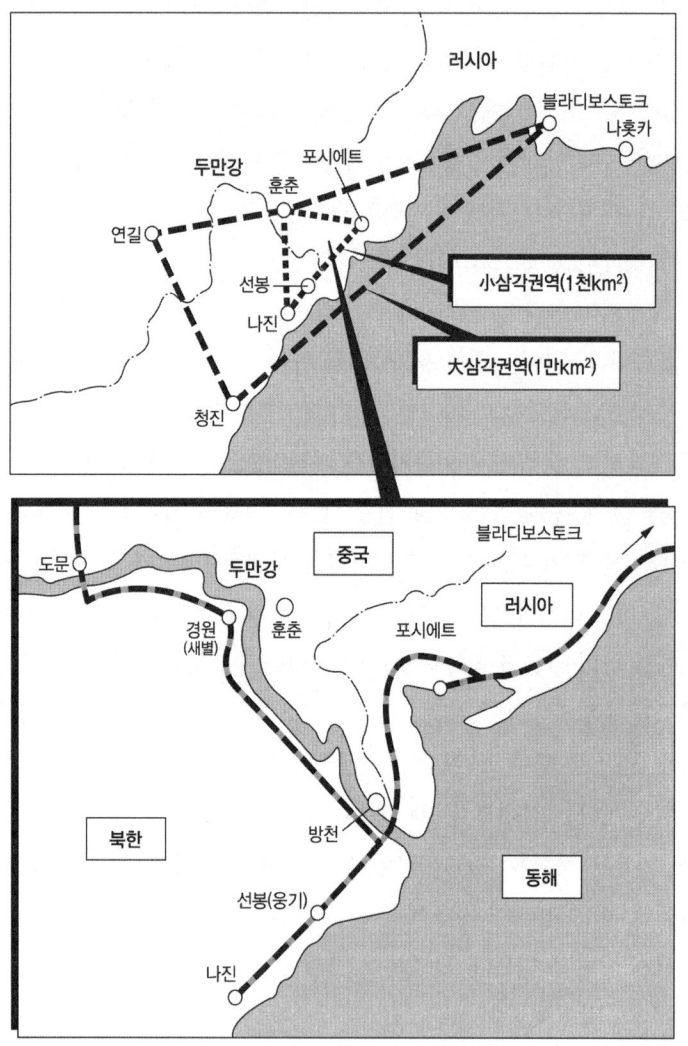

자료: 조재길, 2006: 434.

연장하기로 합의했습니다. 그리고 사업 대상 지역은 몽골, 한국, 일본을 포함하는 동북아시아 일대로 확대하기로 결정했습니다. 그러나 핵문제를 비롯한 한반도의 긴장된 정세로 2008년 11월 북한이 정식으로 탈퇴함으로써 두만강개발계획은 좌초되고 현재는 동북아시아 지역개발과 경제협력 증진을 위한 협의기구로 광역두만강개발계획(Great Tumen Initiative: GTI)에 한국, 중국, 러시아, 몽골 등 4개국 경제부처가 참여해 명맥을 유지하고 있습니다.

그렇지만 한반도에 평화체제가 정착되면 남·북한이 하나의 경제권으로 복원될 뿐만 아니라 중국의 동북3성과 러시아의 시베리아와 원동지역 그리고 일본을 포함한 지역으로 한국의 경제활동 영역이 확장될 것입니다. 이 동북아경제권에 중국, 러시아, 몽골을 비롯해 일본과 미국이 참여하게 되면 현존하는 다른 지역경제단위(EU, NAFTA, ASEAN)보다 넓은 면적(약 808만 km²)에 많은 인구(약 4억 명), 그리고 유네스코(UNESCO)가 지적한 세계의 마지막 남은 '최대의 자원보고'를 갖는 거대한 경제단위가 될 것입니다. 비록 지금 당장은 EU나 NAFTA와 같은 기존 경제권과 견줄 수 없을 뿐 아니라 아시아-태평양 지역에서도 미국과 일본의 자본주의 선진국, 중국경제권, 동남아경제권과 비교가 되지 않지만[23] 두 체제의 결합으로 지금 중국이 이룩하고 있는 것과 같은 초고속 성장을 지속한다면 21세기 중반부터는 세계경제의 중심으로 떠오르게 될 것입니다.

---

[23] 아시아-태평양 지역이란 거대한 경제권은 자연적으로 ① 일본과 미국 등 선진 자본주의 그룹, ② 홍콩, 대만을 포함한 중국경제권, ③ 싱가포르, 말레이시아, 태국 등 동남아시아경제권, 그리고 ④ 한반도와 중국의 동북3성, 몽골, 러시아를 포함한 동북아시아경제권으로 나누어지게 되고 이들 지역 간의 균형적인 발전을 통해 협력하는 것이 바람직하다.

〈표 7〉 동북아경제협력권 국가, 지역의 면적과 인구

구분	면적(만 km²)	인구(만 명)
A. 한국	9.9	4,978
B. 북한	12.1	2,445
C. 일본	37.8	12,782
D. 중국	959.7	134,413
E. 동북3성	1991	13,257**
F. 홍콩	0.1588	707
G. 러시아	1,707.5	14,330
H. 극동지역	16.6	200**
I. 대만	3.6	2,331
J. 몽골	156.5	280
내포적 협력권 (A+B+C+E+H)	807.9	36,662
외연적 협력권 (D+F+G+I+J)	2,079.3	152,061
세계	13,851.8	698,695

자료: 2011년 기준(**는 2009년 말 기준).

러시아의 모스크바 정부는 유럽경제권에 속하고, 중국 경제의 중심 역시 홍콩, 마카오, 대만과 동남아시아로 연결되기 때문에 동북아시아 지역경제는 역시 남·북한 정부와 러시아 연해주와 중국 동북3성 지방정부의 관할에 속하게 됩니다. 따라서 한반도에 평화체제가 정착되면 동북아시아 지역경제는 한국이 주도적인 역할을 담당하게 되고 세계적인 규모로 성장한 한국 기업의 든든한 내수시장이 될 수 있을 것입니다.

한국 경제의 가장 근원적인 문제점이 지나친 수출주도형으로 인해 대외의존도가 높다는 점인데 동북아경제권이 한반도 분단으로 인한 기형적인 자원과 산업구조, 협소한 내수시장 문제를 해결할 가장 적절한 방안입니다. 한국이 경제난 타개방안으로 국제화·세계화·미래화를 주장하지만 일시적인 미봉책이며 산업구조의 근본적인 개혁이 없이는 미국, 일본 등 선진 자본주의 국가의 하위 파트너로서 예속경제의 틀을 벗어날 수 없습니다. 동북아경제권이야말로 이런 파행적인 산업구조를 바로 잡아 민족공동체의 복원과 21세기 세계로 뻗어 가는 한국 경제의 새로운 활로가 될 것입니다.24)

동북아경제권에서 한반도는 지리적으로 그 중심에 위치하고 한민족이 유일하게 모든 지역에 고르게 분포되어 살고 있습니다. 따라서 중국이 화교를 중심으로 동남아경제권에 진출하기 쉬운 것과 같은 이점을 한민족이 가질 수 있습니다. 중국에서 사는 조선족 200만 명 중 40%가 옌볜

---

24) 미국의 골드만삭스 국제투자은행이 한국 경제가 2025년에 1인당 국민소득 5만 2,000달러로 미국, 일본에 이어 세계 3위를 차지하고, 이어 2050년에는 8만 1,000달러로 2위가 될 잠재력이 있다는 보고서를 발표했다. 세계 170개국을 대상으로 물가상승률과 국민총생산 대비, 정부의 재정적자 비율, 대외 부채, 투자율, 경제의 개방도, 전화와 PC, 인터넷 보급률, 고등교육, 예상 수명, 정치적 안정도, 부패수준 등을 고려해 산정한 이른바 '성장환경지수(GES)'를 토대로 장기 성장 시나리오를 분석해 이와 같이 전망했다. 실현여부는 차치하더라도 우선 듣기만 해도 기분 좋은 뉴스가 아닐 수 없다. 그러나 2050년이라면 아직도 거의 반세기나 남았으므로, 그 사이에 어떤 변수가 발생할지 알 수 없는 일이다. 연합뉴스, 2005. 12. 12.
한국 산업연구원은 한국이 2020년에 1인당 국민소득이 4만 5,000달러로 세계 10위의 경제대국이 될 것이라고 전망했다. ≪중앙일보≫, 2006. 1. 20.
중국 국무원 산하 사회과학원의 종합적인 국력평가에서 한국은 세계 9위로 평가되었다. 군사력, 외교력, 기술력, 인력자원, 자본력, 정보통신, 국내총생산, 정부의 조정통제력 등을 100점 만점으로 계산해 평균을 내는 방식에서 미국이 90.69로 1위, 그 뒤로 영국(65.04), 러시아(63.03), 프랑스(62.00), 독일(61.93), 중국(59.10), 일본(57.84), 캐나다(57.09), 한국(53.20), 인도(50.43)의 순이었다. 한국은 정보통신부야에서는 미국에 이어 2위, 기술력 6위, 정부장악력 7위, 자본력 8위, 군사, GDP 9위, 자원 10위로 종합 9위를 기록했다. ≪한국일보≫, 2006. 1. 6.

조선족자치주에 집중되어 있지만 지린성, 랴오닝성, 헤이룽장성은 물론 내몽골에까지 고르게 흩어져 살고 있습니다. 70만 재일 동포와 구소련에 거주하는 45만 명의 고려인들도 큰 힘이 될 수 있습니다. 특히 구소련 스탈린 정부가 짐짝처럼 열차에 실어 원동지역에서 카자흐스탄, 우즈베키스탄 등 중앙아시아로 강제로 이주시킨 고려인들은 공산주의체제 붕괴 이후 폭발적으로 분출된 새로운 민족주의로 고통을 받고 있습니다. 한반도 평화체제로 동북아경제권이 활성화되면 한 맺힌 고려인들의 원동지역에로의 귀향으로 힘을 보탤 것입니다.

북한 핵문제가 해결되면 두만강개발계획은 물론 시베리아 송유관이 한반도를 경유해 일본으로 연결되고, 한반도 종단철도(TKR)와 시베리아 횡단철도(TSR)를 연결하는 장기적이고 경제성 있는 개발계획이 추진될 수 있습니다. 그리고 북한은 금강산, 백두산 관광사업, 중공업을 비롯한 북부 공업기지 개발, 그리고 서부 지역의 신의주 행정특구 설정, 남부 지역의 개성을 중심으로 한 경공업단지 조성, 그밖에 유럽연합(EU)과 동남아 국가들과의 선별적 분야별 경제협력 등 자본주의 방식으로 개방적 경제개발을 추진할 수 있을 것입니다. 몽골 이외에는 6자회담의 당사국들과 두만강개발계획의 참가국이 일치하고 있어 한반도 평화체제가 구축되고 6자회담 사무국이 그 역할을 다하게 되면 자연스럽게 동북아경제협력기구로 전환될 수 있고, 한국과 북한 그리고 중국의 동북3성을 중심으로 경제 활성화가 이루어져 21세기 동북아시아는 세계의 경제 중심이 될 것입니다.

지금 미국을 비롯한 전 세계가 제2차 세계대전 이후 최악의 불경기에서 벗어나지 못하고 진통을 겪고 있습니다. 학자들에 따라 진단과 처방이 각기 다르기는 하나 세계경제가 산업자본에서 금융자본을 거쳐 정보통신산업으로, 전 세계를 하나로, 예측할 수 없는 빠른 속도로 변화하는 과정, 즉 근본적인 경제패러다임의 변화 과정에서 겪는 혼돈으로 당분간 적절한 해법을 찾지 못할 것으로 예상하고 있습니다. 과거 역사에서 이런 불확실한 장기 침체를 대규모 전쟁으로 극복한 사례도 많습니다. 그러나 가공할 만한 신무기 개발로 전쟁은 더 이상 해법이 될 수 없습니다. 이런 시점에서 미국이 한반도 평화에 주도적인 역할을 한다면 북한을 비롯한 동북아시아의 개발과 초고속 성장에 적극적인 참여로 장기적인 경기 불황에서 벗어날 수 있으며, 아울러 전 세계의 경제에 활력을 불어넣는 계기가 마련되는 21세기 골드러시라 하겠습니다.

동북아경제권의 형성과 안정은 비단 경제적 측면에서만 의미가 있는 것은 아닙니다. 강대국의 이해가 교차하는 한반도가 정치적으로 안정되지 못할 때, 지역 안정이 파괴되고 세계평화를 위협했던 것을 지난 20세기에 뼈저리게 체험했습니다. 미국은 1993년 11월 APEC총회를 계기로 러시아와 중국이 참여하는 광범위한 지역안보기구 구성에 강한 의지를 표명했습니다. 그러나 지역, 인종, 종교, 문화 등 그 어느 하나도 공통점을 갖지 못하는 광범위한 협력체가 사실상 가능하지도 실효를 거두기도 어렵습니다. 오히려 아시아-태평양 지역에서 동북아시아, 동남아시아 등 몇 개의 작은 단위로 지역 경제·안보협력기구가 서로 협력하는 것이 아시아-태평양 지역의 안정에 기여하게 될 것입니다.

제7장
세계평화를 위한 한반도 평화의 길

1. 평화가 먼저다 '끝나지 않은 한국전쟁' 끝내자

흔히들 한반도문제를 논할 때 '우리의 소원은 통일'이라고 '통일'을 먼저 말합니다. 그러나 통일을 논하기에 앞서 한반도가 전쟁의 공포에서 벗어나고 특히 북한 인민들이 굶주림으로부터 해방되기 위해서는 '끝나지 않은 한국전쟁'을 끝내고 한반도에 '평화'를 정착하는 것이 먼저입니다.

한반도 통일을 위해서는 반세기 이상 계속된 분단으로 인한 경제적·사회적·문화적 차이를 극복하기 위해 정치체제, 통일비용 등 상당히 복합적이며 어려운 문제들이 제기됩니다. 이런 문제들을 모두 해결하는 데 상당히 오랜 시간이 필요합니다. 남·북한 사이는 물론 미국을 비롯해 중국, 일본, 러시아 등 주변국들의 이해관계가 복잡하게 엇갈려 해결이 쉽지 않습니다. 그래서 많은 사람이 '주변국의 동의'를 얻기 어려워 한반도는 통일할 수 없다는 자조적인 결론에 빠지기도 합니다.

통일을 보는 남·북한 시각의 차이도 극명하게 드러납니다. 북한은 "통일이냐, 분열이냐 역사의 물음 앞에"를 외치면서도 언제부터인가 흡수통일에 대한 의구심을 갖기 시작했습니다. 한국 역시 한동안 부풀었던 흡수통일에 대한 기대감은 사라지고 통일 이후 부담할지도 모를 통일비용 걱정에 슬그머니 꼬리를 내리고 있습니다. 그러나 통일을 하지 못하는 더 근본적인 이유는 '주변국의 동의'나 통일에 대한 사시적인 시각의 차이보다도 남·북한이 총부리를 겨누고 있는 '끝나지 않은 한국전쟁'입니다. 통일은 '끝나지 않은 한국전쟁'을 끝내고 남과 북이 평화롭게 공존하며 교류협력을 통해 신뢰를 회복하고 서로의 간격을 좁혀가는 과정을 거치며 논의할 '한반도 평화' 다음의 과제입니다.

평화공존에 앞서 교류협력으로 신뢰 회복이 선행되어야 한다고도 합니다. 그러나 전쟁상태가 종식되지 않은 상태에서 교류협력은 언제나 원점으로 되돌아간다는 사실을 우리는 지난 60년간 수없이 경험했습니다. 전쟁당사자 간의 협력이나 신뢰는 한낱 허구에 불과합니다. 신뢰란 상대가 있는 법입니다. 총부리를 겨눈 상태에서 아무리 혼자서 한반도신뢰프로세스를 외쳐도 상대방이 믿어주지 않으면 아무 소용이 없습니다. 먼저 총부리를 내려놓고 공존하는 가운데 지속적인 교류와 협력이 비로소 가능합니다. 상대방을 믿지 못하더라도 약속을 하고 서로 이행을 점검하면서 신뢰를 쌓아야 합니다.

냉전체제하에서 한반도는 동서냉전의 최일선 전초기지로 적대적인 대결관계에서 벗어날 수 없었습니다. 그러나 이제는 오히려 제2의 한국전쟁으로 비극적인 한반도의 종말을 원하는 나라는 하나도 없습니다. 북한의 핵무장 저지가 중국의 중요한 목표이기는 하나 북한의 붕괴 방지가 더 상위의 목표입니다. 따라서 북한이 핵무장을 하더라도 중국은 결코 평화적 해결 원칙을 포기하지 않고 북한의 합리적 안보 우려를 미국이 수용하도록 요구할 것입니다. 러시아와 일본도 한반도에서 전쟁 재발로 인한 동북아시아의 불안정을 원하지 않습니다.

　미국도 더 이상 대북적대정책을 지속할 이유가 없습니다. 대부분의 미국인들은 북한에 대해 별 관심도, 이해관계도 없으며, 그렇다고 지금 당장 북한을 제거하기를 원하는 적대적인 세력도 없습니다. 미국은 단지 냉전시대 군사적 대결구도의 잔재로 북한을 그저 인민은 굶주림으로 죽어가는데도 외면하고 핵무기와 미사일을 개발하는 독재자가 다스리는 이상한 나라로 생각할 뿐입니다. 북한 핵문제도 미국에 지금 당장 해결해야만 하는 '사활적 이해관계'가 아니라 그저 '심각한 이해관계'에 불과합니다. 아들 부시 행정부 이래 미국은 북한의 비핵화와 핵보유국 불인정이란 원칙 이외에 별다른 해법을 찾지 못한 채 북핵문제 해결을 중국과 한국에 미루고 한발 뒤로 물러서 소극적 대북정책 내지는 '전략적 무정책'으로 일관하고 있습니다.

　그렇지만 미국이 북한의 평화협정 체결 요구를 '의도적 무시'로 일관하던 냉전체제하의 대북적대정책과는 거리가 있지만 북한 핵문제를 동북아시아에서 미국의 전략적 이해를 극대화하기 위해 효과적으로 활용한다는 것을 알아야 합니다. 미국은 냉전체제하의 '반공'을 대신해 냉전해체 이후 '북한 핵개발'을 ① 주한미군의 한반도 주둔 합리화, ② 한반도 내 미군기지 무제한 공짜 사용, ③ 연례적인 미군의 대규모 실전훈련장 이용, ④ 재래식무기의 판매, ⑤ 주둔비용 분담금 등 실리를 챙기며, ⑥ 일본의 대미안보의존도 심화로 ⑦ 외교적 마찰을 피하면서 중국을 겨냥한 미사일방어망을 구축하고, ⑧ 냉전해체에 따른 새로운 핵전략 수립과 핵실험 재개 등을 위한 명분으로 이용하고 있습니다.

　북한 핵문제는 단순히 한국과 북한 중에서 누가 이기고 지느냐는 제로섬게임이 아닙니다. 전쟁의 승패를 떠나 최신 재래식무기만으로도 전쟁은 남과 북, 한민족 모두 파멸입니다. 이제 더 이상 한반도에서 전쟁은 안 됩니다. 나쁜 평화보다 좋은 전쟁이란 있을 수 없습니다. 더욱이 북한의 핵보유로 또 다른 한국전쟁은 한반도는 물론 동북아시아 모두에게 핵 재앙이 될 것입니다. 북핵문제 해결은 한반도 평화만이 아니라 21세기 세계평화의 관건인 미중관계의 중요한 변수로 동북아시아 정세 변화의 핵심적인 사안입니다. 남·북한의 대결은 미국과 중국의 군사적 대결로 연결되어 동북아 정세의 불안을 가져옵니다. 반면에 남·북한의 평화적 협력관계는 미국과 중국에게도 건전한 경쟁과 협력을 유도해 동북아시아 평화에 기여하게 될 것입니다.

미국은 그동안 동북아시아에서 군사적 우위를 바탕으로 한반도에서 막강한 영향력을 행사해왔으며 21세기에 접어든 오늘도 계속되고 있습니다. 그러나 지난 20년 사이에 동북아시아에서 미국의 독무대는 서서히 사라지고 부시 행정부와 같이 힘에 의존한 일방통행이 더 이상 가능하지 않게 되었습니다. 세계 유일의 초강대국 미국이 '테러와의 전쟁'으로 아프가니스탄과 이라크에서 헤어나지 못하는 사이에 중국이 초고속 성장을 거듭하며 지역 강국 수준을 넘어 미국과 패권을 겨룰 수 있는 초강대국으로 부상하고 있습니다. 이제 미국은 국제적 위상의 상승으로 전략적 동반자 관계로 자리매김한 한국도 배려하지 않을 수 없게 되었습니다.

한반도 평화를 위해서는 북한의 핵과 미사일문제가 먼저 해결되어야 합니다. 그러나 북한이 국가안보의 최후의 수단으로 핵개발을 선택했다면 북한의 비핵화는 미국과 관계정상화로 적대관계를 해소해 국가안보에 대한 불안을 해소시키는 방법 이외에 다른 방안은 있을 수 없습니다. 미국은 북한의 국가안보를 보장하고 북한은 핵보유를 포기해야 합니다. '끝나지 않은 한국전쟁'이 끝나기 전에 북한이 절대로 핵을 포기하지 않을 것이기 때문입니다.

남과 북은 지난 60년간 '끝나지 않은 한국전쟁'을 끝내는 결단을 내려야 할 시점을 맞았습니다. 한국은 미국과 중국에 북한 핵문제를 해결해 달라고 계속 매달릴 것인지, 북한과 손잡고 미국, 중국을 한반도 평화를 위한 대화의 장으로 초대할 것인지, 북한의 60년간 일관된 평화협정 체결 요구에 진심으로 응답할 것인지, 전시작전권 이관을 연기하고 미국의 최신예 재래식무기를 계속 도입해 군사력을 증강할 것인지 결정해야 합니다. 그리고 북한도 인민은 굶주리다 못해 국경을 넘어 중국과 동남아를 떠도는데도 핵과 미사일 개발로 한반도를 핵전쟁의 위협으로 몰아갈 것인지, 한국전쟁을 끝내고 인민들의 생활 향상과 인권 개선을 위해 일하는 정상적인 국가 활동에 전념할 것인지 결단해야 합니다.

1인당 국민소득이 2만 달러를 넘어 선진국 대열에 진입하는 한국이 1인당 국민소득 1,000달러 수준에 불과한 북한 동포들의 경제적 어려움을 외면하는 것은 죄악입니다. 그런 의미에서 한국이 핵문제 해결을 위해 전면에 나서야 합니다. 북한 핵문제 해결의 열쇠를 쥐고 있으면서도 한 발 뒤로 물러서 있는 미국만 쳐다봐서는 안 됩니다. 한국은 하루속히 악성 냉전중독 증상인 군사적 대결의식을 떨쳐버리고 지난 60년간 일관되게 "한국전쟁을 끝내고 한반도에 평화를 정착하자"고 요구해온 북한과 진지하게 대화해야 합니다. 그리고 미국에도 북한과 직접 대화하도록 요구해야 합니다. 문제는 한국이 얼마나 진정성을 가지고 북한과의 대화에 임하느냐에 달렸습니다. 일시적인 교류협력과 경제지원으로 위기를 넘기려 한다면 북한은 한국과의 대화에 응하지 않고 미국과의 직접대화만 고집할 것입니다. 한국만이 북한과 미국을 대화의 장으로 이끌어 낼 수 있다는 점에서 현 난국을 푸는 진정한 열쇠는 한국이 쥐고 있습니다.

이제 이데올로기의 시대는 갔습니다. 한반도의 분단과 한국전쟁 그리고 냉전체제가 강요했던 남과 북, 두 체제를 추종했던 사람들도 갔습니다. 김일성 주석만 사망하면 통일이 될 것처럼 기다리다 김정일 국방위원장을 '핵개발의 원흉'으로 몰고 이제 또다시 아직 약관 20대인 김정은 제1위원장을 '예측 불허하는 전쟁광'으로 매도하는 어리석은 짓을 더 이상 되풀이하지 맙시다. 지난 세기 각자의 신념에 따라 각기 다른 두 개의 이념과 두 개의 조국을 위해 각각 헌신했던 모든 사람을 서로 용서하고 화해합시다. 민족의 대화해와 대사면으로 과거의 모든 은원을 털고 지금 당장 하나가 되지 못하더라도 함께 손잡고 미래로 나아가야 합니다.

19세기 서구 물질문명과 제국주의의 거센 파도를 맞아 잘못된 근대화의 과정을 밟음으로 인해 20세기 한민족의 비극적인 운명이 결정되었던 역사의 전철을 21세기에 되풀이해서는 안 됩니다. 그러기 위해서는 우선 북한의 핵실험과 인공위성 발사로 조성된 민족 파멸의 위기상황을 대화 국면으로 전환해 60년간 '끝나지 않은 한국전쟁'을 끝내고 한반도에 평화체제를 구축해야 합니다. 반세기 이상 계속되어온 '핵과의 질긴 악연'을 끊지 못한다면 한반도가 이라크, 아프가니스탄과 비교할 수 없는 민족의 파멸을 맞을 수도 있습니다. 비록 핵전쟁으로 인한 민족의 파멸을 면한다 하더라도 오히려 동북아시아가 국제정치의 중심 무대로 부상하는 21세기에 우리 한민족은 지난 두 세기보다 더한 수난을 겪게 될지도 모릅니다.

2. 한국전쟁 종전협상과 한반도 평화체제 구축 방안

북한 핵문제를 해결하기 위해서는 한국전쟁을 끝내고 한반도에 평화를 정착시켜 북한의 국가안보를 확실히 보장해주어야 합니다. 핵문제 해결은 한반도 평화를 위한 필요조건이지 평화체제의 전제조건은 아닙니다. 그러기 위해서는 ① 한국, 북한과 미국, 중국 등 한국전쟁의 당사국[1)]

들이 양자 또는 다자간 다양한 형태의 대화로, ② '한반도의 현 상황을 인정'한 토대 위에 한반도 평화를 위한 '포괄적 합의'로 '끝나지 않은 한국전쟁'을 끝내고, ③ 단계적으로 '포괄적 합의'를 구체적으로 실천하는 것이 최선의 방안입니다. 그리고 ④ 한반도를 넘어 동북아 비핵지대와 경제·안보협력체제로 세계평화와 인류의 번영을 위해 노력해야 할 것입니다.

1) 한국전쟁 당사국 간 종전협상의 형식과 당사자 문제

'시작이 반'이라는 한국 속담과 같이 한국전쟁의 당사자인 한국, 북한과 미국, 중국이 전쟁을 끝내고 평화공존을 위한 대화를 시작하는 것이 가장 중요한 첫 번째 관문입니다.

핵문제 해결을 위한 대화를 논할 때 대부분 6자회담의 재개를 언급합니다. 그러나 6자회담은 아들 부시 행정부가 주변국들이 공동으로 북한을 압박하도록 중국을 앞세워 시작한 것입니다. 지난 10년의 역사가 증명하듯 핵문제 해결을 위한 대화의 장이라기보다는 오히려 지연시킨 것처럼 각기 이해가 다른 6자가 모여 합의를 이끌어낸다는 것은 가능하지도 바람직하지도 않습니다. 더욱이 한국전쟁 종전협상에 당사국이 아닌 러시아와 일본이 처음부터 깊이 관여하는 것은 바람직하지 않습니다. 물론 당사국 간의 종전협상과는 별도로 6자회담을 재개해 한국전쟁 당사국 간의 대화분위기를 조성하고 각국의 협상 진척에 대해 의견을 조율할 수 있으며, 종전협상 합의 결과를 여러 국가 정상이 합동으로 발표하는 '다국정상공동선언'에 동참할 수는 있을 것입니다.

---

1) 한국전쟁 당사국이란 정전협정에 조인한 북한, 미국, 중국 외에 협정에 조인하지는 않았지만 한국전쟁의 실질적인 당사국인 한국을 함께 지칭한 표현이다.

대화의 형식은 여러 방안이 있을 수 있지만 다자대화보다는 다각도의 양자대화(multi tracks-two party dialog)가 더욱 바람직할 것입니다. 그중에서도 외교관계가 수립되지 않은 한국-북한, 북한-미국 간의 동시적인 양자대화를 통한 평화공존과 교류협력에 대한 합의가 중심이어야 합니다. 한국과 미국이 함께 또는 각기 북한과 한반도 평화체제를 위해 진지하게 대화해야 북한 핵문제를 해결할 수 있습니다. 미국은 뒤로 빠지고 한국이 혼자 앞에 나서서 해결할 수 있는 문제가 아닙니다.

한국-북한 간에는 이미 '7·4공동성명'(1972. 7. 4)을 비롯해 '남북기본합의서와 비핵화공동선언'(1992. 2. 19), '6·15남북공동선언'(2000. 6. 15), '남북관계 발전과 평화번영을 위한 공동선언'(2007. 10. 4) 등 여러 차례 합의한 전례가 있습니다. 마찬가지로 북한-미국 사이에서도 '제네바핵합의'(1994. 10), '6자회담 9·19공동성명'(2005. 9), '북·미 2·29합의'(2012. 2)와 같이 한반도 평화에 대한 기본적인 원칙에는 합의했었습니다. 다만 김영삼(강경)-클린턴(대화), 김대중과 노무현(대화)-아들 부시(강경) 사이와 같이 한·미 양국 정부 간 정책의 부조화로 결실을 맺지 못했습니다. 남·북한과 미국이 진지한 대화로 얼마든지 북한의 비핵화와 관계정상화 등 절차상 문제를 해결할 수 있을 것입니다.

2) 제1단계: 종전협상을 통한 '포괄적 합의'

이 제안의 기본은 한국전쟁의 당사국들이 '한반도의 현 상황을 인정'한 토대 위에 '끝나지 않은 한국전쟁'을 끝내기 위한 '기본 원칙'과 한반도에 항구적인 평화체제를 구축하기 위해 공동으로 노력할 '구체적 실천사항'에 관한 '포괄적 합의'를 하는 것입니다.

- '기본 원칙'으로는 ① 한국과 북한이 각기 독립국가로 유엔에 가입한 '한반도의 현 상황을 인정'하고, ② 미국과 한국이 북한의 국가안보를 보장하며, ③ 북한과 중국이 동북아시아에서 미국의 균형자, 조정자로서의 역할 즉, 주한미군의 한반도 주둔과 역할[2]을 인정한다는 것입니다. 이 '기본 원칙'에 대한 합의가 이루어지지 않으면 한국과 미국, 북한과 중국, 양측 모두 대화 자체에 응하지 않을 것입니다. 따라서 이 '기본 원칙'에 대한 합의가 종전협상을 시작하기 위한 전제조건입니다. 북한이 한국전쟁을 끝내고 미국과의 평화협정 체결을 희망하면서 주한미군의 철수를 요구하지 않고 있는데다 미국도 동북아시아에서 미국의 전략적 이익이 보장되는 한 한국전쟁의 공식적인 종결에 더 이상 반대할 이유가 없습니다. 위기의 극대화로 긴장이 고조된 현 상황에서 양측 모두 군

---

[2] 탈냉전에도 불구하고 미국은 동북아시아에 전진 배치한 군대를 계속 유지할 뿐만 아니라 주일미군과 주한미군의 재배치와 군사적 변환으로 군사력을 더욱 강화하고 있다. 미국은 ① 지난 반세기 이상 동북아시아에서 세력균형자(power balancer), 중재자(intercessor) 및 안전보장자(security guarantor)로서의 역할을 해오면서 미군이 대체할 수 없는 균형추라는 생각이 굳어졌다. 또 ② 이 지역에서 미군이 물러날 때 생길 수 있는 힘의 공백 상태와 이러한 공백을 다른 나라, 특히 중국이 채우는 사태를 원하지 않고 있으며, ③ 미국이 군사력을 유지함으로써 지역 수준에서 팽창주의적 의도를 가지고 있는 지역 강국들이 행동을 규율할 수 있다고 생각한다. 그동안 미국이 동북아시아에서 군사적·전략적 균형을 유지하는 데 중요한 역할을 해온 것은 사실이다. 그러나 21세기에도 계속해서 미군을 장기간 주둔시켜 안정자, 균형자, 국제경찰의 역할을 하겠다는 냉전적, 패권지배를 계속할 때 동북아시아에 어떤 회오리를 몰고 올지 알 수 없다[박계현, 2003: 38~39; 아머코스트, 마이클(전 브루킹스 연구소장), ≪중앙일보≫, 2006. 1. 4].
그러나 미국은 동북아시아에서 균형자 역할을 부정하는 어떠한 대화에도 미국은 응하지 않을 것임으로 한국전쟁을 끝내고 동북아시아에 평화체제가 구축된 뒤 동북아 안보협력체제 논의과정에서 미군의 역할을 거론하는 것이 더욱 현실적이다.

사적 대결보다는 대화를 통해 평화적으로 북한 핵문제 해결을 원하고 있어 모든 당사국이 이 '기본 원칙'에 동의하고 있습니다.

- '구체적 실천사항(road map)'에 관한 합의는 당사국들의 상이한 이해관계와 복잡한 계산으로 결코 쉬운 일이 아닙니다. 우선 북한으로서는 국가안보의 최후의 보루로 생각하는 핵보유를 쉽게 포기하지 않을 것이며, 한국 역시 북한을 믿지 못해 미군 주둔과 미국이 한국에 제공하는 핵우산을 포기하지 않을 것입니다. 그리고 미국은 지금까지 핵무기를 탑재한 함선과 항공기의 입출항과 영공 통과를 제한하는 협정이나 조약 서명에 동의하지 않았습니다. 중국 역시 한반도가 미국과 일본의 미사일방어망에 포함되어 중국의 핵전력이 무력화되는 것을 결코 용납하지 않을 것입니다. 각 당사국은 마지막 단계까지 이런 자신들의 전략적 이해를 지키려 할 것입니다. 따라서 이 문제는 철저하게 '한반도의 현 상황을 인정'한 토대 위에 '끝나지 않은 한국전쟁'을 끝낸다는 '기본 원칙'에 따라야 합니다.

분단이후 두 독립국가가 지금까지 합법적으로 행한 모든 국가 활동을 서로 인정하는 차원에서 협상에 임해야 해결할 수 있습니다. 즉 ① 한미상호방위조약에 따른 한미동맹과 '조중우호협조 및 호상원조조약'에 입각한 조중동맹 등 한국과 북한이 맺은 모든 국제조약을 인정하고 점진적으로 한반도 평화에 기여하는 방향으로 각 당사국 간 합의로 개정하도록 해야 합니다. 북미 평화협정에 대한 한국인들의 안보 불안은 바로 주한미군 철수와 미국의 핵우산 제거에 대한 우려에서 비롯됩니다. 따라서 한국과 미국의 한미동맹을 현 수준으로 유지하고 군축과 비핵화의 진척에 따라 양국이 협의해 조정하도록 해야 합니다. ② 한국전쟁 당사국 정상공동선언 또는 북한-미국 평화선언과 함께 북한은 모든 핵계획을 공개하고 핵확산금지체제에 복귀해 국제원자력기구의 사찰을 수용함으로써 핵개발을 동결하고, ③ 미국은 북한과 관계정상화로 한국전쟁을 끝내야 합니다. 그리고 ④ 남·북한의 군축과 비핵화가 상당한 정도 진척되고 미국이 북한에 대해 핵을 사용하거나 위협하지 않겠다는 '부정형 안전보장'으로 제2의 한국전쟁에 대한 북한의 우려가 불식된 단계에서 북한이 보유하고 있는 핵무기를 해체하도록 해야 합니다. 미국이 한국에 제공하는 핵우산은 미래의 과제인 동북아 비핵지대화의 실현으로 미루어야 할 것입니다. ⑤ 미국과 중국 사이에 한반도를 비롯한 동북아시아에서 미국의 미사일방어망을 더 이상 확대하지 않고 한반도의 주한미군이 중국에 위협이 되지 않는 데 대한 상당한 협의가 이루어져야 할 것입니다. 마지막으로 ⑥ 한반도에 평화체제가 정착되면 6자회담 사무국, 유엔개발계획(UNDP)의 두만강개발계획을 동북아 비핵지대와 경제·안보협력체제로 발전시켜나간다는 내용도 포함될 수 있습니다.

• 한반도 평화를 위한 정상공동선언은 한반도에서 군사적으로 대치하고 있는 한국전쟁 당사국 한국, 북한, 미국과 중국이 '한반도의 현 상황을 인정하고 그 기본 구도를 상당 기간 계속 유지하면서 교류협력을 통해 경제활성화를 위해 노력하며, 군축 및 비핵화를 단계적으로 추진한다'는 '포괄적 합의'가 이루어지면 '한반도 평화를 위한 정상공동선언'을 발표하고 '끝나지 않은 한국전쟁'을 끝내는 것으로 제1단계 종전협상을 마무리합니다. '정상공동선언'은 양국 정상이 별도로 또는 여러 국가 정상이 공동으로 할 수도 있습니다.

3) 제2단계: 관계정상화, 군축 및 비핵화와 교류협력

한국전쟁 당사국 간의 평화공존에 대한 '포괄적 합의'에 입각해 다각도의 양자대화로 관계정상화, 군축, 비핵화와 교류협력에 관한 '구체적인 이행방안'을 마련해 이를 협정, 조약 등 각국의 법적 절차에 따라 '행동 대 행동'의 원칙에 따라 '단계적으로 실천'해야 합니다.

● 최우선적으로 한국-북한, 북한-미국이 각기 불가침조약과 평화협정을 체결하고 외교관계를 수립해 양국 간의 관계정상화 절차를 마무리해야 합니다.

● 동시에 북한-국제원자력기구, 북한-미사일기술통제체제 간의 협상을 통해 북한의 모든 핵과 미사일에 대한 즉각적인 동결조치를 실시하고 북한이 핵확산금지체제와 미사일기술통제체제에 가입해 투명성을 확보하도록 해야 합니다.

● 다음에 다양한 양자대화, 즉 한국-북한(전쟁 종료, 군축 및 핵과 미사일, 경제 및 각종 교류협력, 통일 등), 북한-미국(전쟁 종료, 외교관계, 핵과 미사일, 주한미군의 지위, 경제협력 등), 북한-일본(외교관계, 재북 일본인 및 재일 조선인 지위, 경제협력 등), 북한-프랑스(외교관계, 경제협력 등) 북한-국제원자력기구(평화적 핵이용을 포함한 핵문제 전반, 핵확산금지체제 복귀), 북한-미사일기술통제체제 등 각기 다른 두 당사자 간에 제기되는 각종 현안에 대한 대화와 합의 가능한 범위에서 협정이나 조약을 점차적으로 체결하는 것이 다음 단계입니다.

물론 이와 함께 이미 국교정상화를 이룬 한국-미국(주한미군 재배치와 역할 조종, 한미상호방위조약의 개정과 한미동맹 재정의 등), 한국-중국 (주한미군의 역할과 핵우산이 중국에 미칠 영향 등), 북한-중국(조중동맹의 재조정 등), 미국-중국(미일 미사일방어망, 주한미군의 대 중국위협 해소), 한국-일본(한미일 3국 군사협력관계), 북한-러시아(조·러시아동맹 재조정)도 이미 갖고 있는 여러 대화 경로를 이용해 한국전쟁의 종전에 따른 당사국 간의 기존 동맹관계를 재조정하기 위한 대화를 계속해 필요한 협정이나 조약을 체결, 개정 또는 폐기해야 합니다.

● 당사국 간의 군축과 교류협력을 통해 신뢰를 회복하고 미국이 부정형안전보장으로 북한의 국가안보에 대한 확실한 보장이 이루어지면 마지막 단계로 미국과 한국이 북한의 핵과 미사일 해체와 경제개발에 협력해 한반도 비핵화를 실현해야 합니다.

4) 제3단계: 동북아 경제·안보협력기구와 동북아 비핵지대화

한반도 평화체제 정착의 마지막 단계는 6자회담 사무국과 유엔개발계획(UNDP)의 두만강개발계획을 확대해 한국, 북한, 미국, 중국, 일본, 러시아와 몽골 등이 참여하는 동북아시아 경제·안보협력기구와 동북아 비핵지대와 같이 한 차원 높은 단계로 발전시키기 위한 노력을 해야 할 것입니다. 21세기 세계경제의 중심이 될 동북아시아의 평화와 안정은 곧 세계평화와 번영을 의미합니다.

저는 이 모든 과정을 포괄적으로 일컬어 한국전쟁을 끝내기 위한 '평화협정(peace agreement)'이라 통칭하고 있습니다. 이는 국제법상 개념이나 협의의 북미평화협정과는 전혀 다른 편의상의 통칭입니다. 한반도 평화를 위해 한국, 북한과 미국, 중국 등 4자가 평화조약을 체결해야 한다는 주장도 있으나 평화조약의 핵심내용이 될 주한미군의 지위와 기지사용 문제 등에 중국이 개입한다는 것은 바람직하지 않습니다. 국제관계에 있어 협상의 내용이 모두 공개적인 협정이나 조약에 포함될 수 없으며 당사국 간에 비공개 협약을 맺는 경우도 많이 있습니다. 예를 들어 비록 북한이 평화협정 이후 한국 내의 주한미군기지의 존재를 인정하더라도 이런 사안은 협정보다는 비공개 협약에서 언급할 사안입니다. 그런 의미에서 한국전쟁 4개 당사국의 평화조약은 '포괄적 합의'의 '기본원칙'을 4개국 정상이 발표하는 공동선언의 한 형태로 고려할 수는 있으나 다각도의 양자대화와 개별 국가단위 간의 협정이나 조약이 더 현실적일 것입니다.

3. 남북정상회담으로 순환논리의 고리를 끊자

정전협정 60주년을 맞은 2013년부터 앞으로 몇 년은 한국전쟁을 끝내고 한반도 평화체제를 구축할 수 있는 중요한 시점입니다. 2011년 12월 북한 김정일 국방위원장의 갑작스러운 사망으로 2012년 4월 김정은 노동당 제1비서가 국방위원회 제1위원장에 추대됨으로써 북한의 권력계승 절차가 마무리되었습니다. 2007년 1월 한인으로선 최초로 국제기구의 수장에 오른 반기문 유엔 사무총장이 2012년 1월 2기 5년 임기를 시작하고 3월에는 러시아의 푸틴 총리가 4년 만에 다시 대통령으로 복귀했습니다. 2012년 후반기에는 11월 미국 오바마 대통령이 재선에 성공하고 중국 시진핑 부주석이 후진타오로부터 중앙위원회 총서기직을 물려받았습니다. 12월에 한국에서 박근혜 대통령이 당선되고 일본 아베 전 총리도 총선 승리로 5년 만에 다시 집권에 성공함으로써 2012년 한 해안에 남·

북한을 비롯해 중국, 러시아, 일본 등 한반도 주변국과 동북아 정세에 영향력이 큰 미국과 유엔에 모두 새로운 체제가 출범해 2013년부터 한반도와 동북아시아 국제질서를 새롭게 재편할 수 있는 좋은 계기가 마련되었습니다.

이런 동북아 정세 변화를 염두에 둔 북한이 2013년 미국 오바마 대통령 2기 행정부 출범(1월), 한국의 박근혜 신임 대통령(2월)과 중국 시진핑 신임 국가주석의 취임(3월)에 맞춰 인공위성 발사(2012. 12. 12)와 핵실험(2013. 2. 12)을 실시해 북한식 '날 좀 보소'로 기선 잡기에 나섰습니다. 이에 유엔의 강도 높은 대북제재 결의안 2094호 채택, 한미합동 키리졸브·독수리훈련, 북한의 정전협정 백지화선언, 미국의 최신예 전략핵폭격기 총동원 등으로 이어지며 북한과 미국이 마주보고 핵전쟁의 위기상황으로 치닫는 사상 최대 치킨게임이 벌어졌습니다.

위기가 절정으로 치달으며 북한이 개성공단 북측 노동자들을 전원 철수시키고 한국 정부가 남측 인력을 전부 철수시켜 남북교류의 상징이자 마지막 보루인 개성공단마저 폐쇄위기를 맞았습니다. 북한이 '개성공단, 금강산 관광을 포함한 남북당국자회담'을 전격 제의하고 한국이 대화 제의를 수용함으로써 남북관계가 대화 국면으로 전환하게 된 것은 다행스러운 일이었으나 수석대표의 격을 놓고 신경전을 벌이다 끝내 무산된 것은 안타까운 일입니다.

장관급회담(북측 상급당국자회담) 개최 소동을 전후해 2013년 5, 6월 두 달 사이에 동북아 정세의 새로운 변화를 모색하기 위한 각국 정상회담이 잇달았습니다. 5월 초 한국의 박근혜 대통령이 미국을 방문해 오바마 대통령과 정상회담을 갖고 한미 동맹관계를 포괄적 전략동맹에서 글로벌 파트너십으로 격상시켰습니다. 그리고 북한 핵문제에 대한 공동대처, 연합방위태세 유지와 아울러 북한과의 대화를 강조했습니다. 5월 말에는 북한 김정은 제1위원장의 특사자격으로 최용해 조선인민군 총정치국장이 중국을 방문해 시진핑 주석과의 면담에서 6자회담에 복귀하겠다는 의사를 밝혔습니다. 6월 초 중국의 시진핑 주석이 미국에서 오바마 대통령과 정상회담으로 '새로운 대국관계(New Power Partnership)'를 정립하고 북한의 비핵화와 핵보유국 불인정에 합의해 주목을 받았습니다. 6월 말에 박근혜 대통령이 중국을 방문해 시진핑 국가주석과의 정상회담 후 한중미래비전 공동성명에서 한반도 비핵화와 동북아 평화와 안정을 위해 전략적 동반자관계 내실화를 다짐함으로써 방문 외교를 마무리했습니다.

남·북한과 미국, 중국 간 일련의 정상외교와 관련해 한국의 언론은 미국과 중국이 북한의 비핵화에 관한 한국의 입장을 지지하고 중국이 최용해 특사를 홀대해 북한에 대한 압박을 강화할 것이라고 보도했습니다.3) 특히 미국과 중국이 북한을 핵보유국으로 인정하지 않기로 합의했다는 점을 크게 부각시켰습니다. 그러나 미국과 중국이 북한 비핵화와 핵보유국지위를 인정하지 않는 것은 기존 입장을 확인한 것에 불과합니다. 오바마 대통령과 시진핑(習近平) 주석은 사이버안보에 대해서는 첨예하게 대립하고 지구온난화에 공동으로 대응하기로 합의하는 등 양국 간 현안

---

3) 한국 언론의 분석과는 달리 왕이저우 베이징대 국제관계대학원 부원장은 최용해 특사의 방중과 관련해 "북중관계는 많은 사람이 상상하는 것보다 더 가깝다. 중국의 북한에 대한 기본정책은 동맹관계를 점진적으로 정상국가관계로 전환하는 것이다. 단지 혈맹이라는 이유로 이전과 같이 중국이 한국전쟁 참전과 같이 막대한 대가를 치르지 않겠지만 한국과 미국의 기대와 달리 중국이 단기간에 북한을 포기하지 않는다. 중국은 급하지 않다. 북한은 중국에 직접적인 위협이 아니다. 경제부터 천천히 안정을 찾아 나가면 언젠가 변화할 것으로 본다. 북한은 세 가지 조건, 즉 북미관계정상화, 체제안전 보장, 경제원조가 충족되면 핵을 포기할 것"이라고 분석했다. ≪중앙일보≫, 2013. 5. 27.

에 관해 진지한 대화를 나눴습니다. 그러나 두 정상이 한반도문제에 대해서는 저녁 만찬에서 가볍게 대화를 주고받으며 의견접근(move closer on North Korea)을 보았다는 것은 깊이 있는 대화를 나누지 않았다는 의미입니다.

앞으로 수년간 동북아시아에서 펼쳐질 새로운 국제질서를 위한 탐색전이라 할 수 있는 일련의 정상외교를 통해 그동안 경제적으로 급성장한 한국과 중국의 위상이 확인되고 한국의 경제활동 폭이 확장되는 성과를 거두었습니다. 그리고 북한 핵문제에 대해 한국, 북한과 미국, 중국 모두 비핵화, 평화와 안정, 대화 재개라는 큰 틀에서 인식을 같이하고 있다는 점이 확인되었습니다. 그러나 세부적으로는 한국과 미국이 '북한의 비핵화'를 강조한 데 반해 북한과 중국은 '한반도 비핵화'라는 기존 입장을 고수해 중국이 북한에 대해 좀 더 강하게 압박해줄 것으로 예상했던 한국 정부와 언론의 기대와는 상당한 거리가 있습니다. 오히려 미·중 양국 정상이 미국과 중국에 기대려는 한국과 핵실험과 인공위성 발사를 계속하는 북한에게 한반도와 동북아시아의 평화와 안정을 위한 대화를 강조했다는 점이 주목됩니다.

한국 정부나 보수 언론이 한껏 부풀린 중국의 대북 강경 자세나 '북한 비핵화'와 '자주적 통일 지지' 표명도 결국 한중 FTA나 한국의 중국 서부 내륙 개발 참여 등 실리를 위한 중국의 제스처에 불과하다는 것이 밝혀졌습니다. 그리고 오히려 한·미·일 3국의 공동미사일방어망 구축과 한미연합방위태세 그리고 글로벌파트너십 격상에 따른 세계적 분쟁에 한국군의 자동 개입 여부 등 시급히 해결해야 할 문제점들을 확인했습니다.[4] 정상외교를 통해 미국이나 중국의 기존 입장이 변하지 않았다는 것을 확인함으로써 앞으로 한반도와 동북아 정세는 전적으로 한국과 북한의 대화를 위한 노력 여하에 달렸습니다. 특히 북한에 대한 미국과 중국의 강한 압박을 이끌어내려 노력했던 박근혜 대통령이 일련의 정상회담을 어떻게 평가하고 북한과의 대화에 임할 것인지 주목됩니다.

남북대화가 무산되고 5일 만에 북한이 미국과 비핵화를 위한 고위급 대화를 전격 제의했습니다. 북한의 잇따른 대화 제의에 대해 한국 언론은 대체로 한국이 미국, 중국과 삼각 정상회담으로 대북 공조체제 구축을 견제하고 시진핑 주석이 최용해 특사에게 주문한 대화를 위한 노력에 성의를 보임으로써 중국과의 관계를 복원하려는 의도라 분석하고 북한이 대화에 임하는 자세와 진정성에 의문을 제기했습니다. 그러나 대화국면을 가로막는 장애는 북한의 진정성보다도 남북장관급회담이 열리지 못한 상황에서 한국을 앞세우고 한 발 뒤로 물러선 미국이나 중국이 세계 10위권의 경제대국으로 성장한 한국을 제치고 별로 얻을 것도 다급하지도 않은 북한 핵문제를 해결하겠다고 나설 이유가 없다는 점입니다. 결국 핵문제 해결과 한반도 평화체제 구축은 앞으로 남·북한의 손에 달렸습니다. 그런 의미에서 한국과 북한의 대화에 임하는 기본자세가 가장

---

4) 남·북한과 미국, 중국 사이에 펼쳐진 일련의 정상외교 과정에서 다음 사항을 주목할 필요가 있다. ① 한미정상회담 직후 가진 기자회견에서 오바마 대통령이 "공동의 비전을 기반으로 공동의 능력, 기술 그리고 미사일방어를 투자함으로써 함께 성공하고 작전할 것"이라고 연합방위태세에 관해 언급했다. 한미일 미사일방어망 구축이나 2015년 전시작전권 이관에 따른 현 한미연합사 개편과 어떠한 관련이 있는지 지켜볼 필요가 있다. ② 한미동맹이 포괄적 전략동맹에서 글로벌파트너십으로 격상되면 미국에 종속적인 현 한미상호방위조약에 따라 한국이 전 세계적 분쟁에 자동 개입하는 문제에 관심을 갖지 않을 수 없다. ③ 한중 미래비전공동성명의 '유관 핵무기'라는 모호한 표현이 리커창 총리의 발언을 통해 '한반도 비핵화'라는 중국의 기존 입장으로 정리되었다. 한반도 비핵화에 미국이 한국에 제공하는 핵우산 포함 여부 등 중국의 해석이 궁금하다. ④ 박근혜 대통령이 시진핑 국가주석에게 "통일된 한국이 중국에 이득이 된다"고 설득했는데 북한의 혈맹인 중국에 설명한 '통일'이 어떤 의미인지, 혹시 한국에 의한 흡수통일에 대한 지지를 요청한 것인지 의문이다.

중요하다고 할 수 있습니다.

장관급회담 무산이 마치 수석대표의 급수논쟁이란 지엽적인 사안에서 비롯된 것처럼 비치고 있으나 본질은 남북대화에 임하는 양측의 목적과 자세가 다르다는 근본적인 문제점에서 비롯되었습니다.5) 북한이 회담을

---

5) 이번 남북장관급회담의 무산과정을 지켜보며 박근혜 정부의 집권 초기라는 점을 감안하더라도 정책담당자들이 미숙한 것인지 도도한지 구별하기 힘든 대처에 우려를 금할 수 없다. 회담이 무산된 후 청와대 고위관계자가 "북한의 잘못을 지적하지 않고 양비론을 펴는 것은 북한에 면죄부를 주는 것으로 바람직하지 않다"고 불만을 표시했다. 현 정부는 잘못한 것이 없고 모든 책임을 북한과 과거 민주당 정부의 햇볕정책으로 돌리려는 이런 자세로 어떻게 남북관계를 풀어갈지 걱정스럽다. 우선 ① 개성공단, 금강산 관광, 이산가족 등 남·북한 간의 현안만 논의할 생각이라면 왜 북한의 포괄적 회담 제의에 장관급회담으로 화답했는가. 남·북한이 함께 풀어야 할 근본적인 정치적 문제를 논의하지 않을 것 같으면 실무자급에서 일차 현안문제를 논의해야지 왜 격에 맞지 않게 통일부 장관이 나섰는가. ② 실무회담에서 상대편 회담대표를 지목하는 의도와 자세는 이해할 수 없다. 비공개로 서로의 의중을 주고받을 수는 있지만 합의문 초안에 못 박아 요구하고 언론에 대놓고 "김양건 나오라"고 떠드는 것은 도대체 어느 나라 외교방식인가. ③ 노동당 대남담당 비서 겸 통전부장 김양건의 격과 급을 떠나서 노동당소속으로 정부당국자가 아니다. 형식상으로는 새누리당 외교통일분과위원장이라 할 수 있고 대남사업을 총괄한다는 점에서는 오히려 국정원장과 같다. 이런 정보책임자가 특사자격으로 중요한 임무를 수행할 수 있지만 공식적인 당국자 회담에 나서지 않을 것이란 점을 모른 것인지, 알고도 다른 의도를 가지고 일부러 지목한 것인지. 물론 과거 1994년 대남담당 비서 겸 통전부장이던 김용순이 남북장관급회담 대표로 참가한 예가 있지만 당시는 한국 측 이홍구 통일부총리를 상대로 남북정상회담이란 국가적 대사를 준비하기 위해서였으며 그나마 통전부장으로서가 아니라 최고인민대의원회의 통일정책위원장(한국 국회 외교통일분과위원장) 자격으로 참석했다는 점에서 특사나 마찬가지였다. ④ 조평통이 정부기관이냐 사회단체냐 따질 수 있고 강지영 조평통 서기국장이 한국의 장관급 해당 여부는 의견이 다를 수 있다. 그러나 과거에 전금철, 김영성, 권호웅 등 조평통 관계자들이 장관급회담을 비롯해 각종 회담의 전면에 나서 대남관계 창구역할을 했다는 점에서 새삼스럽게 문제 삼을 일이 아니다. 서기국장이 직제상으로는 부위

제의한 것은 '개성공단 정상화와 금강산 관광 재개를 위한 당국 간 회담, 이산가족상봉 문제 협의, 6·15공동선언과 7·4공동성명 기념 공동행사 개최 등 포괄적 대화'였습니다. 이에 대해 한국은 '개성공단, 금강산 관광, 이산가족문제 등 남북 현안을 해결하기 위한 장관급회담'을 하자고 화답했습니다. 북한이 6·25공동선언과 7·4공동성명 행사 개최로 한반도 평화라는 근본문제 논의에 초점을 맞췄다면 한국은 개성공단 재개를 비롯한 남북교류에 더 관심이 있었으며 정치적인 접근을 회피하려는 경향이 강했습니다.

남북관계의 모든 회담이 곧 최고통치자의 간접대화라는 점에서 이번 사태가 박근혜 대통령이 평소에 강조하는 '형식이 내용을 지배한다'는 소신에서 비롯된 것이 아닌지 의구심을 갖게 합니다. 개성공단의 한국인 직원 전원철수라는 중대조치에 앞서 박근혜 대통령이 "적당히 타협해 더 큰 위기를 초래하진 않겠다"며 "국제규범을 따라야 한다"고 북한을 가르치려는 드는 자세에서 이미 회담이 순탄치 못할 것으로 예견되었습니다.

원장 아래나 당비서급에서 종교단체 대표에 이르기까지 각계각층의 대표 수십 명이 포함되는 부위원장보다 조평통의 실질적 책임자라는 점에서 상급당국자라는데도 별 무리가 없다. 이보다는 ⑤ 장관급회담에 대놓고 김남식 통일부 '차관'을 수석대표로 내세운 것은 북측에 회담을 깨달라고 의도적으로 주문한 것은 아닌지 의심스럽다. ⑥ 한국 측에서 장관급으로 인정한 남북관계 실세인 노동당 통전부 제1부부장 원동연이 보장요원(수행원)으로 명단을 올렸다는 것은 사실상 이번 회담의 실질적인 북한 측 책임자가 원동연이라고 할 수 있다. 당우위의 북한 정치체제상 노동당 실력자가 전면에 나서지 않는 이런 북한식 대표단 구성을 이해하지 못하고 북한에 "국제규범을 따르라"고 가르치려 든다면 앞으로 북한과 어떻게 대화를 풀어 갈지 정말 걱정스럽다. 60년 이상 서로 다른 정치체제 아래 다른 길을 걸어온 남·북한 사이에서 상대방에게 일방적으로 요구하거나 가르치려 드는 것은 대화에 임하는 바른 자세가 아니다.

당우위의 북한 특유의 정치체제나 세계 최강 미국과 전쟁상태에 있는 북한의 입장을 고려하지 않고 무조건 국제규범에 맞추려다 교각살우(矯角殺牛)의 우를 범하지 않을지 걱정스럽습니다. 형식의 중요성을 강조하기에 앞서 내용과 형식의 조화와 일치를 강조한 임마누엘 칸트(Immanuel Kant)의 '형식이 없는 내용은 맹목적이고 내용이 없는 형식은 공허하다'는 말의 후반부를 차분히 음미해 볼 필요가 있습니다. 그리고 중국 개혁·개방의 선구자 덩샤오핑(鄧小平) 주석의 흑묘백묘론과 북한과 관계정상화를 추진했던 클린턴 행정부의 '협력적위협축소전략'에서 남북대화를 위한 지혜를 찾아야 할 것입니다.

한반도에서 이처럼 남과 북이 위기의 극대화와 대화국면으로의 전환, 남북교류 재개란 다람쥐 쳇바퀴 돌리기를 수없이 되풀이 하는 가운데 핵구름의 검은 그림자는 한반도 상공을 떠나지 않고 계속 맴돌고 있습니다. 그것은 한반도 위기를 초래한 '근본'을 해결하려는 노력이 부족했기 때문입니다. 이번에는 한반도 위기의 '근본'을 바로 보고 핵문제를 근본적으로 해결해야 할 것입니다. 교류협력을 통해 점진적으로 한반도에 평화를 정착시킬 수 있을 것으로 기대했던 착시현상을 바로잡아 한반도의 군사적 대결상황을 바로 보고 '핵전쟁이냐', '평화냐' 올바른 선택을 기대합니다.

냉전해체 이후 세계적인 화해와 협력의 새로운 조류에도 불구하고 한반도 정세를 대화와 타협을 통해 평화적으로 해결하지 못한 이유 중 하나가 남·북한과 미국, 중국 등 당사국의 정권교체로 정책의 일관성이 유지되지 못한 탓이었습니다. 다시는 북한 핵문제를 대화로 해결하려는 클린턴 대통령의 노력이 김영삼 대통령에게 덜미를 잡혀 지체되다 끝내 아들 부시 대통령 집권으로 도로아미타불이 되어버린 것처럼 한미 양국 정부의 대북정책 엇박자로 허송세월해서는 안 됩니다. 아들 부시 대통령과 신보수주의자들의 '힘의 정치'에 가려 김대중·노무현 두 대통령의 햇볕정책이 빛을 보지 못하다 끝내 이명박 대통령의 4대강에 곤두박질친 것과 같은 불행한 사태가 발생해서는 안 될 것입니다.

그런 의미에서 한국전쟁 당사국을 비롯해 모든 주변국가에 새로운 정부가 함께 출범한 2013년부터 앞으로 4년은 한국전쟁을 마무리 짓고 한반도에 평화를 가져올 수 있는 절호의 기회입니다. 남·북한에 새로운 지도자 박근혜 대통령과 김정은 국방위원회 제1위원장이 취임하고 오바마 대통령, 시진핑 국가주석과 반기문 사무총장도 새로 임기를 시작해 이분들이 함께 협력한다면 한반도 평화에 큰 진전을 이룰 수 있습니다. 그러기 위해서는 차기 정권에 의해 도로아미타불이 되는 불행한 사태가 발생하지 않도록 임기 초반에 정책 방향을 잘 조율해 각국 정상이 긴밀하게 협조해야 할 것입니다.

박근혜 대통령과 오바마 대통령 임기 중에 한국전쟁을 끝내지 못한다면 한국과 미국의 차기 정부에서 각각 정권교체기의 '전략적 무정책'으로 3년여를 또 허송하게 되고 그러다 보면 앞으로 10년, 20년을 더 기다려야 할지 모릅니다. 그러나 10년, 20년 후면 북한이 핵무기의 소형화, 다종화를 이뤄 중동국가들이나 테러조직과의 연계로 돌이킬 수 없는 최악의 상황을 맞게 될지도 모릅니다. 통제 가능한 '심각한 이해관계'라고 '전략적 무정책'으로 대응했던 북한 핵문제가 통제 불가능한 '사활적 이해관계'를 넘어 '임박한 위협(imminent threat to vital U.S. interest)'으로 바뀔 수도 있습니다. 어쩌면 미주 한인을 비롯한 700만 해외 동포와 한국인 여행객들이 세계 곳곳에서 오늘 '테러와의 전쟁'이란 이름 아래 아랍계 미국시민들에게 보내지는 의혹의 눈초리를 받는 끔찍한 사태에 직면할지도 모를 일입니다.

우리 민족에게 주어진 시간은 그리 길지 않은 것 같습니다. 불과 5년 이내일 수도 있고 길어야 10년 사이일 것입니다. 이 기간에 한반도 핵문제를 해결하고 '끝나지 않은 한국전쟁'을 끝내야 합니다. 북한은 평화협정 체결을 위한 미국과의 직접대화를 요구하고, 미국은 남북관계 개선이 우선이라고 한국에 미루고, 한국은 무조건 북한의 핵포기를 요구하고, 북한은 핵포기에 앞서 미국에 북한의 국가안보 보장을 요구하는 순환논리의 고리를 끊어야 합니다. 그 고리를 끊는 결단이 바로 지금 우리 앞에 있습니다.

 2013년 5, 6월 두 달 동안 펼쳐진 '끝나지 않은 한국전쟁'의 4개 당사국 간 정상외교를 통해 ① 한반도 비핵화를 ② 평화적으로 해결하기 위해 ③ 대화를 재개하자는 데 의견의 일치를 보았습니다. 그리고 대화의 시작은 바로 ④ 한반도에서 시작되어야 한다는 점도 확인했습니다. 박근혜 대통령과 김정은 국방위원회 제1위원장이 판문점에서 남북정상회담을 갖고 한반도 평화에 대한 결단을 내려야 합니다. 남·북한 정상의 의례적인 상호 방문보다 의전절차를 생략하고 판문점에서 정기 또는 수시로 정상회담, 장관급회담 및 실무회담을 개최해야 합니다. 그리고 미국과 중국에 동북아시아의 평화와 번영에 동참할 것을 요구하고 일본과 러시아와 손잡고 동북아 비핵지대와 경제·안보협력체 그리고 '핵무기 없는 세계'로 나가야 합니다.

맺는말

한반도 평화냐, 핵전쟁이냐 결단해야

"지금 한반도정세는 동서로 갈려 세계적 패권을 겨루던 두 진영의 한 축이 무너지고 세계 최강자인 미국이란 거인 앞에 무너진 쪽에 속했던 북한이란 소년이 돌멩이를 움켜쥐고 홀로 버티고 서 있는 것에 비유할 수 있습니다. 새로운 국제질서의 기강을 세우기 위해 거인이 소년에게 몽둥이를 들고 압박을 계속하자 소년이 자기도 함께할 것을 요구하며 맞서 있는 형국입니다. 소년이 두 진영이 대결하던 시기에 거인의 반대편 선봉에 서서 돌팔매질을 했다는 이유로 냉전체제가 무너진 지 20년이 넘도록 제재를 계속하는 것은 공정하지 않습니다. 거인은 몽둥이를 뒤로 숨기고 한발 뒤로 물러서 있고 거인과 한편인 소년의 형제가 앞장서 소년에게 돌멩이를 버리라고 요구하는 것은 무리입니다. 거인이 먼저 몽둥이를 내려놓고 앞으로 나와 소년의 손을 잡아주는 것이 순리입니다. 소년의 형제가 거인과 소년이 손을 잡을 수 있도록 나서야 할 때입니다."

지난 60년간 검은 핵구름이 한반도를 맴돌며 '핵전쟁이냐', '평화냐' 선택을 요구하고 있습니다. 오늘의 선택에 한민족의 미래가 달렸습니다. 먼저 '끝나지 않은 한국전쟁'을 끝내야 합니다. 한반도 평화체제 구축을 위한 결단은 결코 쉬운 일이 아닙니다. 단기간에 성과를 기대하기도 어렵습니다. 그러나 한반도 평화는 이념이나 체제를 초월해 한민족 모두에게 주어진 시대적 소명입니다. 60년간 계속된 정전체제가 더 이상 지속되어서는 안 된다는 국내외 한민족의 의지를 모아 남·북한과 미국 정부에 지속적으로 요구한다면 반드시 이루어질 것입니다.

북한과 군사적 대치상태에 있는 직접 당사자는 한국과 미국입니다. 그 중에도 한국전쟁의 당사자이며 세계 최강의 패권국인 미국의 결정이 중요합니다. 따라서 미주 한인들에게는 오바마 대통령과 연방 상·하원 의원들에게 한반도 평화를 위해 협력해줄 것을 요구해야 할 중요한 임무가 주어져 있습니다. 그렇지만 군사분계선 남과 북의 첨예한 군사적 대결을 매일매일의 일상생활에서 피부로 느끼고 살아가는 남·북한과 태평양 건너 불구경하고 있는 미국이 같을 수는 없습니다. 그런 의미에서 한반도 핵문제 해결을 위해서는 남·북한 정부와 국민들의 역할이 가장 중요합니다.

그동안 한국은 한미동맹의 틀 안에서 계속 미국의 허락을 받으려 했습니다. 그러나 한국이 언제까지 자국의 이해에 따라 우리 민족의 운명을 저울질하는 미국의 결정을 따르는 것은 바람직하지 못합니다. 1인당 국민소득이 100달러도 못돼[1] 꿀꿀이죽을 먹던 1950년대 맺은 종속적인 동

---

[1] 한국전쟁 정전협정이 체결된 1953년 한국의 1인당 국민소득은 67달러로 2012년 2만 3,113달러의 345분의 1에 불과했다. 1950년대 한국의 주요 수출 품목은 가발이었으며, 무역규모는 현재의 3,000분의 1 수준으로 필리핀, 태국, 베트남, 케냐보다 낮아 아프리카의 가난한 나라 수준이었다. 한국은 1964년에 이르러 1억 달러를 돌파해 세

맹관계가 국민소득 2만 달러를 넘어 선진국 대열 진입을 눈앞에 두고 있는 21세기에 그대로 계속되는 것은 참으로 부끄러운 일입니다. 우리 민족의 운명을 스스로 개척하려는 적극적인 자세로 대미 추종 자세를 벗어나 한국이 대등한 관계로 미국과 협력할 때 한미동맹은 더욱 건강한 관계로 발전할 수 있습니다.

세계 10위권 경제대국의 위상에 맞게 한국 국민들이 냉전체제의 의식구조에서 벗어나 자주적으로 해결하려는 자세가 우선적으로 요구됩니다. 한국 정부는 북한 핵문제와 한미동맹 재조정에 관해 정치권은 물론 학계와 국민들의 활발한 토론을 유도하고 국민적 합의에 따라 정책을 추진해야 합니다. 정부가 여론과 정책을 선도할 필요는 있으나 진보와 보수가 극단적으로 대립하고 있는 현 상황에서 너무 앞서 가는 정책을 무리하게 추진하는 것은 바람직하지 않습니다. 국민적 합의에 기초하지 않은 정부의 정책은 국론의 분열로 장기적인 관점에서는 오히려 부정적인 영향을 미칠 것입니다. 김대중·노무현 정부의 햇볕정책이 빛을 보지 못하고 정권의 퇴진과 동시에 과거로 회귀한 것은 정부와 학계가 한미동맹에 관해 일반 국민들의 논의를 제대로 유도하지 못한 데서 비롯된 왜곡된 현상입니다.

국민적 합의에 못지않게 중요한 것이 실천에 옮길 수 있는 지도자의 결단입니다. 지도자 한사람의 결단이 역사의 방향을 바꾸지는 못하더라도 역사의 흐름을 바꾼 사례는 얼마든지 있습니다. 조문파동과 한국형 경수로 제공을 빌미로 북미대화에 제동을 걸어 클린턴 전 대통령의 임기 내에 북한 핵문제를 타결할 수 있는 기회를 무산시킨 한국의 김영삼 전

계 90위에 들었으며 1977년에 100억 달러 수출을 달성하고 2006년에 3,000억 달러를 넘어 독일에 이어 세계 11위에 올라섰다.

대통령과 옥석을 가리지 않고 클린턴 행정부의 대북화해정책을 무조건 뒤집어엎은 아들 부시 전 미국 대통령은 한민족 역사 앞에 책임이 결코 가볍지 않습니다. 햇볕정책에 대한 역풍에 업혀 집권했다고 5년 동안 4대강에 매몰되어 역사를 후퇴시킨 이명박 전 대통령 역시 같은 책임을 면할 수 없습니다.

핵전쟁의 재앙이란 벼랑 끝에 선 오늘 한민족의 운명을 결정할 박근혜 대통령의 역사적인 책임 또한 무겁기 그지없습니다. 박근혜 대통령은 아버지 박정희 전 대통령의 7·4공동성명의 자주·평화·민족대단결 정신을 계승해 60년간 계속된 '끝나지 않은 한국전쟁'을 끝내고 한반도 평화를 정착시킬 시대적 소명을 받았습니다. 김대중·노무현의 햇볕정책이 진보에 대한 국민적 불안감으로 퇴색된 역사에서 한반도 평화를 위한 보수정권의 막중한 사명을 찾아야 할 것입니다. 이제 '핵전쟁이냐', '평화냐'의 역사적인 결단이 박근혜 대통령 앞에 놓였습니다. 대통령은 공부하는 자리가 아닙니다. 만물박사가 아니어도 됩니다. '수첩 공주'가 '수첩 대통령'이 되면 큰일납니다. 혼자 온갖 것을 다 메모했다가 세상살이 다 챙기면 '책임 총리', '책임 장관'은 물 건너가고 '청(와대)바라기'만 남기 마련입니다. 다 내려놓고 청와대 북쪽 창문을 열고 북악산과 무거운 대화를 나누시기 바랍니다.

한민족의 운명을 결정할 역사적인 책임이 김정은 제1위원장의 두 어깨에도 무겁게 지워졌습니다. 후계자 수업과정을 밟을 겨를도 없이 약관 20대에 역사와 마주했다는 자체가 바로 당신의 운명입니다. 할아버지 김일성 주석의 주체사상이나 아버지 김정일 국방위원장의 선군정치와 다른 새로운 시대를 열어야 합니다. 세계 최강의 미국에 맞서 핵과 미사일로 나라를 지키고 세기적인 대변혁과 자연재해를 고난의 행군으로 극복한 두 분도 북한의 모든 어린이가 '만경대 유희장' 놀이공원에서 뛰노는 인민의 행복한 삶을 꿈꿨을 것입니다. 북한이 호시탐탐 남침의 기회를 노리는 악마가 아니듯 한민족 모두 대동강의 기적을 함께 할 형제이며 미국도 평화를 사랑하는 우리의 다정한 이웃입니다.

21세기를 맞아 세계 방방곡곡에 뿌리내린 700만 해외 동포를 포함해 8,000만 한민족은 반만년 역사상 최고의 전성기를 맞고 있습니다. 한국은 더 이상 외국의 원조에 의존하던 후진국이 아니라 세계 10위권의 경제력, 세계적인 IT강국에다 동·하계 올림픽에서 당당히 10위권에 드는 스포츠 강국이 되었습니다. 올림픽 종목으로 채택된 태권도, 〈가을동화〉와 〈대장금〉을 앞세운 한국드라마, K-Pop을 비롯한 한류는 막강한 경제력을 바탕으로 세계로 뻗어가는 문화강국을 상징하고 있습니다. 이제 한국은 한반도 허리를 옭아맨 철조망을 걷고 북한을 거쳐 동북아시아와 시베리아를 넘어 세계로, 우주로 나아가야 합니다.

경제대국, 문화강국의 위상에 걸맞게 지난 60년간 '끝나지 않은 한국전쟁'을 끝내고 비자주적·비민족적·폐쇄적·전근대적인 한미동맹을 재정의해야 합니다. 제가 사랑하는 조국, 대한민국이 영토주권과 국방주권을 회복한 진정한 의미에서 자주적인 주권국가로 거듭나기를 고대합니다. 그리고 개성공단을 넘어 서해 평화협력지대와 해주공업단지, 황금평과 나진·선봉경제개발특구에 흥겨운 뱃고동과 망치 소리가 울려 퍼지기를 기원합니다. 남·북한이 함께 제가 충성을 맹세한 미국의 건강한 동맹국으로 당당히 국제무대에 나서는 날 200만 미주 동포 모두 자랑스러운 미주 한인으로 미 주류사회에 당당히 도전할 수 있을 것입니다. 한국과 북한, 지도자와 국민 모두의 현명한 결단을 간절히 기원합니다.

참고문헌

1. 한국 단행본

김명철. 2000. 『김정일의 통일 전략』. 윤영무 옮김. 서울: 살림터.
_____. 2005. 『김정일 한의 핵전략』. 김종성 옮김. 서울: 동북아.
김재두·김태우. 2003. 『미국의 핵전략 우리도 알아야 한다』. 서울: 살림.
김종찬. 2005. 『한반도 핵게임: 에너지 대전의 불길 당겼다』. 서울: 새로운사람들.
김태우. 1994. 『한국핵은 왜 안되는가』. 서울: 지식산업사.
백진현 편. 2010. 『핵비확산체제의 위기와 한국』. 서울: 오름.
북한연구소. 1983. 『북한총람』. 북한연구소.
블랙윌, 로버트 D(Robert D. Blackwill). 1997. 『미국의 핵정책과 새로운 핵보유국』. 김일수 외 옮김. 한울아카데미.
위트, 조엘·대니얼 포너먼·로버트 갈루치(Joel S. Wit, Daniel B. Poneman, and Robert L. Gallucci). 2005. 『북핵위기의 전말: 벼랑 끝의 북미협상』. 김태현 옮김. 서울: 모음북스.
이삼성. 1994. 『한반도 핵문제와 미국외교: 북미 핵협상과 한국 통일정책의 비판적 인식』. 서울: 한길사.
_____. 1995. 『미래의 역사에서 미국은 희망인가』. 당대.
이삼성·우메바야시 히로미치 외. 2005. 『동북아시아 비핵지대』. 서울: 살림.
이용준. 2004. 『북한핵: 새로운 게임의 법칙』. 서울: 조선일보사.
임을출. 2004. 『'악의 축'과의 대화: 북미 핵·미사일 협상의 정치학』. 한울아카데미.

장준익. 1999. 『북한 핵·미사일 전쟁: 최악의 핵전쟁 시나리오』. 서울: 서문당.
정영태. 2003. 『파키스탄-인도-북한의 핵정책』. 서울: 통일연구원.
정옥임. 2001. 『미국의 대중 정책과 한반도』. 서울: 세종연구소.
정욱식. 2003. 『2003년 한반도의 전쟁과 평화: 부시의 예방 전쟁과 노무현의 예방 외교』. 서울: 이후.
_____. 2005. 『북핵, 대파국과 대타협의 분수령』. 서울: 창해.
조재길. 1990. 『북한은 변하고 있는가』. 서울: 삼민사.
_____. 1994. 『한반도 핵문제와 통일』. 서울: 삼민사.
_____. 1999. 『통일로 가는 길이 달라진다: 한반도 통일환경의 변화와 평화체제 구축방안』. 서울: 오름.
_____. 2006. 『북핵위기와 한반도 평화의 길』. 서울: 한울아카데미.
통일원. 1992. 『통일백서』. 통일원.
하스, 리처드 외(Richard N. Haass et al). 2002. 『9·11테러 이후 부시행정부의 한반도정책』. 장성민 외 옮김. 서울: 김영사.
하영선. 1991. 『한반도의 핵무기와 세계질서』. 서울: 나남.
한국민권연구소. 2005. 『한반도 핵문제 교양백서』.
홍관희. 2004. 『주한미군 감축 및 재배치와 한국의 국가안보』. 서울: 통일연구원.
히다카 요시키(日高義樹) 2003. 『미국은 북한을 핵폭격한다: 그 충격의 시나리오』. 은영미 옮김. 서울: 나라원.

2. 한국 학위 논문
강성일. 2003. 「전쟁수단이 전쟁결과에 미치는 영향 연구」. 명지대학교 대학원 박사학위논문.
강임구. 2003. 「미국의 대외정책 변동요인에 관한 연구: 대북한 핵·미사일 대응 정책을 중심으로」. 대전대학교 대학원 박사학위논문.
김찬규. 2001. 「핵확산금지레짐에 관한 연구」. 동국대학교 대학원 박사학위논문.
장준익. 2004. 「북한 핵무기와 미사일 전략에 관한 연구」 경기대학교 정치전문대학원 박사학위논문.

최용환. 2003. 「북한의 대미 비대칭 억지·강제 전략: 핵과 미사일사례를 중심으로」. 서강대학교 대학원 박사학위논문.

박계현. 2003. 「탈냉전 이후 일본 안보정책의 변화: 법과 제도정비의 검토를 중심으로」. 이화여자대학교 대학원 석사학위논문.

이병권. 2003. 「중국 국방 현대화 계획의 대외 영향력에 대한 연구(中國 國防 現代化 政策의 對外 影響力에 관한 硏究)」. 경기대학교 정치전문대학원 석사학위논문.

이영붕. 2001. 「일본의 군사대국화와 우리의 대응방안 모색」. 전남대학교 행정대학원 석사학위논문.

이윤석. 2003. 「핵확산이론 및 통제정책에 대한 실증적 연구: 탈냉전기 인도, 파키스탄, 북한의 핵확산과 미국의 통제정책을 중심으로」. 국방대학교 안전보장대학원 석사학위논문.

임근춘. 2003. 「한반도의 전략적 가치변화와 한국의 역할: 한·미관계를 중심으로」. 경희대학교 행정대학원 석사학위논문.

장재건. 2001. 「중국의 군사위협론에 관한 고찰: 한반도 안보와 관련하여」 충남대학교 행정대학원 석사학위논문.

홍성남. 2003. 「일본 육상자위대의 방위전략 연구: 방위전략 수립과정을 중심으로」. 충남대학교 행정대학원 석사학위논문.

3. 한국 신문, 잡지의 시론 및 논문

강규형. 2013.5. 12. "북핵과 국제 테러리즘, 그리고 정밀 타격의 가능성". ≪조선일보≫.

경재희. 2013. 6. 22. "정전60년, 천의 얼굴, DMZ 거기선 무슨 일이". ≪주간중앙≫.

고유환. 2005. 12. 19. "남북관계 새 동력 찾기". ≪중앙일보≫.

김영희. 2006. 1. 20. "북한식 시장경제가 성공하려면". ≪중앙일보≫.

김진국. 2013. 7. 6. "노무현의 장사꾼 화법". ≪중앙일보≫.

김창수. 2010. 12. 24. "오바마 행정부의 한반도 정책 담당자들". ≪신동아≫.

김학준. 2005. 8. 30. "무기판매 370억 달러 4년 만에 최대". ≪인터넷한겨레≫.

김희상. 2011. 4. 15. "핵 확산과 한반도/동북아의 전략 균형-북한 핵문제". ≪코리아모니터≫.
남성욱. 2006. 1. 9. "북, 6자회담 복귀해 '경수로 회생' 논의를". ≪중앙일보≫.
리영희. 1992. 「미국-북한 핵문제의 P.T.S.D적 구조」. ≪사회평론≫(92년 5월호).
문흥호. 2003. 「북한 핵문제에 대한 중국의 기본 인식과 정책 기조」. 한양대학교. ≪중소연구≫, 통권99호.
박건영. 2004. 「북미관계의 전개와 전망 그리고 한반도 평화와 안정을 위한 한국의 전략」. 경남대학교 극동문제연구소, 제20권 1호.
_____. 2005. 11. 14. "한미동맹 재편과 동북아시아". ≪평화네트워크≫.
박명림. 2013. 8. 7. "정전체제에서 평화체제로". ≪한겨레신문≫.
박영준. 2006. 1. 19. "북한 개혁개방 성공의 조건". ≪중앙일보≫.
박철희. 2004. 6. 12 "경제냐, 체제냐 北선택이 日대응 좌우". ≪한국일보≫.
배명복. 2013. 7. 9. "너무 따지면 다친다고?". ≪중앙일보≫.
서재정. 2004. 7. 8. 「미국의 세계전략과 한미동맹관계의 변화」. ≪통일연대≫.
서진영. 2000. 「중국의 대외관계: 동북아 신질서와 중국」. 고려대학교 아세아문제연구소.
스나이더, 스콧(Scott Snyder). 2005. 10. 10. "남북화해와 한·미동맹의 충돌하나". ≪한국일보≫.
아머코스트, 마이클(Michael Armacost). 2006. 1. 4. "미국 빠진 동아시아공동체". ≪중앙일보≫.
안성규·김병기. 2013. 4. 29. 「중국은 미국MD에 왜 민감할까」. ≪중앙일보≫.
여인곤. 2000. 「러·북관계 변화추이와 푸틴의 대북정책전망」. 통일연구원.
오영환. 2006. 2. 2. "21세기 전쟁론". ≪중앙일보≫.
우평균. 2003. 「북한핵문제와 러시아의 역할: 한반도 정책기조와 6자회담에의 적응」. ≪북한연구학회≫, 제7집 2호.
유용원. 2004. 1. 27. "일본 앞서 세계 6번째 핵잠 보유국 되나". ≪디지틀조선≫.
_____. 2004. 8. 29. "중국의 군사전략과 군사력 증강 실태". ≪디지틀조선≫.
_____. 2005. 2. 16. "북한, 사정거리 늘어난 신형 스커드-ER 미사일 개발". ≪디지틀조선≫.

_____. 2005. 4. 17. "북한 내 쿠데타 등 '작전계획 5029' 5개 시나리오 첫 공개!" ≪디지틀조선≫.

_____. 2013. 5. 1. "해군, 150㎞ 상공서 북미사일 요격할 SM-3 도입 추진". ≪디지틀조선≫.

윤석철. 2005. 6. 25. "신의 방패 대 태양의 창, 모순이 전쟁을 막는다". ≪한국일보≫.

이계성. 2005. 11. 30. "굿바이 신포경수로". ≪한국일보≫.

이용수. 2013. 6. 1. "북 군부, 연초부터 개성공단 폐쇄로 작심하고 몰고 갔다". ≪조선일보≫.

이유림 외. 2004.「국가 간 갈등에 있어 공격-방어 균형의 변화와 인식에 대한 고찰: 북한 핵문제와 북미관계를 중심으로」. ≪한국정치학회≫, 제38집 1호.

이삼성. 2003.「한미동맹의 유연화를 위한 제언」. ≪국가전략≫, 9권 3호.

이장희. 2005. 10 .27. "진정한 '한반도 비핵화'의 길". ≪한국일보≫.

이종원. 2005. 8. 1. "미국의 동북아 외교와 지정학". ≪인터넷한겨레≫.

이준규. 2004. 1. 9. "핵무기 없는 세계를 향한 신아젠다연합". ≪평화네트워크≫.

_____. 2005. 8. 31.「로카쇼무라 재처리공장. 핵무장을 향한 일보인가」. ≪평화네트워크≫.

이지수. 2003.「북핵문제에 대한 러시아의 입장과 정책: 공식적 차원과 새로운 시각」. 경남대학교 극동문제연구소.

이활웅. 2006. 1. 31. "한국군 장성들은 화자(火者)들인가?". ≪통일뉴스≫.

정안숙. 2005. 8. 19. "350만 명 이상이 굶주림으로 아사했다". ≪디지털 조선≫.

정욱식. 2005. 10. "작전계획, 무엇이 문제인가". ≪평화네트워크≫.

_____. 2005. 12. 14. "중국 공격기지, 최악의 시나리오". ≪한겨레21≫.

_____. 2006. 1. 25. "한국의 PSI 참여, 그 의미와 파장". ≪오마이뉴스≫.

_____. 2011. 4. 27. "MB정부는 미국의 대북 식량지원을 막지마라". ≪평화네트워크≫

한호석. 2005. 6. 30. "민족통일대축전 대 한미정상회담, 그 대결구도에 대하여". ≪통일뉴스≫.

황주호. 2005. 11. 22. "사용후 핵연료, 경제성 따지고 제도적 뒷받침을". ≪중앙일보≫.

효도 케이지. 2005. 11. 14. "일, 제2 핵시대의 막을 여는가". ≪평화네트워크≫.

4. 미주 단행본

Albright , Madeleine. 2003. *Madam Secretary: A Memoir.* New York: Miramax Books.

Allison, Graham. 2004. *Nuclear Terrorism: The Ultimate Preventable Catastrophe.* New York: Times Books.

Barnett, Thomas P. M. 2005. *The Pentagon's New Map: Blue Print for Action.* New York: G. P. Putnam's Sons.

_____. 2004. *The Pentagon's New Map: War and Peace in the Twenty-First Century.* New York: G. P. Putnam's Sons.

Bermudez, Joseph S. Jr. 1990. *Terrorism: The North Korean Connection.* New York: Crane Russak.

Blum, William. 2005. *Rogue State: A Guide to the World's only Superpower.* Monroe: Common Courage Press.

Carter, Jimmy. 2005. *Our Endangered Values: America's Moral Crisis.* New York: Simon & Schuster.

Cha, Victor D. and David C. Kang. 2005. *Nuclear North Korea: A Debate on Engagement Strategies.* New York: Columbia University Press.

Cirincione, Joseph. 2002. *Deadly Arsenals: Tracking Weapons of Mass Destruction.* Washington D.C.: Carnegie Endowment for International Peace.

Cummings, Bruce. 2002. *The Origins of the Korean War Volume II: The Roaring of the Cataract 1947~1950.* Seoul: Yuksabipyungsa.

Ferguson, Charles D. and William D. Potter. 2004. *The Four Faces of Nuclear Terrorism.* Monterey: Monterey Institute-Center for Nonproliferation Studies Nuclear Threat Initiative.

Harrison, Selig S. 2002. *Korean Endgame: A Strategy for Reunification and U.S. Disengagement.* N. J.: A Century Foundation Book.

Hayes, Peter et al. 1987. *American Lake: Nuclear Peril in the Pacific.* New York: Penguin Books.

Hayes, Peter. 1991. *Pacific Powderkeg: American Nuclear Dilemmas in Korea.* Massachusetts: Lexington Books.

IISS(International Institute for Strategic Studies). 2002. *The Military Balance 2001~2002.* Oxford Press.

_____. 2005. *The Military Balance 2004~2005.* Oxford Press.

Jensen, Lloyd. 1982. *Explaining Foreign Policy.* New, Jersey: Prentice-Hall, Inc.

Kihl, Young Whan and Peter Hayes. 1997. *Peace and Security in Northeast Asia: The Nuclear Issue and the Korean Peninsula.* New York: M.E. Sharpe.

Meyer, Stephen M. 1978. *The Dynamics of Nuclear Proliferation.* Chicago: University of Chicago Press.

Middleton, Harry J. 1965. *The Compact History of the Korean War.* New York: Hawthorn Books.

Minty, Abdul S. 1994. *Anti-apartheid Movement and the United Nations: Statements, Papers and Letters of Abdul S. Minty, Honorary Secretary of the British Anti-apartheid Movement and Nuclear Collaboration with South Africa.* House, Sanchar Pub.

Moltz, James Clay and Alexandre Y. Mansourov. 2000. *The North Korean Nuclear Program: Security, Strategy and New Perspectives from Russia.* New York: Routledge.

Oberdorfer, Don. 2001. *The Two Koreas: A Contemporary History.* Basic Books.

Perry, William J. and Ashton B. Carter. 1999. *Preventive Defense: a new Security Strategy for America.* Washington, D.C.: Brookings Institute Press.

Sigal, Leon V. 1998. *Disarming Strangers: nuclear Diplomacy with North Korea.* N.J.: Princeton University Press.

SIPRI(Stockholm International Peace Research Institute). 2005. *Sipri Yearbook 2005.*

_____. 2013. *Sipri Yearbook 2013.*

Wilcox, Robert K. 1985. *Japan's Secret War: Japan's Race against Time to Build Its*

Own Atomic Bomb. New York: Marlowe & Co.

Wit, Joel S., Daniel B. Poneman, and, Robert L. Gallucci. 2004. T*he First North Korean Nuclear Crisis Going Critical*. Washington D.C.: Brookings Institution.

5. 미주 논문

한호석. 1996. 「붕괴설-연착륙설의 논리구도의 분석」. Flushing, NY: 통일학 연구소.

_____. 2000. 1. 「세기말의 조미관계, 세기 초의 한(조선)반도 통일 정세: 제1부 미국의 핵전쟁 위협과 북조선의 대응 핵전략」. NY: 통일학연구소.

_____. 2001. 3. 「세기말의 조미관계, 세기 초의 한(조선)반도 통일 정세: 제2부 북조선이 보유한 익명의 대륙간 탄도미사일과 조미일 삼각 전략균형의 형성」. NY: 통일학연구소.

_____. 2004. 10. 「남(한국)의 비밀핵물질실험을 어떻게 볼 것인가」. NY: 통일학연구소.

_____. 2005. 6. 7. 「미국의 한(조선)반도 전쟁계획과 전쟁연습」. NY: 통일학연구소.

Albright, David. 1994. 9/10. "How much plutonium does North Korea have?" Bulletin of the Atomic Scientists.

_____. 2012. 10. 2. "Challenges posed by North Korea's Weapon Grade Uranium and Weapon-Grade Plutonium: Current and Projected Stocks?" ISIS Report.

Bazhanov, Evgeniy P. and James Clay Moltz. 2002. "China and the Korean Peninsula managing an unstable Trianle." in Moltz, James Clay and Alexandre Y. Mansourov. *The North Korean Nuclear Program: Security, Strategy and New Perspectives from Russia*. New York: Routledge.

Bulletin of the Atomic Scientists. 2003. 3/4. "North Korea: Less than meets the eye."

Cha, Victor D. 2002. "Korea's Place in the Axis." retrieved November 15, 2005 Foreignaffairs.org.

Cheon, Seongwhun. 1997. "Regional Non-nuclear Options from South Korea's Perspective." in Kihl, Young Hwan, et al. *Peace and Security in Northeast Asia: The Nuclear Issue and the Korea Peninsula*. New York: M.E. Sharpe.

Denisov, Valery I. 2002. "Nuclear Institution and Organizations in North Kore." in Moltz, James Clay and Alexandre Y. Mansourov. *The North Korean Nuclear Program: Security, Strategy and New Perspectives from Russia*. New York: Routledge.

Dingli Shen. 1997. "Engaging the DPRK in a Verifiable Nuclear Weapons-Free Zone: Addressing Nuclear Issues Involving the Korean Peninsula." in Kihl, Young Whan and Peter Hayes. *Peace and Security in Northeast Asia: The Nuclear Issue and the Korea Peninsula*. New York: M.E. Sharpe.

Haass, Richard N. 2005. 7/8. "Regime Change and Its Limits." Foreign Affairs.

Harrison, Selig S. 2001. 3/4. "Time to Leave Korea?" Foreign Affairs.

_____. 2005.1/2, "Did North Korea Cheat?" Foreign Affairs

Hayes, Peter, David von Hippel, Jungmin Kang, Tadahiro Katsuta, Tatsujiro Suzuki, Richard Tanter, and Scott Bruce. 2005. "Light Water Reactors at the Six Party Talks: The Barrier that Makes the Water Flow." retrieved November 21, 2005 from Nautilus Policy Forum Online.

ISIS(Institute for Science and International Security). 2005. "The North Korean Plutonium Stock Mid-2005." retrieved October 20, 2005 from Nautilus.

Kang, David. 2005. "A Better Korea Strategy." retrieved December 22, 2005 from Nautilus Policy Forum Online 05-102A.

Kang, Jungmin. 2005. 1/2. "South Korea's Nuclear Surprise: as More and More Countries Adopt the IAEA's Additional Protocol, All Kinds of Nuclear Secrets Will Come Spilling Out. Currently under Microscope: South Korea(International Atomic Energy Agency)." Bulletin of the Atomic Scientists.

Kristensen, Hans M. 2002. 9/10. "Preemptive Posturing." Bulletin of the Atomic Scientist.

Mansourov, Alexandre Y. 2000. "Pyongyang's Stake in the Agreed Framework." in Moltz, James Clay et al., *The North Korean Nuclear Program: Security, Strategy and New Perspectives from Russia*. New York: Routledge.

Natural Resource Defense Council, 2005. 9/10. "India's Nuclear Forces, 2005."

Bulletin of the Atomic Scientists.

Norris, Robert S. and Hans M. Kristensen. 2005. 5. 6. "North Korea's nuclear program, 2005." Bulletin of the Atomic Scientists.

Norris, Robert S., William M. Arkin and William Burr. 1999. "Where They Were?" Bulletin of the Atomic Scientist Nov/Dec.

Oberdorfer, Don. 2005. "The United States and South Korea: Can This Alliance Last?" retrieved November 17th, 2005 from Nautilus Policy Forum Online 05-93A.

Oppemeimer, Robert. 2013. 4. 17. "Make North Korea an Offer." NY Times.

Paik, Hwan Kee. 1999. "A Case Study of the Alternative Dispute Resolution Related to the Nonproliferation Of North Korean Missiles: The United States-North Korean Missile Talks and Related Issues." University of Oregon.

Reiss, Mitchell B. and Robert Gallucci et al. 2005.3/4. "DEAD TO RIGHTS." Foreign Affairs.

Scobell, Andrew. 2005. 7. "North Korea's Strategic Intentions." Strategic Studies Institute.

Sigal, Leon V. 2003. 3. 31. "Did the United States Break the Agreed Frameworks." History News Network.

Zoellick, Robert B. 2000. 1/2. "Campaign 2000: A Republican Foreign Policy." Foreign Affairs Vol 79 No.1.

6. 북한·중국·일본 단행본, 논문 및 기타 참고서적

姜龍釟. 2004.「中國對朝鮮核問題的政策」. 延邊大學校.

금성호. 2004. 12.「중국의 한반도 정책과 고국남북 통일문제에 대한 약간의 사색」. 서경대학교. ≪통일연구≫, 제9권 제2호.

김철우. 2002.『김정일 장군의 선군정치』. 평양출판사.

延邊大學校. 2005. 6. 25~26.「東北亞協力時代中國與朝鮮半島的互動關係」. 國際學術會議 發表論文集.

월간. 1993. 3. 5. 『자주』.

日本 防衛廳. 2005. 『平成17年版 日本の防衛』. 防衛白書.

中川八洋. 2004. 『日本核武裝の 選擇』. 東京: 德間書店.

解防軍報. 2003. 12. 6. 「簡析 中國的防擴散政策和措施」. 白皮書.

홍순민. 1991. 『주체의 철학적 세계관 연구』. 자주철학회.

Pan Zhenqiang, Shen Dingli, Bruce Blair, and Sun Xiangli. 2005. "Opening Debate on U.S. - China Nuclear Relation." China Security(中國安全), August 2005.

Pan Zhenqiang, 2005. "China insistence on No-First-Use of nuclear weapons." China Security, Autumn 2005.

연표

연도	주요 사건
1945	02. 04. 얄타회담: 미국 루스벨트 대통령, 영국 처칠 수상, 구소련 스탈린 공산당 서기 제2차 세계대전 전후 처리 07. 16. 미국, 뉴멕시코 사막에서 최초로 핵실험(Trinity) 성공 08. 06. 미국, 일본 히로시마에 원자폭탄(Little Boy) 투하 08. 08. 구소련 대일선전포고 08. 09. 미국, 일본 나가사키에 원자폭탄(Fat Man) 투하 08. 10. 일본 해군 동해상에서 원폭 실험(설) 08. 15. 일본 국왕, 무조건 항복, 제2차 세계대전 종전 08. 23. 소련군 개성까지 남하 12. 27. 모스크바 삼상회의
1946	03. 20. 제1차 미소공동위원회 개최
1948	05. 10. 유엔 감시 아래 남한 총선거 08. 15. 대한민국 건국 08. 25. 북한, 최고인민회의 대의원 선거 09. 09. 조선민주주의인민공화국 건국
1949	08. 29. 소련, 핵실험 성공 10. 10. 중화인민공화국 건국
1950	06. 25. 한국전쟁 발발 07. 07. 유엔 안보리, 유엔군 파견 결정 07. 15. 이승만 대통령, 유엔군사령관에게 한국군 작전지휘권 이양 10. 25. 중국, 인민지원군 한국전쟁 참전

1951	07. 10.	개성에서 휴전회담 개시
	12. 29.	미국 최초로 발전용 고속증식로(FBR-1) 개발
1952	10. 03.	영국, 핵실험 성공
1953	07. 27.	한국전쟁 정전협정 조인(북한-김일성 인민군 최고사령관, 중국 펑더화이 인민지원군 사령관, 미국 웨인 클라크 유엔군 사령관 서명)
	10. 01.	한미상호방위조약 체결
	12. 08.	미국 아이젠하워 대통령, 제8차 유엔 총회에서 '원자력의 평화적 이용을 위한 국제기구의 설치' 제의
1954	04.	한국전쟁 정전협정 후속 정치회담(스위스 제네바)
	04. 26.	정치회담 시작, 7월 21일 종료
1956	10. 26.	80개 유엔회원국이 국제원자력기구(IAEA) 헌장 조인
1957	07. 29.	국제원자력기구 발족
	08. 08.	한국, IAEA 회원국 가입
1958	09. 25.	중국 인민지원군 철수 완료
1959	01. 21.	한국, 원자력원 설립
	03.	북한·소련 '원자력의 평화적 이용에 관한 협정' 체결
1960	02. 13.	프랑스, 핵실험 성공
	08. 14.	북한, 연방제통일안 제의
	11. 05.	한국 시험용 원자로 Triga Mark-II 원자로 준공
1961	07. 06.	북·중 우호협력상호원조조약 체결
	07. 10.	북·소 우호협력상호원조조약 체결
1962	10.	쿠바 위기
1963	06.	북한 영변 핵연구단지 착공 소형 연구용 원자로(IRT-2000)를 소련에서 도입
1964	02.	북한, 영변에 원자력연구소 설립
	06.	북한, 연구용 원자로 IRT-1000가동(2MWe), 임계시설 완공
	10. 16.	중국, 핵실험 성공
1965	05. 22.	한일 협정 조인
1966	07. 09.	한미행정협정 조인
1968	01. 05.	한국, IAEA 및 미국과 안전조치 적용에 관한 협정체결
	01. 23.	푸에블로호 납북
	06. 12.	핵확산금지조약(NPT) 체결(약 80개국)
1970	03. 05.	핵확산금지조약(NPT) 발효
	04. 24.	중국, 인공위성 '동팡홍 1호' 발사
1971	07.	미국 헨리 키신저 국무장관 중국방문

	09.	한국·북한, 적십자예비회담 및 실무회의 개시
	11.	중국, 유엔 상임이사국 지위 획득
1972	02.	미국 닉슨 대통령 중국 방문
	05.	미국 닉슨 대통령 소련 방문
	07. 04.	한국, 북한 7·4 공동성명 발표
	08. 29 ~ 09. 02.	한국·북한, 제1차 남북적십자 본회담(평양)
	09. 12~16.	한국·북한, 제2차 남북적십자 본회담(서울)
	10. 12.	한국·북한, 남북조절위원회 공동위원장 회의(자유의 집)
	11. 30 ~ 12. 02.	한국·북한, 남북조절위원회 전체회의(서울)
	12. 27.	한국, 유신헌법 공포
1973	02. 17.	한국, 3개 관련 연구소 통합 원자력연구소 발족
	07. 10~13.	한국·북한, 제7차 남북적십자 본회담(평양) 이후 중단
1974	03. 20.	북한 최고인민회의 5기 3차 회의, 북·미 평화협정 주장
	05. 18.	인도 핵실험 성공(평화적 이용 목적임을 강조)
	09.	북한, 국제원자력기구 가입
1975	01. 27.	한국, 캐나다 원자력공사와 월성 1호기(중수로) 공급계약 체결
	03. 14.	한국·북한, 제10차 남북조절위원회 부위원장회의(자유의 집) 이후 중단
	10. 31.	한국·IAEA, 안전조치협정에 서명
	11. 29.	중국, 인공위성 '창정 2호' 회수 성공
1976	08. 18.	판문점 미루나무벌채사건
1977	09.	북한·IAEA 간 IRT-2000 부분안전조치협정 체결
1978	11. 07.	한미연합사령부 창설(평시 2군사, 특전사, 수방사 제외)
1979	02. 27.	한국·북한, 남북탁구협회 회의 개시
	09.	남아공화국 동부 연안에서 이스라엘과 연계 핵실험(불사조작전)
1980	05. 18.	한국, 5·18 광주민중항쟁
	07.	북한, 5MW 실험용 원자력발전소 착공(1986년 완공)
	11. 11.	북한, 고려민주연방공화국 창립 방안 실현을 위한 제정당, 사회단체 연석회의 개최
1982	04.	한국 원자력연구소 시험용 원자로 트리가 사용후 핵연료로 플루토늄 추출 실험
1983	04. 22.	한국, 월성 1호기(가압중수로) 준공
1984	04. 09.	LA올림픽 단일팀 구성 남북체육회담
	11. 15.	한국·북한, 남북경제회담 개시
1985	05.	북한, 영변에 50MW 원자로 착공(1995년 완공 목표)
	05. 27~30.	한국·북한, 제8차 남북적십자 본회담(서울) 재개

	07. 23.	한국·북한, 제1차 국회회담 예비접촉
	10. 08~09.	서울올림픽 관련 IOC중재 남북체육회담 개시
	12. 02~05.	한국·북한, 제10차 남북적십자 본회담(서울) 이후 중단
	12. 12.	북한, 핵확산금지조약(NPT) 가입
1986	04. 26.	소련 체르노빌 원전 4호기 사고 발생
	10.	북한, 5MW 실험용 원자력발전소 완공
1987	04.	미사일기술통제체제(MTCR) 결성
1988	02.	한국 노태우 대통령 취임
1989	01.	미국 부시 대통령 취임
	02. 08.	한국·북한, 남북고위급회담 예비접촉
	09.	프랑스 상업위성 'SPOT 2호' 영변 핵시설 사진 공개
1990	09. 04~07.	한국·북한, 남북고위급회담 본회담(서울)
1991	01. 17.	걸프전 개시
	02. 27.	걸프전 종료
	05.	북한, 유엔가입 성명 발표
	07. 30.	북한 외교부, 한반도 비핵화를 위한 제안 발표
	09. 15.	UN총회, 한국과 북한 유엔 동시 가입 만장일치로 가결
	09. 27.	미국 부시 대통령, 지상 및 해상 단거리 전술핵무기 폐기 선언
	09. 28.	한·미, 주한미군 전술핵무기 전면 철수 합의
	11. 08.	한국 노태우 대통령, '한반도 비핵화와 평화구축을 위한 선언' 발표
	11. 25.	북한 외교부 '주한미군 핵무기 철수 시 안전조치협정 서명, 남북동시사찰, 북미 핵협상, 남북 비핵화협상 제의' 성명
	12. 11.	한국, 북한에 '한반도 비핵화 공동선언' 제안
	12. 13.	한국·북한, 남북 사이의 교류와 협력을 위한 합의서 채택
	12. 18.	한국 노태우 대통령, 한국 내 핵무기 부재 선언
	12. 31.	한국·북한, 한반도 비핵화공동선언 타결
1992	01. 07.	북한 외교부 대변인, 안전조치협정 서명 및 IAEA 핵사찰 수용 발표, 한국, 팀스피릿 훈련 중단 발표
	01. 20.	한반도 비핵화공동선언 서명
	01. 30.	북한·IAEA, 안전조치협정 서명
	02. 19.	한국·북한, 남북기본합의서 및 비핵화공동선언 발효
	04. 10.	북한·IAEA 핵안전조치협정 비준 발효
	08. 24.	한·중 수교
	09. 15.	한국·북한, 제8차 남북고위급회담 본회담(평양), 이후 중단
	12. 17.	한반도 핵통제 공동위원회 제13차 회의 이후 중단
1993	01.	미국 클린턴 대통령 취임
	01. 29.	북한, 고위급회담 북측 대표단, 모든 남북대화 중단 발표

	02.	한국 김영삼 대통령 취임
	03. 12.	북한, NPT 탈퇴 성명 발표
	03. 18.	IAEA 특별이사회, 대북한 결의안 채택
	04. 03.	북한, 중립국 감시위원회 체코 대표단 강제철수 조치
	05.	북한, 사정거리 1,000km '로동 1호' 미사일 시험 발사
	05. 05.	북한, 김정일 국방위원장 추대
	06. 02.	북·미 제1단계 고위급회담 개최(뉴욕), 북한의 NPT 탈퇴 효력정지 합의
	06. 11.	북·미 뉴욕 1단계 고위급회담
	07. 03.	미국 클린턴 대통령, 핵무기실험 잠정 중단 선언
	10. 01.	IAEA 제37차 총회, 북한핵문제 결의 채택 '북한의 사찰 거부에 우려 표명'
1994	03. 03.	미국, 팀스피릿훈련 중단, 3단계 회담 발표
	03. 01~15.	IAEA사찰단, 영변 핵시설 사찰
	03. 03~19.	한국·북한, 특사교환을 위한 실무접촉, 북한 대표의 불바다 발언으로 결렬
	03. 31.	유엔 안보리 의장 성명 채택 '북한의 사찰수용 이행 촉구'
	06. 10.	IAEA 이사회, 대북한 제재결의안 채택
	06. 13.	북한 외교부 대변인, IAEA 탈퇴 선언
	06. 15~18.	미국 카터 전 대통령 판문점 경유 북한 방문 북한 김일성 주석, IAEA 사찰관 잔류 허용, 핵동결, 한반도 정상회담 수락 용의표명
	06. 28.	남북정상회담 예비 접촉(평화의집)
	07. 09.	북한 김일성 주석 사망(7월 8일) 발표
	10. 17.	북·미 제네바핵합의 타결
	10. 20.	미국 클린턴 대통령, 북한에 경수로 건설 보장 서한 송부
	10. 21.	북·미 제네바핵합의서(Agreed Framework) 서명
	11. 01.	북한, 핵동결 선언
	12. 01.	한국 합참의장, 평시작전지휘권 환수
1995	01. 15.	미국, 북한에 대체에너지(중유) 제공 개시
	03. 09.	KEDO 창설 및 제1차 집행 이사회 개최(뉴욕)
	05. 12.	핵확산금지조약(NPT) 영구조약으로 갱신
	12. 15.	북한·KEDO, 경수로 공급협정 서명
1996	09. 10.	유엔 총회, 전면핵실험금지조약(CTBT) 채택
1997	01.	홍콩, 중국으로 반환
	08. 19.	북한 신포, 금호지구 경수로공사 착공
1998	02. 25.	김대중 대통령 취임, 특사교환 및 대북3원칙 발표

	05. 11~13. 인도, 공개적으로 핵실험
	05. 28~30. 파키스탄, 공개적으로 핵실험(28일-우라늄탄, 30일-플루토늄)
	06. 23. 정주영 현대그룹 명예회장 소떼몰이 방북
	08. 10. 미국 뉴욕타임스, 금창리 지하시설 핵의혹 제기
	08. 31. 북한, 인공위성(광명성 1호, 대포동 1호 미사일) 발사
	11. 18. 금강산 관광 첫 출항
1999	05. 18~24. 미국 대표단 제1차 금창리 지하시설 방문
	05. 25~28. 미국 페리 대북정책조정관 북한 방문
	06. 15. 남북한 해군 서해교전사태 발생
	06. 22~26. 한국·북한, 남북 차관급회담
	08. 12~13. 남북한 노동자축구대회(평양)
	10. 13. 미국, 상원 전면 핵실험금지조약(CBTB) 부결
	11. 01. 중국, 무인우주선 '선저우 1호' 발사
	12. 20. 마카오, 중국으로 반환
2000	02. 03. KEDO, 경수로 본 공사 시작
	03. 09. 김대중 대통령 베를린선언
	06. 13. 한국 김대중 대통령과 북한 김정일 국방위원장 정상회담
	06. 15. 한국·북한, 6·15 남북공동선언 발표
	07. 29. 한국·북한, 제1차 남북장관급회담
	09. 11~14. 북한 김용순 특사 한국 방문
	09. 25~26. 한국·북한, 제1차 국방장관회담
	10. 12. 북한 조명록 특사와 미국 올브라이트 국무장관 공동성명 발표
	10. 20. 미국 클린턴 대통령, 김정일 위원장에게 '경수로 공급 보장서한' 발송
	10. 23~25. 미국 올브라이트 국무장관 북한 방문
2001	01. 20. 미국 아들 부시 대통령 취임
	09. 11. 9·11 뉴욕테러사건 발생
	11. 미국, 아프가니스탄 침공, 반테러전 개시
2002	01. 미국, 약 3개월간의 아프가니스탄 반테러전 종료
	01. 29. 미국 부시 대통령 의회 합동회의에서 '악의 축' 발언
	06. 29. 2차 서해교전 재발
	07. 25. 북한, 서해교전 유감 표명
	09. 17. 북·일 정상회담, 평양선언 발표
	10. 03~05. 제임스 켈리 특사 등 미국 대표단 8명 북한 방문
	10. 17. 미국, '북한 핵무기 개발계획 시인' 발표
	11. 14. 미국 국가안보회의(NSC)와 KEDO 집행이사회, 대북 중유지원 중단 결정
	12. 10. 스페인, 미국 대신 인도양에서 북한 선적 화물선 나포 조사
	12. 25. 북한, 영변 5MW 원자로 연료봉 재장전

2003		
	01. 10.	북한, 핵확산금지조약 탈퇴 및 안전조치협정 무효화 선언
	02.	한국 노무현 대통령 취임
	03. 20.	미국, 이라크 침공
	04. 23~25.	북·중·미, 베이징에서 3자회담 개최
	05. 15.	한·미 정상회담, '추가적 조치의 검토' 발표
	06.	북한, 사용후 핵연료봉 8,000개 재처리 완료 미국에 통보
	08. 27~29.	제1차 6자회담 베이징에서 개최
	10. 15.	중국, 유인우주선 선저우 5호 발사
	11. 21.	KEDO, 대북 경수로사업 12월 1일부터 1년 동안 중단 결정
2004		
	01. 06~10.	미국 학자, 전문가 영변 핵시설 방문
	02. 25~28.	제2차 6자회담 베이징에서 개최
	04. 23.	북한, 룡천역 대규모 폭발 사고
	05. 22.	북·일 정상회담 평양서 개최
	09. 28.	미국 상원 '북한 인권법안' 통과
	10. 06.	미국, 주한미군 2008년까지 3단계 감축안 발표
	10. 19.	미국, 부시 대통령 「북한인권법」 서명
	10. 20.	북한 제네바핵합의 파기 선언
2005		
	01.	북한 김정일 국방위원장 중국 방문
	01. 19.	미국 콘돌리자 라이스 국무장관 인준청문회 '북한, 폭정의 전초기지' 발언
	07. 26.	제4차 6자회담 베이징 댜오위타이(釣魚臺)에서 공식 개막
	09. 19.	제4차 2단계 6자회담 9·19공동성명 채택
2006	10. 06.	북한, 풍계리 핵실험장에서 핵실험
2007		
	02. 06~13.	제5차 6자회담 3단계 회의에서 9·19공동성명 이행을 위한 2·13합의 발표
	10. 02~04.	노무현·김정일 남북한 정상회담 및 남북관계발전과 평화·번영을 위한 선언 발표
	10. 03.	9·19공동성명 이행을 위한 10·3합의 발표
2008		
	02.	한국 이명박 대통령 취임
	06. 27.	북한, 영변 5MW 원자로 불능화 조치
	07. 11.	금강산 한국인 관광객 피격, 한국 정부 금강산 관광 중단
2009		
	01.	미국 오바마 대통령 취임
	04. 05.	북한, 광명성 2호 장거리미사일 발사
	05. 25.	북한, 2차 핵실험
	05. 26.	한국, PSI 전면 참여
2010		
	02. 01.	제4차 남북 개성공단 실무회담
	03. 26.	천안함 침몰
	05. 03.	북한 김정일 국방위원장 중국 방문

	08. 25~17. 미국 카터 전 대통령 방북, 억류 미국인 아이잘론 말리 곰즈 동반 귀국
	09. 30. 남북 군사실무회담 개최
	10. 26~27. 남북한 적십자회담 개최(개성)
	10. 30. 남북한 이산가족 상봉(금강산)
	11. 05. 남북한 이산가족 상봉(금강산)
	11. 23. 북한, 연평도 폭격
	12. 20. 한국, 연평도 해상 사격훈련 실시
2011	02. 08~09. 남북한 군사실무회담 개최
	04. 12. 제2차 백두산 화산 남북전문가 회의 개최(개성)
	05. 북한 김정일 국방위원장 중국 방문
	06. 08. 중국 위화도, 황금평 착공식
	06. 09. 중국, 나선시 착공식
	08. 23. 금강산지구 내 남측 인원 전원철수
	09. 21. 제2차 남북비핵화회담 개최(베이징)
	09. 21~24. 한국 7대 종단 대표 등 방북
	12. 19. 북한 김정일 국방위원장 사망
2012	03. 16. 북한, 우주공간기술위원회 대변인 실용위성 발사계획 발표
	03. 26~27. 핵안보정상회의 개최(서울)
	04. 13. 북한, 장거리로켓(미사일) 은하 3호 발사(실패)
	04. 16. 유엔 안보리, 북한 미사일 발사 규탄 의장성명 채택
	12. 01. 북한, 우주공간기술위원회 대변인 실용위성 발사계획 발표
	12. 12. 북한, 장거리로켓(미사일) 은하 3호 2호기 발사 성공
2013	01. 23. 유엔 안보리, 북한 미사일 발사 규탄, 대북제재 2087호 채택
	02. 12. 북한, 제3차 핵실험 성공
	02. 25. 한국 박근혜 대통령 취임
	03. 05. 북한, 외무성 정전협정 백지화 선언
	03. 06. 한국군 '북 도발 시 지휘부 타격' 경고
	03. 08. 유엔 안보리, 대북제재 결의안 2094호 채택
	03. 11. 한미합동 키리졸브훈련 시작
	03. 19. 미국, 전략폭격기 B-52 공개 출격
	03. 28. 미국, 스텔스 전략폭격기 B-2 한반도 폭탄투하 훈련
	04. 01. 미국, 전략폭격기 F-22 공개 출격
	04. 02. 북한, 영변 핵시설 재가동 발표
	05. 03. 한국, 개성공단 잔류인원 전원 귀환
	05. 05~10. 박근혜 대통령 미국 방문
	05. 22. 북한, 최룡해 군 총정치국장 특사 방중
	06. 06. 북한, 개성공단, 금강산 관광 포함 포괄적 당국 간 회담 제의

　　　　　　　한국, 12일 서울에서 장관급회담 개최 역제의
06. 07~08. 중국, 시진핑 국가주석 미국 방문
06. 09. 남북한 장관급회담 실무접촉, 12일 장관급회담(서울) 개최 합의
06. 11. 남북한 장관급회담 대표단 구성 이견으로 12일 개최 무산
06. 27~30. 박근혜 대통령 중국 방문
07. 06. 개성공단 실무회담 개최

부 록

1. 미국 오바마 대통령에게 보낸 편지

2. 한국 박근혜 대통령에게 보낸 편지

3. 북한 김정은 제1위원장에게 보낸 편지

CITY OF CERRITOS

CIVIC CENTER 18125 BLOOMFIELD AVENUE
P.O. BOX 3130 CERRITOS, CALIFORNIA 90703-3130
PHONE: (562) 916-1310 FAX: (562) 468-1095
CELL PHONE: (562) 547-4434 RESIDENCE FAX: (562) 924-2526
E-mail: josephjcho@earthlink.net
WWW.CI.CERRITOS.CA.US

OFFICE OF THE CITY COUNCIL
JOSEPH CHO, Ph.D.

January 1, 2013

President Barack Obama
1600 Pennsylvania Avenue NW
Washington, DC 20500

Re: Peace Agreement with the Democratic People's Republic of Korea to coincide with the 60th Anniversary of the July 27,1953 Korean War Armistice Agreement

Dear President Obama,

I would like to wish First Lady Michelle, Malia, Sasha and you a Happy New Year.

I am Joseph Cho, Ph.D., a Council member and former Mayor of the

City of Cerritos, California. It gives me great pleasure to recall your historical inauguration ceremony of 2008, which I attended along with my wife Lucy and our children Andy, Tony and Jia at the Nation's Capitol Park four years ago. I am planning a trip to Washington D.C. from January 17~22, 2013 to attend the National Conference of Mayors and your second inauguration ceremony.

I would like to thank you for your efforts and achievements of overcoming the worst economic depression since World War II and of reforming the health care system that several former Presidents tried to reform, but failed. I also commend you for bringing an end to the Iraq War and for the successful operation which brought Osama Bin Laden to justice. I sincerely congratulate your re-election which was a direct result of the voters' fair evaluation of your achievements during your first term. I am sure that you will do your best for a fast economic recovery and ending the Afghanistan War, which will bring our young soldiers home soon.

As a Korean-American citizen who has studied North Korea since the 1980s and published four books regarding the Korean peninsula issue (see enclosure), I am writing this letter to ask my President to work for a Peace Agreement with the Democratic People's Republic of Korea (DPRK) with a timing designed to coincide with the 60th anniversary of the Korean War Armistice Agreement, which will occur on July 27, 2013. Since officially the Korean War never ended, as the armistice agreement only brought a cessation in fighting, you have an opportunity to bring peace to the Korean peninsula and Northeast Asia as part of your legacy.

First, I would like to thank the young American soldiers who sacrificed some sixty years ago for the cause of protecting the freedom and liberty of my native country: the Republic of Korea (ROK). I think I can speak for the entire Korean People, when I say that I greatly appreciate the role that the US government and its citizens played in helping with the reconstruction, economic development and national security of the ROK over the past 60 years. With your gracious support, the ROK has achieved miraculous economic growth resulting in the evolution from a third world country in the 1950's into a thriving country with an economy that is ranked 13th largest in the world today.

However, despite the amazing development of South Korea, the Korean peninsula remains in a state of ideological and political antagonism, with conditions that are unstable due to military competition and nuclear development. The peninsula is at risk of war breaking at any moment, and not only due to North Korea's nuclear and missile capabilities. Over the years there have been frequent skirmishes along the Northern Limit Line (NLL) in the Yellow (West) Sea and along the demilitarized zone (DMZ). With the situation so tense in the Korean Peninsula, any skirmish could potentially spiral into a full-scale war and might destroy all the achievements made in the past six decades.

A war almost broke out twice in 2010, when in March North Korea first sank a South Korean vessel, Cheonan, killing 46 sailors, and then in November North Korea bombed the Island of Yeonpyeong, killing four people. Due to the state of military tension, the Korean Peninsula is the region with the highest risk in the world for the outbreak of a nuclear war which would be fatal to peace and economic development of Northeast Asia and the world.

About an hour north of the prosperous City of Seoul, South Korea, on the other side of the DMZ, people are suffering from shortages of food and energy. The military control in the DPRK is depriving its citizens of basic human rights. Lots of North Korean refugees have crossed the border in search of food and freedom. Many of them have had opportunities to settle in South Korea and some in the United States, but most have gone to China and other neighboring countries where their situation is not as good as in the US or South Korea. There is no doubt that this tragic situation in the DPRK has been caused by the communist policies and military dictatorship, which have proved themselves during the 20th century to be failures.

Now, most of the former communist countries, such as the Soviet Union and its satellite countries have lifted the bans, reformed their systems and joined the new world, but the DPRK has not made any reforms. The DPRK is one of few countries still left in the world today to have the same failed system that was in place in 1950s. Based on my research, it is only because North Korea has had antagonistic relations with the U.S. that they could not open their gates. For over 30 years, I have seen what I believe to be North Korea's continuous efforts to try to open its door and reform its system, but fail due to the state of war with the U.S. No businessperson would want to make deals or invest his/her capital in such an unstable country as North Korea. The resolution of this issue demands the highest priority for the sake of putting an end to the state of war on the Korean Peninsula.

As the North Korean nuclear issue began with the failure to bring a formal end to the Korean War, the path to resolution and the construction of a peaceful order lies in the settling of North Korean - U.S. hostilities and the normalization of relations. North Korea has consistently stated that in return for its abandonment of nuclear development, it expects peaceful coexistence with the U.S. Similarly, the other nations of the Six Party Talks, namely Japan, Russia, South Korea and China, also desire a peaceful resolution to the nuclear issue. This past year, there have been new leaderships in both North and South Korea, China, Russia and Japan. The U.S. is therefore in a unique role to initiate a conversion of the Armistice Agreement of the Korean War into a Peace Agreement, and bring a formal end to the Korean War. A peace agreement with the DPRK would be in line with the US strategic interests on the Korean Peninsula and Northeast Asia.

With a peace agreement, North Korea could become a normal country, which could allow it to improve its people's wellbeing and become a new partner of the U.S., just like South Korea. This could lead to the development of the economy of Northeast Asia, and a cooperative security framework. As a peaceful order is established after the peace agreement and abandonment of nuclear weapons, it will be desirable that permanent institutions be established on the model of the

Six Party Talks to deal with culture, economics and security cooperation in Northeast Asian. Northeast Asia could be the 21st Century gold rush, which would stimulate the economy of the U.S. and the world, and help us to overcome this serious recession.

In conclusion, I would like to ask my President to work for a Peace Agreement with the DPRK and take advantage of this unique opportunity of the upcoming 60th Anniversary of the Armistice Agreement of the Korean War on July 27, 2013 and bring peace to the Korean peninsula and Northeast Asia during your presidency.

Sincerely yours,

[signature]

Joseph Cho, Ph.D.
Councilman, City of Cerritos

Enclosure: biography and bibliography

CITY OF CERRITOS

CIVIC CENTER 18125 BLOOMFIELD AVENUE
P.O. BOX 3130 CERRITOS, CALIFORNIA 90703-3130
PHONE: (562) 916-1310 FAX: (562) 468-1095
CELL PHONE: (562) 547-4434 RESIDENCE FAX: (562) 924-2526
E-mail: josephjcho@earthlink.net
WWW.CI.CERRITOS.CA.US

OFFICE OF THE CITY COUNCIL
JOSEPH CHO, Ph.D.

February 25, 2013

President Park Geun-hye

Cheong Wa Dae (Blue House)

Seoul, South Korea

Dear Madam President Park,

I am Joseph Cho, Ph.D., a Council member and former Mayor of the City of Cerritos, a small city with a population of about fifty thousand, 30 Kilometers southeast of Los Angeles. The population of Cerritos is very diverse, and roughly 15% of the residents of Cerritos are Korean Americans.

First, I would like to congratulate you for your inauguration and wish you success as President of Republic of Korea (ROK). I am very proud that my native country of Korea has elected its first female president. I am also very proud of the miraculous economic growth that the Republic of Korea has achieved, resulting in the evolution from a third world country in the 1950's into a thriving country with an economy that is ranked 13th largest in the world today.

However, the Korean peninsula remains in a state of ideological and political antagonism, with conditions that are unstable due to military tension and is at risk of war breaking at any moment. This situation ranks the region as the highest risk in the world for the outbreak of a nuclear war which would be fatal to peace and economic development of Northeast Asia and the world.

I cannot accept the fact that the Korean War has been going on for over 60 years. On January 1, 2013, I wrote President Barack Obama a letter asking him to work for a Peace Agreement with the Democratic People's Republic of Korea (DPRK) with timing designed to coincide with the 60th anniversary of the Korean War Armistice Agreement, which will occur on July 27, 2013. Now, I am writing letters to both the leaders of the Republic of Korea and the Democratic People's Republic Korea to start a dialogue for ending the Korean War which officially has never ended, and bring peace to the Korean peninsula and Northeast Asia.

In fact, there are many serious concerns such as the North Korea nuclear issue and US military bases in South Korea to be considered as part of the peace agreement, and it will not be easy. As we have already witnessed, it will take time to settle all these difficult issues.

However, we should recognize that all the issues began with the failure to bring a formal end to the Korean War, so the resolution of these issues demand the highest priority for the sake of putting an end to the state of war on the Korean Peninsula.

I strongly believe that the Korean War should be ended based on the 'As is condition on the Korean peninsula' with full diplomatic relationships between the DPRK with the ROK, the USA and other countries. Through peaceful coexistence and interchange, all issues could be settled and the long-imposed economic embargo against North Korea would come to an end. The DPRK would then be able to improve its economy and people's wellbeing. This could lead to the development of the economy of Northeast Asia, and a cooperative security framework. Northeast Asia could be the 21st Century gold rush, which would stimulate the economy of the world, and help us to overcome this serious worldwide recession.

Before closing, I would like to personally ask your cooperation for my plan of running 20 kilometers per day for 50 days from Baekdu Mountain to Hanla Mountain in Jeju Island. Although I am not a good athlete, since 2010 I have run 16 marathons and on December 2, 2012 I ran a marathon in a time fast enough to qualify to run the 2014 Boston Marathon. On March 17, 2013 I plan on running the Dong-a Marathon in Seoul, South Korea. I also hope to soon run a marathon in North Korea. During my trips to North and South Korea, I would like to discuss with the authorities details about the 50 day run through the Korean peninsula to promote peace for the peninsula.

In conclusion, I would like to ask both leaders of my native country of Korea to work towards ending the Korean War on the upcoming 60th Anniversary of the Armistice Agreement of the Korean War on July 27, 2013, and bring peace to the Korean peninsula and Northeast Asia.

Sincerely yours,

Joseph Cho

Joseph Cho, Ph.D.
Councilman, City of Cerritos

Enclosure: biography and bibliography
        Letter to DPRK Supreme Leader Kim Jung-eun
        Letter to USA President Barack Obama

CITY OF CERRITOS

CIVIC CENTER 18125 BLOOMFIELD AVENUE
P.O. BOX 3130 CERRITOS, CALIFORNIA 90703-3130
PHONE: (562) 916-1310 FAX: (562) 468-1095
CELL PHONE: (562) 547-4434 RESIDENCE FAX: (562) 924-2526
E-mail: josephjcho@earthlink.net
WWW.CI.CERRITOS.CA.US

OFFICE OF THE CITY COUNCIL
JOSEPH CHO, Ph.D.

February 25, 2013

Supreme Leader Kim Jong-un
Pyongyang, DPRK

Dear Supreme Leader Kim,

I am Joseph Cho, Ph.D., a Council member and former Mayor of the City of Cerritos, a small city with a population of about fifty thousand, 30 Kilometers southeast of Los Angeles. The population of Cerritos is very diverse, and roughly 15% of the residents of Cerritos are Korean Americans.

First, I wish you success as the Supreme Leader of the Democratic People's Republic of Korea (DPRK). I am very proud that the

Democratic People's Republic of Korea has achieved significant economic growth and continuously improved people's wellbeing despite the difficult situation of a global recession.

However, the Korean peninsula remains in a state of ideological and political antagonism, with conditions that are unstable due to military tension and is at risk of war breaking at any moment. This situation ranks the region as the highest risk in the world for the outbreak of a nuclear war which would be fatal to peace and economic development of Northeast Asia and the world.

I cannot accept the fact that the Korean War has been going on for over 60 years. On January 1, 2013, I wrote President Barack Obama a letter asking him to work for a Peace Agreement with the Democratic People's Republic of Korea with timing designed to coincide with the 60th anniversary of the Korean War Armistice Agreement, which will occur on July 27, 2013. Now, I am writing letters to both the leaders of the Democratic People's Republic Korea and the Republic of Korea (ROK) to start a dialogue for ending the Korean War which officially has never ended and bring peace to the Korean peninsula and Northeast Asia.

In fact, there are many serious concerns such as the North Korea nuclear issue and US military bases in South Korea to be considered as part of the peace agreement, and it will not be easy. As we have already witnessed, it will take time to settle all these difficult issues. However, we should recognize that all the issues began with the failure to bring a formal end to the Korean War, so the resolution of these issues demand the highest priority for the sake of putting an end to the state of war on the Korean Peninsula.

I strongly believe that the Korean War should be ended based on the 'As is condition on the Korean peninsula' with full diplomatic relationships between the DPRK with the ROK, the USA and other countries. Through peaceful coexistence and interchange, all issues could be settled and the long-imposed economic embargo against North Korea would come to an end. The DPRK would then be able to improve its economy and people's wellbeing. This could lead to the development of the economy of Northeast Asia, and a cooperative security framework. Northeast Asia could be the 21st Century gold rush, which would stimulate the economy of the world, and help us to overcome this serious worldwide recession.

Before closing, I would like to personally ask your cooperation for my plan of running 20 kilometers per day for 50 days from Baekdu Mountain to Hanla Mountain in Jeju Island. Although I am not a good athlete, since 2010 I have run 16 marathons and on December 2, 2012 I ran a marathon in a time fast enough to qualify to run the 2014 Boston Marathon. On March 17, 2013 I plan on running the Dong-a Marathon in Seoul, South Korea. I also hope to soon run a marathon in North Korea. During my trips to North and South Korea, I would like to discuss with the authorities details about the 50 day run through the Korean peninsula to promote peace for the peninsula.

In conclusion, I would like to ask both leaders of my native country of Korea to work towards ending the Korean War on the upcoming

60th Anniversary of the Armistice Agreement of the Korean War on July 27, 2013, and bring peace to the Korean peninsula and Northeast Asia.

Sincerely yours,

[signature]

Joseph Cho, Ph.D.
Councilman, City of Cerritos

Enclosure: biography and bibliography
        Letter to ROK President Park Geun-hye
        Letter to USA President Barack Obama

지은이 **조재길(Joseph Cho, 趙在吉)**

조재길은 1943년 일본 규슈(九州)에서 태어나 고향인 충북 단양에서 성장했다. 단양 초·중학교와 안동사범학교를 거쳐 서울대학교 사범대학을 졸업한 후 오산고등학교와 보성고등학교에서 교사로 재직하다 1974년 미국으로 이주했다. 캘리포니아 주립대학 노스리지 캠퍼스(California State University, Northridge) 대학원에서 수학했으며, 2006년 중국 옌볜대학에서 역사학 박사학위를 취득했다. 로스앤젤레스 카운티 전산국 매니저 보, 제일부동산회사 대표, ≪코리안스트릿저널≫과 ≪라성일보≫ 발행인, 라디오 코리아(LA) 칼럼니스트, KS Printing Co. 대표, Lucy and Joseph Cho Foundation 대표 등을 지냈다. 60대에 미 주류정치에 도전, 두 차례 낙선 후 2007년 캘리포니아 주 로스앤젤레스 카운티 세리토스 시 시의원에 당선, 2010년 시장을 역임하고 현재 시의원으로 재직 중이다. 남가주언론동우회 회장, 조국통일범민족연합 미주본부 중앙위원, 미주동포전국협회(NAKA) 부회장, 통일마당 부회장, 남가주공군사관장교회 이사장, 휴버트 H. 험프리 민주당위원회 이사 등 활발한 사회활동을 해왔다. 그는 2013년 한국전쟁 정전협정 60주년을 맞아 더 이상 한국전쟁이 계속되어서는 안 된다는 절박한 심정으로 70대에 한반도 평화를 위한 새로운 출발점에 섰다. 주요 저서로는 『북한은 변하고 있는가』(1990), 『한반도 핵문제와 통일』(1994), 『통일로 가는 길이 달라진다』(1998), 『북핵위기와 한반도평화의 길』(2006), 『소명: 한인 최초 미 세리토스 시장 자서전』(2010) 등이 있다.

연락처: PO Box 4115 Cerritos, CA 90703 U.S.A
e-mail: josephjcho@ymail.com

평화가 먼저다
정전협정 60주년, 끝나지 않은 한국전쟁

ⓒ 조재길, 2013

지은이 | 조재길
펴낸이 | 김종수
펴낸곳 | 도서출판 한울

편집책임 | 김현대
편집 | 김정현

초판 1쇄 인쇄 | 2013년 10월 17일
초판 1쇄 발행 | 2013년 10월 30일

주소 | 413-756 경기도 파주시 파주출판도시 광인사길 153(문발동 507-14) 한울시소빌딩 3층
전화 | 031-955-0655
팩스 | 031-955-0656
홈페이지 | www.hanulbooks.co.kr
등록 | 제406-2003-000051호

Printed in Korea.
ISBN 978-89-460-4777-8 03340

* 책값은 겉표지에 표시되어 있습니다.